新工科研究与实践项目"多学科交叉融合的道路运输类
专业人才培养模式探索与实践"资助

高等学校交通运输与工程类专业规划教材

Highway Capacity
道路通行能力

程国柱　裴玉龙　主　编
徐慧智　王连震　刘兴旺　周　侃　副主编

内 容 提 要

本教材依据最新的技术标准与规范编写,系统地介绍了道路通行能力与服务水平的基本概念、计算与评价方法,同时融合了国内外最新研究成果。主要内容包括:公路路段、公路匝道及匝道与主线连接点、公路交织区、公路收费站、城市道路路段、公共交通、行人交通设施与自行车道、无信号交叉口、信号交叉口、环形交叉口、立体交叉的通行能力计算与服务水平评价方法。

本书可作为高等学校交通工程、交通设备与控制工程、交通运输工程等专业的本科生教材,也可供交通运输相关专业研究生及从事道路交通规划、设计、建设和管理等有关领域的工程人员参考。

图书在版编目(CIP)数据

道路通行能力 / 程国柱,裴玉龙主编. — 北京:人民交通出版社股份有限公司,2019.7
ISBN 978-7-114-15558-1

Ⅰ.①道… Ⅱ.①程… ②裴… Ⅲ.①公路运输—交通通过能力—高等学校—教材 Ⅳ.①U491.1

中国版本图书馆 CIP 数据核字(2019)第 101605 号

高等学校交通运输与工程类专业规划教材
Daolu Tongxing Nengli

书　　　名:	道路通行能力
著 作 者:	程国柱　裴玉龙
责任编辑:	李　晴
责任校对:	赵媛媛
责任印制:	刘高彤
出版发行:	人民交通出版社股份有限公司
地　　　址:	(100011)北京市朝阳区安定门外外馆斜街 3 号
网　　　址:	http://www.ccpcl.com.cn
销售电话:	(010)59757973
总 经 销:	人民交通出版社股份有限公司发行部
经　　销:	各地新华书店
印　　刷:	中国电影出版社印刷厂
开　　本:	787×1092　1/16
印　　张:	14.75
字　　数:	354 千
版　　次:	2019 年 7 月　第 1 版
印　　次:	2022 年 12 月　第 2 次印刷
书　　号:	ISBN 978-7-114-15558-1
定　　价:	45.00 元

(有印刷、装订质量问题的图书由本公司负责调换)

高等学校交通运输与工程(道路、桥梁、隧道与交通工程)教材建设委员会

主 任 委 员：沙爱民　（长安大学）

副主任委员：梁乃兴　（重庆交通大学）
　　　　　　陈艾荣　（同济大学）
　　　　　　徐　岳　（长安大学）
　　　　　　黄晓明　（东南大学）
　　　　　　韩　敏　（人民交通出版社股份有限公司）

委　　　员：(按姓氏笔画排序)

马松林	（哈尔滨工业大学）	王云鹏	（北京航空航天大学）
石　京	（清华大学）	申爱琴	（长安大学）
朱合华	（同济大学）	任伟新	（合肥工业大学）
向中富	（重庆交通大学）	刘　扬	（长沙理工大学）
刘朝晖	（长沙理工大学）	刘寒冰	（吉林大学）
关宏志	（北京工业大学）	李亚东	（西南交通大学）
杨晓光	（同济大学）	吴瑞麟	（华中科技大学）
何　民	（昆明理工大学）	何东坡	（东北林业大学）
张顶立	（北京交通大学）	张金喜	（北京工业大学）
陈　红	（长安大学）	陈　峻	（东南大学）
陈宝春	（福州大学）	陈静云	（大连理工大学）
邵旭东	（湖南大学）	项贻强	（浙江大学）
胡志坚	（武汉理工大学）	郭忠印	（同济大学）
黄　侨	（东南大学）	黄立葵	（湖南大学）
黄亚新	（解放军理工大学）	符锌砂	（华南理工大学）
葛耀君	（同济大学）	裴玉龙	（东北林业大学）
戴公连	（中南大学）		

秘 书 长：孙　玺　（人民交通出版社股份有限公司）

前言

道路通行能力与服务水平是道路交通基础设施规划、设计与建设的重要理论依据,在交通规划、可行性研究、道路设计、交通管理与控制等环节被广泛应用。随着我国经济的高速发展,交通基础设施建设日新月异。道路通行能力分析作为道路基础设施建设的主要依据之一,如果不科学,则会导致决策失误,并由此引发道路资源分配不平衡。

我国道路设计的相关标准、规范已做多次修订,为适应新时期交通运输发展的需要,新的标准和规范对于道路通行能力与服务水平给出了新的规定,因而道路通行能力教材融入新的相关成果十分必要。本教材采用与参考的最新设计标准、规范和手册有:《公路路线设计规范》(JTG D20—2017)、《公路工程技术标准》(JTG B01—2014)、《城市道路工程设计规范》(CJJ 37—2012)、《公路通行能力手册》、美国《道路通行能力手册》(Highway Capacity Manual 2010)等。

本书全面系统地介绍了道路通行能力与服务水平的基本概念、计算和评价方法,主要内容包括:公路路段、公路匝道及匝道与主线连接点、公路交织区、公路收费站、城市道路路段、公共交通、行人交通设施与自行车道、无信号交叉口、信号交叉口、环形交叉口和立体交叉等设施的通行能力计算与服务水平评价。为便于学生自主学习、思考及应用,本书各章均配有例题、思考题和习题,可作为交通工程、交通设备与控制工程、交通运输工程等专业的本科生教材,也可供交通运输相关专业研究生及从事道路交通规划、设计、建设和管理等有关领域的工程人员参考。同时,本书参考美国《道路通行能力手册》,对有关道路通行能力与服务水平的专业术语给出了原著英文释义,供学生学习参考。

全书共12章,由程国柱(东北林业大学)、裴玉龙(东北林业大学)任主编,徐慧智(东北林业大学)、王连震(东北林业大学)、刘兴旺(交通运输部公路科学研究院)、周侃(深圳市市政设计研究院有限公司)任副主编,全书由程国柱、裴玉龙统稿。各章编者为:程国柱编写第1～12章(第3～12章为共同编写),裴玉龙编写第5章、第9章,徐慧智编写第7章、第10章,王连震编写第8章、第11章,刘兴旺编写第3章、第4章,周侃编写第6章、第12章。本书的出版得到了人民交通出版社股份有限公司李晴编辑的大力支持和帮助,程瑞、刘轩龄、史伯睿、冯思鹤、王婉琦、赵浩等学生参与了书稿的校核、插图绘制工作,在此一并表示感谢。

本书参阅了国内外有关文献,引用和理解上不免存在偏颇之处,敬请原著者见谅!

鉴于道路通行能力研究尚在不断发展和完善之中,且编写人员水平和手中资料有限,谬误和不当之处恳请读者批评斧正。

编 者
2019年2月

目录

第1章　绪论 ··· 1
  1.1　基本概念 ·· 1
  1.2　道路通行能力的研究意义 ··· 5
  1.3　道路通行能力的研究进展与发展趋势 ······································ 6
  1.4　有关道路通行能力的基本知识 ··· 9
  思考题与习题 ·· 19

第2章　公路路段通行能力与服务水平 ··· 20
  2.1　基本路段的界定 ··· 20
  2.2　高速公路基本路段通行能力与服务水平 ································· 21
  2.3　一级公路基本路段通行能力与服务水平 ································· 26
  2.4　双车道公路路段通行能力与服务水平 ···································· 29
  思考题与习题 ·· 36

第3章　公路匝道及匝道与主线连接点通行能力与服务水平 ················ 38
  3.1　概述 ·· 38
  3.2　匝道车行道通行能力与服务水平 ··· 42
  3.3　匝道与主线连接点通行能力与服务水平 ································· 48
  思考题与习题 ·· 59

第4章　公路交织区通行能力与服务水平 ·· 60
  4.1　概述 ·· 61
  4.2　交织区交通运行特性及参数 ··· 63
  4.3　交织区通行能力计算 ·· 66
  4.4　交织区服务水平分析 ·· 67
  思考题与习题 ·· 73

第5章　公路收费站通行能力与服务水平 ·· 74
  5.1　概述 ·· 74
  5.2　收费站车辆排队理论与基准通行能力 ···································· 79

  5.3 收费站延误与服务水平分析 85
  5.4 规划和设计阶段收费车道数确定 90
  思考题与习题 91

第 6 章　城市道路路段通行能力与服务水平 93
  6.1 概述 94
  6.2 快速路基本路段通行能力与服务水平 95
  6.3 其他等级城市道路路段通行能力与服务水平 97
  思考题与习题 98

第 7 章　公共交通通行能力与服务水平 100
  7.1 概述 100
  7.2 常规公交通行能力 105
  7.3 轨道交通通行能力与服务水平 110
  思考题与习题 113

第 8 章　行人交通设施及自行车道通行能力与服务水平 114
  8.1 行人交通特性 114
  8.2 行人交通设施通行能力与服务水平 119
  8.3 自行车道设置 124
  8.4 自行车交通特性 126
  8.5 自行车道通行能力与服务水平 129
  思考题与习题 135

第 9 章　无信号交叉口通行能力与服务水平 136
  9.1 概述 137
  9.2 无信号交叉口交通特性 138
  9.3 无信号交叉口通行能力计算方法 151
  9.4 无信号交叉口通行能力 155
  9.5 无信号交叉口服务水平 158
  思考题与习题 165

第 10 章　信号交叉口通行能力与服务水平 166
  10.1 交通信号 166
  10.2 信号交叉口交通特性 173
  10.3 信号交叉口通行能力计算 180
  10.4 信号交叉口服务水平 192
  思考题与习题 195

第 11 章　环形交叉口通行能力与服务水平 196
  11.1 概述 196
  11.2 无信号环形交叉口通行能力与服务水平 197
  11.3 信号控制环形交叉口通行能力 206
  11.4 两种环形交叉口通行能力的比较 208
  思考题与习题 210

第12章　立体交叉通行能力与服务水平 ··· 212
　12.1　概述 ·· 212
　12.2　互通式立体交叉的分类 ·· 218
　12.3　互通式立体交叉服务水平 ·· 219
　12.4　互通式立体交叉通行能力分析方法 ·· 220
　思考题与习题 ··· 223

参考文献 ·· 224

第1章 绪论

1.1 基本概念

1.1.1 道路服务水平

道路服务水平(Level of Service)是用路者在不同的交通流状况下,所能得到的速度、舒适性、经济性等方面的服务程度,亦即道路在某种交通条件下为驾驶人和乘客所能提供的运行服务质量。服务水平通常由速度、交通密度、行驶自由度、交通中断情况、舒适性和便利程度等描述和衡量。道路服务水平在美国《道路通行能力手册》(Highway Capacity Manual,简称 HCM)中的定义为:LOS is a quantitative stratification of a performance measure or measures that represent quality of service。

服务交通量(Service Traffic Volume)是道路设施在正常的道路条件、交通条件、管控条件、环境条件和驾驶行为等情况下,针对规定的服务水平,在一定的时段(通常取1h)内可能通过设施的最大车辆数。在不同的服务水平下服务交通量是不同的,服务水平高的道路行车速度快,驾驶自由度大,舒适与安全性好,但是其相应的服务交通量小;反之,服务交通量大,则服务水平低。值得注意的是,服务交通量不是一系列连续的值,而是不同的服务水平条件允许通过的最大值。服务交通量规定了不同服务水平之间的流量界限。

服务流率(Service Flow):道路设施在正常的道路条件、交通条件、管控条件、环境条件和驾驶行为等情况下,针对规定的服务水平,在一定的时段内可能通过设施的最大流率,服务流率通常取 15min 为一时段。

1)服务水平等级划分

各国对服务水平的等级划分不一,一般均根据本国道路交通的具体条件划分 3~6 个等级,如日本分为 3 个等级,美国为 6 个等级。

美国各级服务水平的交通流状况描述如下:

服务水平 A。交通量很小,交通为自由流,使用者不受或基本不受交通流中其他车辆的影响,有非常高的自由度来选择所期望的速度,为驾驶人和乘客提供的舒适便利程度高。

服务水平 B。交通量较服务水平 A 增加,交通处于稳定流范围内较好部分。在交通流中,开始易受其他车辆的影响,选择速度的自由度相对来说还不受影响,但驾驶自由度比服务水平 A 稍有下降。由于其他车辆开始对少数驾驶人的驾驶行为产生影响,因此所提供的舒适和便利程度较服务水平 A 低一些。

服务水平 C。交通量大于服务水平 B,交通处在稳定流动范围的中间部分,但车辆之间的相互影响变得大起来,选择速度的自由度受到其他车辆的影响,驾驶时需当心其他车辆的干扰,舒适和便利程度有明显下降。

服务水平 D。交通量继续增大,交通处在稳定交通流动范围的较差部分。速度和驾驶自由度受到严格约束,舒适和便利程度低下。当接近这一服务水平下限时,交通量稍有增加就会在运行方面出现问题。

服务水平 E。交通常处于不稳定流动范围,接近或达到该水平相应的最大交通量时,交通量有小幅增加,或交通流内部有小的扰动就将产生较大的运行问题,甚至发生交通中断。所有车速降到一个低的但相对均匀的值,驾驶自由度极低,舒适和便利程度也非常低。此服务水平下限时的最大交通量即为基准通行能力(理想条件下)或可能通行能力(实际条件下)。

服务水平 F。交通处于强制性流动状态,车辆经常形成排队现象,走走停停,极不稳定。在此服务水平下,交通量与速度同时由大变小,直到零为止,而交通密度则随交通量的减小而增大。

目前,我国对道路服务水平的研究尚不够深入。公路方面,根据实际观测分析并综合考虑美国、日本的分级标准,从便于公路规划设计及使用方便、可操作性强的原则出发,以区分自由流、稳定流和拥堵流为基本条件,《公路工程技术标准》(JTG B01—2014)和《公路路线设计规范》(JTG D20—2017)将服务水平划分为一~六级,共 6 个等级。我国各级公路服务水平的交通流状况描述如下:

一级服务水平:交通流处于完全自由流状态,交通量小、速度高、行车密度小,驾驶人能自由按照自己的意愿选择所需速度,行驶车辆不受或基本不受交通流中其他车辆的影响。在交通流内驾驶的自由度很大,为驾驶人、乘客或行人提供的舒适度和方便性非常优越。较小的交通事故或行车障碍的影响容易消除,在事故路段不会产生停滞排队现象,很快就能恢复到一级服务水平。

二级服务水平:交通流处于相对自由流的状态,驾驶人基本上可按照自己的意愿选择行驶速度,但是开始要注意到交通流内有其他使用者,驾驶人身心舒适水平很高,较小交通事故或行车障碍的影响容易消除,在事故路段的运行服务情况比一级差些。

三级服务水平:交通流状态处于稳定流的上半段,车辆间的相互影响变大,选择速度受到其他车辆的影响,变换车道时驾驶人要格外小心,较小交通事故仍能消除,但事故发生路段的服务质量大大降低,严重阻塞导致后面形成排队车流,驾驶人心情紧张。

四级服务水平:交通流处于稳定流范围下限,但是车辆运行明显地受到交通流内其他车辆的影响,速度和驾驶的自由度受到明显限制。交通量稍有增加就会导致服务水平的显著降低,驾驶人身心舒适水平降低,即使较小的交通事故也难以消除,会形成很长的排队车流。

五级服务水平:交通流处于拥堵流的上半段,对于交通流的任何干扰,例如车流从匝道驶入或车辆变换车道,都会在交通流中产生一个干扰波,交通流不能消除它,任何交通事故都会形成很长的排队车流,车流行驶灵活性极端受限,驾驶人身心舒适水平很差。此服务水平下限时的最大交通量即为基准通行能力(理想条件下)或可能通行能力(具体公路)。

六级服务水平:交通流处于拥堵流的下半段,是通常意义上的强制流或阻塞流。这一服务水平下,交通设施的交通需求超过其允许的通过量,车辆排队行驶,队列中的车辆出现停停走走现象,运行状态极不稳定,可能在不同交通流状态间发生突变。

高速公路、一级公路设计服务水平不应低于三级,一级公路作为集散公路时,设计服务水平可降低一级。二级公路、三级公路设计服务水平不应低于四级;对四级公路未做规定。长隧道和特长隧道路段、非机动车及行人密集路段、互通式立体交叉的分合流区段,设计服务水平可降低一级。

城市道路方面,《城市道路工程设计规范》(CJJ 37—2012)将快速路服务水平分为一、二、三、四共4个等级,并规定新建快速路应按三级服务水平设计。关于其他等级城市道路通行能力和服务水平的分析、评价,由于目前国内尚未有成熟的研究成果,规范只给出基准通行能力与设计通行能力取值,而未给出具体的服务水平评价标准。

2)服务水平评价指标

表1-1列出了每种道路设施服务水平的评价指标,在HCM中,其定义为Service Measures: the measures used to determine LOS for transportation system elements。

服务水平的评价指标 表1-1

设施类型		效率度量
高速公路 一级公路 快速路	高速、一级公路基本路段	饱和度 V/C、小客车实际行驶速度与自由流速度之差
	快速路基本路段	密度[$pcu/(h \cdot ln)$]、平均行程车速(km/h)、饱和度 V/C
	匝道及匝道与主线连接点	饱和度 V/C、小客车实际行驶速度与自由流速度之差
	交织区	饱和度 V/C、小客车实际行驶速度与自由流速度之差
二、三、四级公路		延误率(%)、平均行程车速(km/h)、饱和度 V/C
收费站		延误指数、饱和度 V/C
城市主干路、次干路、支路		平均行程车速(km/h)
人行道		人均占用面积(m^2)、人均纵向间距(m)、人均横向间距(m)、步行速度(m/s)
自行车道		路段:骑行速度(km/h)、占用道路面积(m^2/veh)、负荷度; 交叉口:停车延误时间(s)、通过交叉口的骑行速度(km/h)、负荷度、路口停车率(%)、占用道路面积(m^2/veh)

续上表

设施类型	效率度量
无信号交叉口	公路:车均延误(s/veh)、饱和度 V/C;城市道路:流率(pcu/h)
信号交叉口	公路:车均延误(s/veh)、周期时长; 城市道路:平均控制延误(s/veh)、负荷度、排队长度(m)
环形交叉口	饱和度 V/C

1.1.2 道路通行能力

道路通行能力(Highway Capacity)是指道路设施在正常的道路条件、交通条件、管控条件、环境条件和驾驶行为等情况下,在一定的时段内(通常取1h)可能通过设施的最大车辆数。道路通行能力分析的目的是为了确定交通运行质量,因此通行能力的分析、评价必须与服务水平的分析、评价同时进行。

道路通行能力在 HCM 中的定义:Capacity represents the maximum sustainable hourly flow rate at which persons or vehicles reasonably can be expected to traverse a point or a uniform section of a lane or roadway during a given time period under prevailing roadway, environmental, traffic, and control conditions。

道路条件是指道路的几何特征与路面条件,其包括:道路等级、设计速度、车道数、车道和路肩宽度、侧向净空、平面和纵断面线形及路面平整度等。

交通条件与道路的交通流特征密切相关,它是由交通流中车辆种类的分布、交通流的方向性分布共同确定的。

管控条件是指针对已知设施提出的管控设备和具体设计的种类。交通信号的位置、种类和配时是影响通行能力的关键性管控条件。其他重要的管控手段包括停车和让路标志、车道使用限制、转弯限制及类似的措施。

环境条件是指街道化程度、商业化程度、横向干扰、非交通占道、公交车站和停车位置等因素及天气条件。

道路通行能力反映了道路设施所能疏导交通流的能力,通常以 pcu/(h·ln)[辆标准小客车/(小时·车道)]或 pcu/h(辆标准小客车/小时)为单位。通行能力根据使用性质和要求,通常可分为基准通行能力、实际通行能力和设计通行能力三种。

1)基准通行能力(Basic Capacity)

基准通行能力又称为理论通行能力,是指在基准的道路、交通、管控及环境条件下,均匀路段的一条车道或特定横断面上,特定时段内所能通过标准车的最大小时流率。

基准条件以理想条件作为基准,基准条件下的通行能力为最大值。其中,基准条件是指天气良好、路面状况良好、道路使用者熟悉交通设施且道路中没有任何障碍。基准条件原则上是指对条件进一步改进时也不能提高道路通行能力的条件。对于连续流和间断流道路设施的基准条件分述如下。

(1)连续流道路设施——没有交通信号等固定因素从外部导致交通流中断的道路设施,其基准条件主要包括:

①车道宽度为3.75m;

②行车道外边缘与右侧障碍物之间的净宽为 1.75m,距左侧障碍物之间的净宽为 0.75m;
③多车道公路的设计速度大于或等于 100km/h;
④交通流中只有小客车,没有其他类型车辆;
⑤道路所处地区为平原地形;
⑥双车道公路中没有禁止超车区;
⑦没有行人和自行车的干扰;
⑧没有交通控制或转弯车辆干扰直行车的运行。

(2) 间断流道路设施——由于交通信号、停车标志和其他类型的管制设备等外部条件导致交通流周期性中断的交通设施,其基准条件主要包括:
①车道宽 3.75m;
②交叉口引道坡度为零;
③交叉口引道内无路侧停车;
④交通流中只有小客车;
⑤驾驶行为规范,冲突车流遵守优先规则;
⑥没有自行车和行人干扰。

2) 实际通行能力(Possible Capacity)

实际通行能力又称为可能通行能力,是指在实际或预计的道路、交通、管控和环境条件下,已知道路设施的某车道或特定横断面上,特定时段内能通过的最大小时流率。其含义是设计或评价某一具体路段时,根据该设施具体的道路几何构造、交通条件及交通管理水平,对基准通行能力按实际道路条件、交通条件等进行相应修正后的小时流率。

3) 设计通行能力(Design Capacity)

在预计的道路、交通、管控及环境条件下,条件基本一致的一条车道或特定横断面上,在所选用的设计服务水平下,特定时段内所能通过的最大小时流率。因此,设计通行能力与选取的服务水平级别有关。

道路通行能力与交通量不尽相同,交通量是指道路在某一定时段内实际通过的车辆数。一般道路的交通量均小于道路的通行能力,当道路上的交通量比其通行能力小得多时,则驾驶人驾驶操作的自由度就大,既可以随意变更车速,变换车道,还可以方便地实现超车。当交通量等于或接近道路通行能力时,车辆行驶的自由度就会逐渐降低,一般只能以同一速度循序行进,如稍有意外,就会发生降速、拥挤,甚至阻滞。因此,道路通行能力是在一定条件下道路所能通过的车辆的极限数值。条件不同,要求不同,其通行能力也就不同,故道路通行能力是一个变量。

1.2 道路通行能力的研究意义

交通运输行业作为国民经济的基石,伴随着社会的发展而发展,可以说它具备着永久的社会需求。我国目前正处于改革开放、快速发展的关键时期,交通基础设施建设成就举世瞩目。截至 2018 年年底,全国公路总里程达到 484.65 万 km,其中高速公路达 14.26 万 km,位居世界第一。2013 年国务院批准了《国家公路网规划(2013—2030 年)》,国家高速公路网(简称

"71118网")由7条首都放射线、11条南北纵线、18条东西横线,共36条主线,以及地区环线、并行线、联络线等组成,约11.8万km。

公路交通快速发展的同时,城市交通发展也十分迅速。1990年,我国城市道路总长度仅为9.5万km,道路面积8.9亿m^2;2017年年末,我国城市道路长度达39.78万km,道路面积788852.58万m^2,其中人行道面积173635.05万m^2,人均城市道路面积16.05m^2。1995年,我国城市轨道交通线路长度仅为49km;截至2017年年末,中国内地共计34个城市开通城市轨道交通并投入运营,开通城轨交通线路165条,运营线路长度达到5033km,共有62个城市的城轨交通线网规划获批(含地方政府批复的18个城市),规划线路总长7424km。

在交通运输业蓬勃发展的同时,也暴露出中国交通行业仍存在诸如基础理论不足、过分依赖国外经验等问题。在通行能力研究方面,目前还没有真正形成适合我国道路交通特色的完整的道路通行能力分析指标体系,尤其在城市道路通行能力研究方面仍很薄弱。而作为道路基础设施建设主要依据之一的道路通行能力,如果对其分析不科学,则会导致决策失误而由此引发道路资源分配不平衡——有的地方建设标准过高,造成资源浪费;有的地方建设标准过低,造成交通拥堵。这将严重束缚我国交通运输行业自身的发展,影响国民经济水平的总体提高。因此,合理确定道路交通基础设施建设的规模和标准,将是道路交通基础设施建设中成本控制的关键,而确定道路交通基础设施建设规模和总体设计方案的重要依据之一便是道路通行能力。

作为道路交通建设的一项基础性工作,通过道路通行能力与交通量适应性分析,不仅可以确定道路建设的合理规模及合理建设模式,还可为道路网规划、道路工程可行性研究、道路设计、建设后评估等提供科学的理论依据,如图1-1所示。

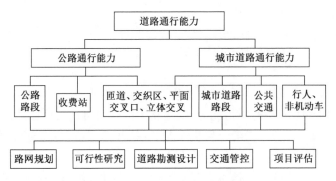

图1-1 道路通行能力分析结构及意义

1.3 道路通行能力的研究进展与发展趋势

1.3.1 国外研究概况

道路通行能力研究始于美国20世纪50年代。随着第二次世界大战的结束,美国掀起了新一轮的经济发展热潮,伴之而来的服务于军事及民用的全国高速公路网建设迫切需要通过通行能力分析确定道路建设规模、模式及建后评估。1950年,美国运输研究委员会(Transportation Research Board,以下简称 TRB)出版了《道路通行能力手册》(*Highway Capacity Manual*)第一版,这是世界上第一本系统地分析道路通行能力的出版物,为从事交通行业的工程技术人员提供了有据可查、有章可循的标准,从而也奠定了日后它在交通理论发展中的重要地位。1965 年《道路通行能力手册》第二版得以完成,首次正式提出道路服务水平的概念。1985 年《道路通行能力手册》第三版问世,其中第三版与前两版相比做了较大的改动,增加了高速公路、自行车道、人行道和无信号交叉口等交通设施的分析内容。之后,经过 1994 年和 1997 年两次修订改版,《道路通行能力手册》第四版——HCM2000 出版。2010 年推出《道路通行能力手册》第五版——HCM2010。从历年修订改版的时间可以看出,通行能力的理论在不断充实和完善,并且这种完善随着时代的更迭正以前所未有的速度加快。

欧洲及日本等发达国家也不甘落后,在充分借鉴美国经验的基础上进行了本土化的实际研究,先后出版发行了适合各自国情的通行能力手册或规程。如瑞典 1977 年的《瑞典通行能力手册》;加拿大 1984 年的《加拿大信号交叉口通行能力规程》;日本 1986 年的《道路通行能力》;德国的第三版《道路通行能力手册》也于 2015 年出版。

另外,发展中国家如印度、巴西、马来西亚等国也在各自政府的支持下开始研究适合各自国情的通行能力分析理论和方法。

随着通行能力研究的深入开展,国际间的学术交流也在不断加强。1990 年 TRB 所属的道路通行能力和服务水平分委员会(Committee on Highway Capacity and Quality of Service)在德国卡尔斯鲁厄召开了第 1 届公路通行能力与服务水平国际研讨会;1994 年在澳大利亚悉尼举办了第 2 届公路通行能力与服务水平国际研讨会;1998 年在丹麦哥本哈根举办了第 3 届公路通行能力与服务水平国际研讨会;2002 年在美国夏威夷举办了第 4 届公路通行能力与服务水平国际研讨会;2006 年在日本横滨举办了第 5 届公路通行能力与服务水平国际研讨会。此外,TRB 年会是美国交通运输界的年度盛事,每年约有一万名来自世界各地的交通运输业人士聚集华盛顿,讨论交流交通运输领域的有关研究成果,其中道路通行能力和服务水平分委员会针对通行能力和服务水平的有关问题进行专题讨论。最近一次年会是 2019 年的第 98 届年会。

1.3.2 国内研究现状

我国对道路通行能力的研究大体可分为 4 个阶段:开始阶段(1990 年之前)、大规模开展研究阶段(1991—2000 年)、深入重点研究阶段(2001—2010 年)及成果更新和提升阶段(2011 年至今)。

20 世纪 80 年代初,随着我国交通工程学科的逐渐形成,道路通行能力的研究也开始起步,此时主要以混合交通、交叉口、交通流理论等方面专项研究为代表。例如,1983—1987 年,交通部公路科学研究所等 8 家单位开展了"混合交通双车道公路路段设计通行能力"研究;市政工程部门联合北京工业大学、东南大学、同济大学等高等院校,也先后对城市交叉口的通行能力进行了研究。这个时期,更多的是引入国外道路通行能力的研究方法,利用实际数据,对我国的道路通行能力进行标定。

20 世纪 90 年代是道路通行能力研究的大规模开展阶段,此时主要是系统学习美国 HCM,全面开展各种道路设施的通行能力研究。1991 年,北京工业大学翻译出版了美国第三版 HCM;1992—1994 年,交通部公路科学研究所开展了"等级公路适应交通量和折算系数标准"的研究,项目成果作为公路技术等级划分的依据,纳入了《公路工程技术标准》(JTJ 001—1997);

1995年,世界银行也将道路通行能力研究作为河北、河南两省贷款项目——石安高速公路技术援助项目的一部分,重点对双车道公路、无信号控制与信号控制交叉口开展了研究;1996年,交通部公路科学研究所、中交公路规划设计院、东南大学、北京工业大学联合6个省市科研设计单位开展了公路通行能力专题研究;1997年,辽宁省公路勘测设计院、哈尔滨工业大学开展了寒冷地区公路路段交通运行特性和通行能力研究;1998—2000年,吉林省交通科学研究所、哈尔滨工业大学开展了高等级公路通行能力与运营管理研究。

进入2000年之后,道路通行能力的研究对象逐渐从高速公路转向城市快速路。2001—2005年,交通部公路科学研究所承担完成了"十五"国家科技攻关计划"快速路系统通行能力研究";2003—2005年,哈尔滨工业大学承担完成了国家自然科学基金项目"城市快速路系统交通流理论及其应用研究";交通部公路科学研究所于同期还承担了西部交通建设项目"山区双车道公路通行能力研究";2004—2006年,哈尔滨工业大学承担完成了高等学校博士学科点专项科研基金"城市快速路系统通行能力计算与服务水平评价研究";2007—2010年,北京工业大学承担完成了"十一五"国家科技支撑计划"城市综合交通系统功能提升与设施建设关键技术研究"之课题三"城市道路通行能力与交通实验系统研究";2007年,北京工业大学还翻译出版了美国第四版HCM。其中,"快速路系统通行能力研究"开发了快速路系统的交通运行仿真模型,形成了《快速路通行能力分析指南》,为编制《城市快速路设计规程》(CJJ 129—2009)和《城市道路工程设计规范》(CJJ 37—2012)提供了有效支撑。

2010年,美国出版了第五版HCM,我国的道路通行能力研究与应用也进入了一个新的发展阶段。各部委相继出台了《公路工程技术标准》(JTG B01—2014)、《公路路线设计规范》(JTG D20—2017)、《城市道路工程设计规范》(CJJ 37—2012)等,为道路通行能力理论在实践中应用提供了行业指导标准和规范。在道路通行能力有关课题研究中,国内交通学者经过长期不懈的努力,取得了不少标志性的研究成果。2017年6月,我国的《公路通行能力手册》出版,该手册是在对具有我国国情特点的施工区、交织区、收费站等设施的通行能力开展专项研究基础上总结而成的,有助于进一步提升公路建设与运营管理决策的科学性。

1.3.3　道路通行能力研究的发展趋势

关于道路通行能力,目前研究的热点主要集中在下列三个方面:

智能交通系统(Intelligent Transportation System,以下简称ITS)是将先进的信息技术、数据通信传输技术、控制技术以及人工智能技术等有效地综合运用于整个交通管理体系而建立起来的一种在大范围内、全方位发挥作用,实用、准确、高效的运输综合管理系统。ITS与公路通行能力有关的主要方面包括:交通管理自动化、驾驶人信息系统、车辆控制系统、车辆自动导航和控制、交通信息实时跟踪与提供等。由于ITS的应用,使得交通流的稳定速度区间扩大,车流变化规律受更多的外部条件影响,传统的流量-速度、速度-密度和流量-密度关系需要重新研究。ITS技术的应用将引起交通流的分布和运动状态发生很大变化,一旦各种ITS控制技术应用到交通系统,交通流中运动车辆间间距会进一步缩小,而交通流仍能以一定的稳定速度运动,这将导致传统的道路通行能力数值发生改变。

随着计算机技术的迅猛发展,以计算机为辅助工具,利用其可重复性、可延续性模拟交通运行状况进行道路通行能力分析研究,对于再现复杂交通环境条件下的车流运行特征,弥补观测数据不足,解决交通流车速-流量关系曲线的外延问题等都有着其他方法和手段无可比拟的优势。因此,通过计算机集成和优化,采用模拟预测和实时仿真系统进行分析研究将是道路通行能力研究的未来发展方向。目前国际上较为流行的有关道路通行能力分析的四套模拟软件分别是:美国 HCM 系统,它与 HCM 相配套,用于各种交通设施下的交通运行分析;澳大利亚 ARRB 开发的 SIDRA 系统,主要适用于各类交叉口的运行分析;瑞典公路局的 CAPCAL 系统和荷兰公路局的 PTDFSGN 软件,分别为交叉口和环岛的交通模拟模型。其中,以美国的 HCM 系统应用最为普及,也最具权威。由美国交通运输研究局(TRB)研制开发、与 HCM 配套使用的道路通行能力系统软件 HCS(Highway Capacity Software)应用最为广泛。该软件由交叉口、干道、公路网等模块组成。数据输入包括交通设施几何参数(车道数和车道宽度等)及交通和道路条件(交通流量、自由流速度、地形条件、道路等级、横向干扰、重车混入率等);输出结果为各种交通设施通行能力及其相应服务水平和相关图表。HCS 软件为美国公路运输与交通工程设计、规划与控制提供了良好的服务,发挥着巨大的效用。

此外,车路协同、车联网、自动驾驶技术已经处于试验及部分商用阶段,这些车辆的存在将导致交通流不再符合传统意义上的交通运行特点,交通安全和通行效率均会产生较大变化,这也是目前阶段及未来将要持续研究的重点。

1.4　有关道路通行能力的基本知识

1.4.1　交通流基本参数

1)交通量与流率

(1)交通量

交通量是指单位时间内通过道路某一地点或某一截面的实际车辆数,又称为交通流量或流量。交通量不是一个静止不变的量,具有随时间和空间变化而变化的特征。度量城市交通特性的一种方法是在道路系统内一系列的位置上观察交通量在时间和空间上的变化规律,并绘制出交通流量分布图。当交通量超过某一水平时,就认为发生拥挤。然而,这种判断存在的问题是同一流量水平可以对应两种截然不同的交通流状态,因此该参数应该与其他方法相结合,而不是单独使用。

交通量的英文定义为:The total number of vehicles that pass over a given point or section of a lane or roadway during a given time interval. Any time interval can be used, but volumes are typically expressed in terms of annual, daily, hourly periods。

(2)流率

流率是指在给定不足 1h 的时间间隔(通常为 15min)内,车辆通过一条车道或道路的指定点或指定断面的当量小时流率。

流率的英文定义为:The equivalent hourly rate at which vehicles pass over a given point or section of a lane or roadway during a given time interval of less than 1 h, usually 15 min。

(3)交通量与流率的区别

交通量与流率之间的区别很重要,交通量是在一段时间间隔内,通过一点的观测或预测实际车辆数。流率则表示在不足 1h 的间隔内通过一点的车辆数,但以当量小时流率表示。取不足 1h 时段观测的车辆数,除以观测时间(单位为 h),即得到流率。因此,在 15min 内观测到的交通量为 100 辆,表示流率为 100veh/0.25h 或 400veh/h。

二者区别的英文释义为:Volume is the number of vehicles observed or predicted to pass a point during a time interval. Flow rate represents the number of vehicles passing a point during a time interval less than 1h, but expressed as an equivalent hourly rate. A flow rate is the number of vehicles observed in a sub-hourly period, divided by the time (in hours) of the observation。

下面的例子进一步说明了两种度量之间的区别(交通计数是在 1h 调查周期内得到的)。表 1-2 中的交通量是在 4 个连续 15min 时段内观察到的。1h 的总交通量是这些数量之和,即 4300veh/h(因为测量时间为 1h),然而流率在每个 15min 时段内都不相同。

交 通 量 调 查 表   表 1-2

时 间 段	交通量(veh)	流率(veh/h)
5:00—5:15	1000	4000
5:15—5:30	1200	4800
5:30—5:45	1100	4400
5:45—6:00	1000	4000
5:00—6:00	4300	

考虑高峰时间流率,在通行能力分析中是非常重要的。如果上例公路路段的通行能力是 4500veh/h,当车辆以 4800veh/h 的流率到达,在峰值 15min 的流量时段内,交通就会出现阻塞。尽管整个小时内,交通量少于通行能力。这个情况是严重的,因为消散阻塞的动态过程会使拥挤延续到阻塞时间之后几个小时。

高峰小时流率通过高峰小时系数与小时交通量密切联系。高峰小时系数 PHF 定义为整个小时交通量与该小时内最大 15min 流率之比。

因此,如果采用 15min 为观测时段,PHF 可以按如下公式计算:

$$\text{PHF} = \frac{V}{4 \times V_{15}} \tag{1-1}$$

式中:PHF——高峰小时系数;
   V——小时交通量(veh/h);
   V_{15}——在高峰小时内高峰 15min 期间的交通量(veh/15min)。

多数情况下是分析高峰 15min 时段或其他有关的 15min 时段的流率。如果已知高峰小时系数,就可以用它将高峰小时交通量换算成高峰小时流率。

$$\text{FL} = \frac{V}{\text{PHF}} \tag{1-2}$$

式中:FL——高峰 15min 时段的流率(veh/h);
   V——高峰小时交通量(veh/h);
   PHF——高峰小时系数。

2)速度

速度的英文定义为:Speed is defined as a rate of motion expressed as distance per unit of time, generally as miles per hour (mile/h)。

(1) 地点速度(也称为即时速度、瞬时速度)

地点速度 s 为车辆通过道路某一点时的速度,公式为:

$$s = \frac{dx}{dt} = \lim_{t_2 \to t_1 \to 0} \frac{x_2 - x_1}{t_2 - t_1} \tag{1-3}$$

式中:x_1、x_2——t_1 和 t_2 时刻的车辆位置。

雷达和微波调查的速度非常接近此定义。车辆地点速度的近似值也可以通过路段调查获得(通过间隔一定距离的感应线圈来调查)。

(2) 平均速度

① 时间平均速度 $\bar{s}_t$,即观测时间内通过道路某断面所有车辆地点速度的算术平均值,即:

$$\bar{s}_t = \frac{1}{N} \sum_{i=1}^{N} s_i \tag{1-4}$$

式中:s_i——第 i 辆车的地点速度(km/h);

N——观测的车辆数。

时间平均速度的英文定义为:The arithmetic average of speeds of vehicles observed passing a point on a highway; also referred to as the average spot speed. The individual speeds of vehicles passing a point are recorded and averaged arithmetically。

② 区间平均速度 $\bar{s}_s$,有两种定义:一种定义为车辆行驶一定距离 L 与该距离对应的平均行驶时间的商,即:

$$\bar{s}_s = \frac{L}{\frac{1}{N} \sum_{i=1}^{N} t_i} \tag{1-5}$$

式中:t_i——车辆 i 行驶距离 L 所用的行驶时间。

$$t_i = \frac{L}{s_i} \tag{1-6}$$

式中:s_i——车辆 i 行驶距离 L 的行驶速度。

式(1-5)适用于交通量较小的条件,所观察的车辆应具有随机性。对于式(1-5)进行如下变形可得到:

$$\bar{s}_s = \frac{L}{\frac{1}{N} \sum_{i=1}^{N} t_i} = \frac{L}{\frac{1}{N} \sum_{i=1}^{N} \frac{L}{s_i}} = \frac{1}{\frac{1}{N} \sum_{i=1}^{N} \frac{1}{s_i}} \tag{1-7}$$

区间平均速度的英文定义为:A statistical term denoting an average speed based on the average travel time of vehicles to traverse a length of roadway. It is called a space mean speed because the average travel time weights the average by the time each vehicle spends in the defined roadway segment or space。

式(1-7)表明,区间平均速度是观测路段内所有车辆行驶速度的调和平均值。区间平均速度也可以用行驶时间和行程时间进行定义和计算。行驶时间与行程时间的区别在于行驶时间不包括车辆的停车延误时间,而行程时间包括停车时间,为车辆通过距离 L 的总时间。平均行驶速度和平均行程速度则分别为对应于行驶时间和行程时间的车速。

平均行驶速度的英文定义为:It is the length of the segment divided by the average running time of vehicles that traverse the segment. Running time includes only time during which vehicles are in motion。

平均行程速度的英文定义为：It is the length of the segment divided by the average travel time of vehicles traversing the segment, including all stopped delay times. It is also equal to the space mean speed。

区间平均速度的另一种定义为某一时刻路段上所有车辆地点速度的平均值。可通过对一定长度路段调查得到：以很短时间间隔 Δt 对路段进行两次（或多次）航空摄像，据此得到所有车辆的地点速度（近似值）和区间平均速度，公式如下：

$$s_i = \frac{l_i}{\Delta t} \tag{1-8}$$

$$\bar{s}_s = \frac{1}{N}\sum_{i=1}^{N}\frac{l_i}{\Delta t} = \frac{1}{N\Delta t}\sum_{i=1}^{N}l_i \tag{1-9}$$

式中：s_i——第 i 辆车的平均速度；

Δt——两张照片的时间间隔；

l_i——在 Δt 间隔内，第 i 辆车行驶的距离。

研究表明，这种方法获得的速度观测值的统计分布与实际速度的分布是相同的。

③时间平均速度和区间平均速度的关系。

对于非连续交通流，例如含有信号控制交叉口的路段或严重拥挤的高速公路上，区分这两种平均速度尤为重要；而对于自由流，区分这两种平均速度意义不大。当道路上车辆的速度变化很大时，这两种平均速度的差别非常大。时间平均速度和区间平均速度的关系如下：

$$\bar{s}_t - \bar{s}_s = \frac{\sigma_s^2}{\bar{s}_s} \tag{1-10}$$

式中：$\sigma_s^2 = \dfrac{\sum D_i(s_i - \bar{s}_s)^2}{D}$；

D_i——第 i 股交通流的密度；

D——交通流的整体密度。

有关研究人员曾用实际数据对式（1-9）进行回归分析，得到两种平均速度的如下线性关系：

$$\bar{s}_s = 1.026\bar{s}_t - 1.890 \tag{1-11}$$

3）密度

密度是指某一时刻在已知长度的车道或道路上的车辆数，单位通常表示为 veh/km。在现场直接测定密度是困难的，需要一处有利的位置，在那里能对较长一段道路进行摄影、录像或观测。然而，密度可以由更容易测定的平均行程速度和流率计算：

$$V = S \times D \tag{1-12}$$

式中：V——流率（veh/h）；

S——平均行程速度（km/h）；

D——密度（veh/km）。

因此某一公路段，其交通流率为 1000veh/h，平均行程速度为 50km/h，则其密度为：

$$D = 1000(\text{veh/h})/50(\text{km/h}) = 20(\text{veh/km})$$

密度的英文定义为：Density is the number of vehicles occupying a given length of a lane or roadway at a particular instant。

密度是一个描述交通运行状态的重要参数,它表示车辆之间相互接近的程度,反映在交通流中驾驶的自由度。

任何已知交通设施的最大流率就是它的通行能力。这时出现的交通密度称为临界密度,相应的速度称为临界速度。当接近通行能力时,流量趋于不稳定,因为交通流中有效间隙更少。达到通行能力时,交通流中不再有可利用的间隙,并且车辆进出设施,或在车道内部改变行驶状态所带来的任何干扰,都会产生难以抑制或消除的障碍。如图1-2所示,除通行能力外,任何流率能在两种不同的条件下出现:一种是高速度和低密度;另一种是高密度和低速度。曲线的整个高密度、低速度区间是不稳定的,它代表强制流或阻塞流。曲线的低密度、高速度区间是稳定流范围,通行能力分析正是针对这个流量范围进行的。

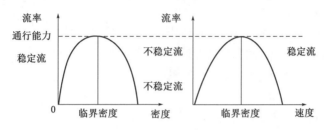

图1-2 交通流三参数关系

4) 车头时距和车头间距

在同向行驶的车流中,将前后相邻两辆车之间的空间距离称为车头间距。由于在交通流运行过程中测量车头间距是非常困难的,因此,一般不使用这个指标。车头间距的英文定义为:Spacing is the distance between successive vehicles in a traffic stream, measured from the same point on each vehicle (e.g., front bumper, front axle)。

在同向行驶的车流中,将前后相邻的两辆车驶过道路某一断面的时间间隔称为车头时距。在特定时段内,观测路段上所有车辆的车头时距之平均值称为平均车头时距。车头时距的英文定义为:Headway is the time between successive vehicles as they pass a point on a lane or roadway, also measured from the same point on each vehicle。

车头时距是一个非常重要的微观交通特性参数,其取值与驾驶人的行为特征、车辆的性能、道路的具体情况密切相关,同时又受到交通量、交通控制方式、交叉口几何特征等因素的影响。与交通流量参数相似,相同的车头时距也对应着两种截然不同的交通状态,因此,车头时距不能单独用于交通状态的判别。

1.4.2 车型分类及车辆折算系数

1) 车型分类

混合交通是我国交通流的一个重要特性。在一般公路上,机动车行驶受拖拉机等慢速车以及自行车、行人等非机动车的干扰。即使在高速公路上,我国交通构成也远比西方发达国家复杂。考虑到综合运输规划时客、货运力分析的需要和路面设计时车辆轴载换算要求,因此在国道网交通量统计中,规定了3类11种车型,分别是汽车(即小客车、大客车、小货车、中型货车、大货车和拖挂车)、拖拉机(大、小型),以及非机动车(畜力车、人力车和自行车)。但是从通行能力和适应交通量确定的角度考虑,这种以车辆的外形尺寸和客货特征为分类标准的划分方法,因车辆种类较多,而且部分车型间动力性能差异不大,所以极易出现运行特性类似的车型,增加了交通数据统计分析的工作量。对于通行能力分析而言,车辆分类的目的就是把混有多种车型交通流中运行特征相似的车辆归为一类,以便确定各种运行车辆对标准车交通量的不同影响。因此,应以车辆运行特征(平均运行速度和标准差)作为车辆分类的首要标准。而之所以在道路通行能力研究时要对车型进行分类,是由于重型载重汽车的影响,在 HCM 中其具体阐述为:The entry of heavy vehicles-that is, vehicles other than passenger cars-into the traffic stream affects the number of vehicles that can be served. Heavy vehicles are vehicles that have more than four tires touching the pavement. Heavy vehicles adversely affect traffic in two ways: They are larger than passenger cars and occupy more roadway space; They have poorer operating capabilities than passenger cars, particularly with respect to acceleration, deceleration, and the ability to maintain speed on upgrades。

《公路工程技术标准》(JTG B01—2014)中给出的车型分类如下:
①小型车:19 座以下客车、载质量 2t 以下的货车;
②中型车:19 座以上客车、载质量 2~7t 的货车;
③大型车:载质量 7~20t 的货车;
④汽车列车:载质量大于 20t 的货车;
⑤拖拉机。

以上分类的优点在于:同种车型运行速度稳定、不同车型运行特性差异明显,交通组成稳定。

2)车辆折算系数

影响通行能力的因素主要有道路、交通、交通管控和环境等几个方面。在我国一般公路上,交通条件对通行能力的影响较其他发达国家要突出一些,主要表现在交通构成复杂且各种车型之间动力性能相差较大,造成行驶速度相差悬殊,车辆间的相互干扰较大,降低了车辆运行质量和道路通行能力。因此,为了比较和量化各种车型对通行能力的影响,就需要对各种车型的影响程度进行深入细致的分析。

车辆折算系数(Passenger Car Equivalent,以下简称 PCE)是用于将混合交通流中的各车型转化为标准车的当量值。英文定义为:Passenger car equivalency (PCE) factors are used to convert heavy vehicles to passenger cars。

作为通行能力研究的基础数据,"车辆折算系数"概念在 1965 年出版的美国 HCM 中首次提出,但没有明确给出是哪一方面的当量,并且至今也仍没有统一的定义。各国对车辆折算系数的分析方法也不尽一致,但普遍接受的原则是车辆折算系数的分析应该考虑服务水平及数据采集的难易程度。因此,在确定模型之前,首先要建立描述路段服务水平的有效衡量指标。服务水平的有效度量应是对交通流特性变化灵敏度较高的参数,以该参数作为车型折算的当量标准,能最大限度保证交通流状况的一致性。

车辆折算系数 PCE 的具体含义是:在交通流中,某种车平均每增加或减少一辆对标准车小时平均运行速度(车流延误或密度)的影响值,与平均每增加或减少一辆标准车对标准车小时平均运行速度(车流延误或密度)的影响值的比值。

车辆折算系数一般具有如下特性:
(1)车辆折算系数不是一个定值,它受道路几何条件、横向干扰、交通组成及交通量的大小和管理水平等诸多因素的影响,是随各种条件变动而变化的变量。

(2)总的来说,我国双车道公路上各种车型的折算系数差别不大,主要是由于各种车型都占有一定比例,它们之间相互影响,导致每种车型的性能都不能得到完全的发挥。

(3)中型车与大型车的折算系数值较离散,表明这两种车不仅外形尺寸不同,而且动力性能差别也较大。因此,大、中型车的折算系数只能采用适中值。

(4)交通流中随着某车型交通量的增加,则该车型对标准车的影响就会减小,折算系数的计算值也会随之降低。

PCE 的计算方法有很多种,从不同的观点和不同的角度出发得到的方法各不相同,而且 PCE 的计算值也有较大的差异。PCE 的确定方法主要有三类:直接计算法、间接计算法和计算机模拟法,不同的 PCE 计算方法如图 1-3 所示。

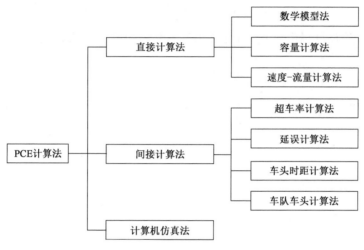

图 1-3　PCE 计算方法

数学模型法:考虑路段上车流的车速分布,并注意到它们的超车行为,将这个过程看成一个车辆的排队服务过程。服务台是允许超车的空隙。由此建立数学模型进行推导而得出 PCE 值的方法。

容量计算法:此方法通过在某服务水平下的容量中所含一定比例的载重车来计算 PCE 值。此方法比较困难,主要是因为某服务水平的容量难以观测到。

速度-流量计算法:通过分析车流中速度和车流之间的关系,这里包括载重车比例,在不同载重车比例情况下通过比较等价车流,类比求出载重车在不同道路条件下的 PCE 值。

超车率计算法:根据在某一区间的超车率和观测该区间速度的分布值,在给定的服务水平下,保持所观测车辆的速度分布,其超车率即可定义为计算的 PCE 值。

延误计算法:延误计算法是超车率法的进一步发展。将延误时间和等待超车机会结合起来,是延误等价计算法的基本原理。

车头时距计算法:在大流量的车流中,取不同车型的车头时距及不同车型所占的时间间距为等价标准进行计算。

车队头车计算法:观测车流中的车队头车,考查载重车和小汽车作为头车所占比例,以此作为等价标准计算 PCE。

计算机仿真法:通过数学分析或物理建模,在计算机上进行模拟计算。此方法可求算不同车型在各种情况下的 PCE 值。然而,这种方法不能脱离实际的试验与观测,它可以分析归纳理论与实际的差别,并可方便地对理论进行修正。

总之,由于车辆折算系数分析的复杂性,导致了各种分析方法得出的结果的差异性。所以最终的折算系数建议值不仅要参考各种分析结果,还应加入专家系统的判断。

《公路工程技术标准》(JTG B01—2014)中给出的公路各汽车代表车型和车辆折算系数,如表 1-3 所示。另外,对于畜力车、人力车、自行车等非机动车,按照路侧干扰因素计算;拖拉机折算系数取 4.0。

公路各汽车代表车型与车辆折算系数　　　　　　表 1-3

汽车代表车型	车辆折算系数	汽车代表车型	车辆折算系数
小客车	1.0	大型车	2.5
中型车	1.5	汽车列车	4.0

《城市道路工程设计规范》(CJJ 37—2012)中给出的城市道路各汽车代表车型与车辆折算系数,如表 1-4 所示。

城市道路各汽车代表车型与车辆折算系数　　　　　　表 1-4

汽车代表车型	车辆折算系数	汽车代表车型	车辆折算系数
小客车	1.0	大型货车	2.5
大型客车	2.0	铰接车	3.0

1.4.3　道路通行能力调查

按交通流运行状况的特征,道路通行能力可分为下列几种情况:
①路段的通行能力(连续车流);
②信号交叉口的通行能力(间断车流);
③匝道的通行能力(分流、合流);
④交织路段的通行能力。

在城市道路的主要交叉口处,在地方公路及高速公路的爬坡段、隧道、桥梁等狭窄地段,匝道与其他干线的合流处,由于发生阻塞的原因不尽相同,其通行能力自然也就不同,因而调查的对象、地点和所采用的方法亦应随实际情况的不同而改变。

例如,在进行路段通行能力调查时,应把调查地点选在其上的瓶颈路段(道路爬坡、狭窄地段等)处。随着交通量的增加,车辆相互之间的影响增加,自由行驶受到限制,道路上的车流密度加大,平均行驶车速下降;当交通量进一步增加,所有车辆均将尾随在前面的慢车之后以同一车速行驶。通常选定这一时刻观测最大交通量。当然,这种状态并不稳定,一旦车流中的某辆车突然减速,则此影响必将传递至后方,迫使尾随车减速,最终导致交通量降低,同时还会进一步影响后面的交通量。一般认为上述尾随同速行驶的车流最适宜作为通行能力调查的对象,而这种车流仅在瓶颈路段才易形成。

又例如,由于合流区间的通行能力一般较难定义,在合流后的干线上会产生与连续路段相类似的阻塞现象,有时干道上畅流无阻,但因合流要限制匝道上进入的车辆,在匝道上会形成排队而造成阻塞。因此,要确定合流区间的通行能力,首先必须要把探明阻塞发生的原因作为交通调查的对象。

应将探明阻塞发生的原因和最大交通量的调查看作是对交通流进行客观记述的综合的交通调查。

关于通行能力的调查，国内目前尚未有比较统一而成熟的方法，即使是对同一对象、同一地点、同一时刻进行观测也会因为计算方法的不同而使观测方法有所差异。以下就连续通行路段、平面交叉路口以及合流区间通行能力的调查方法分别予以介绍。

1）连续通行路段的调查

连续通行路段的通行能力必须考虑到车道分工及车道位置，如是专用车道还是混合车道，是中间车道还是靠路边的车道。如果靠路边车道上还设置有公共汽车停靠站，还须调查公共汽车停靠站处的通行能力。除道路条件以外，还要对交通条件及交通流进行综合观测，通常要调查交通量、车速、车流密度、车头时距、车头间距、车道利用率、超车次数等参数。

观测方法主要分为摄影观测和非摄影观测两种。其中，摄影观测最为方便，而且上述7项参数调查可同时进行。但是，由于摄像机的位置往往受到各种条件的限制，且测量成本高，观测后数据资料整理工作量大，所以目前国内较少采用。采用非摄影观测时，车头时距可以通过测量车速及驾驶人跟车行驶的反应时间推算而得。各项目可以分别进行观测，但必须在同一时间范围内同步观测，这样做需用较多的人力，而且观测技术上亦有一定困难。

有关交通量、车速、车流密度的调查方法不少教材已有论述，此处不再赘述。下面主要介绍车头时距等参数的调查方法。

(1) 车头时距的观测

调查地点应选在平直路段而且不受交叉口停车、加减速、车辆换道及行人过街等的影响。调查的车流应是连续行驶的车队车流。当车队中混有各种车型时，应分别调查各种车型的车头时距。由于车头时距与行驶车速关系极大，因此在观测车头时距的同时要测量被测车辆的地点车速。

(2) 车头间距的观测

在高处进行摄影观测时，要预先在路面上按一定距离间隔设置标记(例如粘贴白色纸带)，供分析时测量距离之用。有时亦可通过测量现场实物来决定距离(车道线虚线、护栏柱或电杆的间距等)。观测时摄像机的位置越高越好，最好高于三层楼房高度，其画面速度应视现场车辆行驶速度和摄像范围大小决定。对于市区道路一般取4画面/s；对于高速公路要取8画面/s。

(3) 车道利用率的观测

车道利用率是指一个车道的交通量与全部车道交通量的比率，观测者只需分别测出每一车道的交通量即可算出。

(4) 超车次数的观测

分别在调查区间的前后断面记录每辆车的通过时间与车牌号，对照两断面的记录，再根据车辆的通过顺序即可求得超车次数。另外，还可以从高处直接观测一定路段内的超车次数。

(5) 公共汽车停靠站的通行能力调查

公共汽车停靠站的通行能力对于公交车辆专用车道及单向一车道的道路影响很大。有些道路尽管在正常路段的通行能力较大，但由于受停靠站的限制，仍然可能出现交通阻塞现象，因此有必要确定它对道路通行能力的影响。

为了计算公交停靠站点的通行能力及其对路段通行能力的影响，确定合理的修正系数，通常应调查以下内容：
　　①停靠站的长度和同一时间停靠的车辆数；
　　②相应于各种候车人数时不同尺寸公共汽车的停靠时间；
　　③道路上不同车道的交通量。
　2）信号交叉口的调查
　　在信号交叉口处，由于入口引道的待行车队在每次绿灯信号放行时通过停车线进入交叉口的车辆数往往有限，因此易形成交通阻塞。通过停车线进入交叉口的车辆数与待行车队的长短无关，而与交叉口处的道路、交通条件及信号配时有关。信号交叉口通行能力由各入口引道决定，在交叉口的几何构造、交通条件一定的前提下，有时也可以认为是一个绿灯小时可能通过的车辆数。但应区别于通常说的每绿灯小时通行能力。因为当使用每绿灯小时通行能力时，信号的周期和绿信比将按交通控制的需要而改变，在确定适宜的绿信比时常常要用到通行能力这一概念，即每绿灯小时通行能力是确定绿信比的基本资料。所以根据实际要求，最好不要把绿信比包含在入口引道的固有通行能力上，也就是说，信号交叉口某一入口的通行能力应等于每绿灯小时通行能力乘以绿信比。

　（1）停车线法
　　停车线法的基本思路是以车辆通过停车线作为通过路口的依据，将饱和流率修正后即得到设计通行能力。所以调查主要集中在对通过某一信号交叉口进口道的饱和车流进行观测和分析上。所谓饱和流率是指在一次绿灯时间内，入口车道上车队能连续通过停车线的最大流量。
　　观测地点：选择有两条或两条以上入口车道、交通流量大、右转、直行、左转有明确分工的交叉口进口引道。
　　调查内容与方法：
　　①调查交叉口的几何组成，各入口引道车道数、停车线位置及各车道功能划分情况；
　　②观测信号灯周期时长及各相位时长；
　　③观测交叉口高峰小时交通流量、流向分布；
　　④饱和流率的测定。

　（2）冲突点法
　　冲突点法的基本思想是以车辆通过"冲突点"作为通过路口的依据。所谓冲突点是指本向直行车和对向左转车在同一绿灯时间内交错通过，此两向车流轨迹的交会点。该算法所得的通行能力是以车辆通过冲突点的各平均饱和车头时距为基础的，因而此时的调查内容除与前述有不少相似之处外，还要着重观测在冲突点车辆穿插流动的规律。研究表明，若直行车辆到达分布属泊松分布时，直行车流中出现的可供左转车穿越的空当分布符合负指数分布。

　3）环形交叉口的调查
　　环形交叉口是自行调节交通的交叉口，进入交叉口的所有车辆都以同一方向绕中心岛行进，变车流的交叉为合流、交织、分流。它的功能介于平面交叉与立体交叉之间。我国城市中有一定数量的这类交叉口，研究它的通行能力具有现实意义。但是迄今为止，尚未有成熟的理论计算公式可循，往往凭经验估计或参考国外类似情况处理。
　　环形交叉口的通行能力受多种因素影响，既与它的各要素的几何尺寸、相交道路的交角有关，又与交通组成流量、流向的分布有关。国外的公式多半也是经验性的，同一环形交叉口的通行能力,采用不同国家的公式计算所得的结果有较大的差异,并不能准确反映我国交通的实际情况。因此,仅仅从理论方面计算,探讨环形交叉口的通行能力显然是不够的,必须进行实地观测以取得环形交叉口通行能力计算的可靠数据。

通常有两种实测方式:第一种方式是专门组织一定数量的汽车按一定速度、一定流向进出交叉口使其达到饱和,同时进行观测。这一方式的主要缺点在于需要调动大量汽车、大量人力,难于组织实施。此外,行驶路线和运行状况也不同于原交叉口的实际情况,存在着一定程度的失真,所以用得不多。

第二种方式是阻车观测。它利用原有线路上的车辆,使其在一段较短时间内暂停通行,当各进口引道上积累了一定数量的车辆之后再开始放行,于是便可使环形交叉在一个短时间内处于饱和状态。第二种方式的实施尽管也有不少困难,尤其是如果准备不充分又缺乏经验时,可能会造成短时间的交通阻塞,影响正常交通运行。我国几个城市的阻车试验表明,事先做好充分的准备,选择适当的阻车时间,适当缩短阻车持续时间,仔细分析可能发生的阻塞情况并准备好相应的交通疏导方案,那么采用阻车观测较为方便,而且观测结果的真实性也较强。

4)合流区的调查

调查合流区的通行能力,特别是调查高速道路上合流区间的通行能力是一个十分重要的问题。但是迄今为止,对这类交通现象还不能透彻地阐мет,这是因为合流区发生阻塞的原因比较复杂。所以合流区通行能力的调查一般是通过对阻塞时的交通情况进行多方面的观测、分析来探讨阻塞发生的原因和推算通行能力,而对于复杂的合流现象也常用模拟演示来研究,此时,交通调查的主要工作是获取建立模拟模型的基本资料,为分析和计算提供数据。

用摄影方法观测合流区的交通现象比较方便,可以同时测定多个交通参数。整个合流区(自合流区喇叭口向前或自交通岛端部向前约 50m)应能处于同一幅画面上,为此可以利用附近高大建筑物、电杆或自搭拍摄架从高处进行摄影。

为了满足分析的需要,有时要把合流区间全部车的运行情况拍摄下来,往往要使用 2~3 台摄像机且各自的摄像区要互相搭接。有时也采取同时拍摄整个合流区的办法,要求对行驶车辆逐个追踪并能绘制时间-距离曲线图。

思考题与习题

1. 公路的服务水平评价指标分别是什么?
2. 城市道路的服务水平评价指标分别是什么?
3. 简述基准通行能力、设计通行能力与实际通行能力的异同点。
4. 交通量与流量的区别是什么?
5. 何为车辆折算系数?确定车辆折算系数的依据是什么?

第 2 章 公路路段通行能力与服务水平

路段通行能力是指道路交叉口之间的路段上连续车流的最大允许通过量。由于受道路、交通、环境、管控等条件的影响和限制，不同等级公路的路段通行能力各不相同。

本章主要讨论除匝道和交织区以外的公路路段通行能力。

2.1 基本路段的界定

基本路段是相对于高速公路、一级公路而言的。

道路由路段和交叉口组成，对于高速公路、一级公路，路段一般是由基本路段、匝道和交织区 3 部分组成，如图 2-1 所示。

图 2-1 公路路段划分示意图

(1) 基本路段：不受匝道合流、分流及交织流影响的路段。

(2) 交织区：沿一定长度的道路，两条或多条车流穿过彼此的行车路线的路段。交织区一般由相距较近的合流区和分流区组成。

(3)匝道及匝道与主线连接处:由于连接处汇集了合流或分流的车辆,因而形成一个紊流区。

基本路段处于任何匝道或交织区的影响区域之外。一般来说,匝道连接处或交织区的影响区域可按如下范围划分:

(1)进口匝道:从匝道连接处起,上游150m、下游750m 的范围为进口匝道影响范围。

(2)出口匝道:从匝道连接处起,上游750m、下游150m 的范围为出口匝道影响范围。

(3)交织区:合流点上游150m 为交织区的起点,分流点下游150m 为交织区的终点。

上述准则是针对稳定车流而言的。在交通拥挤及堵塞情况下,合流、分流或交织区可能会形成车辆排队现象,排队长度的变化范围很大,可长达几公里。因此,合流、分流或交织区的影响范围将随交通流状况发生改变。

2.2 高速公路基本路段通行能力与服务水平

高速公路是指专供汽车分向、分车道行驶,全部控制出入的多车道公路,其年平均日设计交通量宜在 15000 辆小客车以上。高速公路的英文定义为:Freeways are fully access-controlled, divided highways with a minimum of two lanes (and frequently more) in each direction.

高速公路是唯一一种能提供完全不间断交通流的公路设施类型。对交通流没有类似信号灯或停车管制的交叉口那样的外部干扰,车辆只有通过匝道才能进出主线,匝道一般设计成可以高速进行分、合流,并最大限度地减少对主线交通的干扰。

高速公路基本路段通行能力定义为:在单位时间段和通常的道路、交通管制条件下,基本路段上某一断面所容许通过的单向单车道最大持续交通流。因此,高速公路基本路段通行能力是针对单向单车道而言的。

2.2.1 高速公路基本路段通行能力

1)基准通行能力

基准通行能力又称理论通行能力,《公路路线设计规范》(JTG D20—2017)中给出的高速公路基本路段基准通行能力取值见表2-1。

高速公路基本路段基准通行能力　　　　表2-1

设计速度(km/h)	基准通行能力[pcu/(h·ln)]	设计速度(km/h)	基准通行能力[pcu/(h·ln)]
120	2200	80	2000
100	2100		

表中设计速度的含义为:在气象条件良好,车辆行驶只受道路本身条件影响时,具有中等驾驶技术的人员在几何受限路段能够安全、舒顺驾驶车辆的最高速度。高速公路的设计速度可选取120km/h、100km/h 和 80km/h,不宜低于100km/h,受地形、地质条件限制时,可以选用80km/h;高速公路特殊困难的局部路段,因新建工程可能诱发工程地质灾害时,经论证并报主

管部门批准,该局部路段的设计速度可采用60km/h,但长度不宜大于15km,或仅限于相邻两互通式立体交叉之间的路段,且相邻路段的设计速度不应大于80km/h;这里提到的论证,其含义是包括技术、经济、安全、环保和社会等方面的综合比选论证。

基准条件下每车道的最大服务交通量为:

$$\text{MSF}_i = C_{bj} \times (V/C)_i \tag{2-1}$$

式中:MSF_i——基准条件下,i 级服务水平相应的每车道最大服务交通量[pcu/(h·ln)];

C_{bj}——基准条件下,设计速度为 j 的高速公路基本路段基准通行能力[pcu/(h·ln)];

$(V/C)_i$——与 i 级服务水平相应的饱和度阈值。

2) 实际通行能力

实际通行能力又称为可能通行能力,高速公路基本路段实际通行能力的计算公式如下:

$$C_P = C_b \times f_{HV} \times f_P \tag{2-2}$$

式中:C_P——高速公路基本路段的实际通行能力[pcu/(h·ln)];

C_b——高速公路基本路段的基准通行能力[pcu/(h·ln)],查表2-1获得;

f_{HV}——交通组成修正系数;

f_P——驾驶人总体特征修正系数,通过调查确定,通常取 0.95~1.00。

中型车、大型车和拖挂车在外形尺寸和车辆行驶性能上与小客车存在显著差别,动力特性比小客车差,导致交通流中出现很大空隙,故应对其进行修正,其修正系数计算公式如下:

$$f_{HV} = \cfrac{1}{1 + \sum\limits_i P_i(\text{PCE}_i - 1)} \tag{2-3}$$

式中:P_i——第 i 种车型交通量占总交通量的百分比;

PCE_i——第 i 种车型折算系数,应根据交通量与实际行驶速度在表2-2中选取。

高速公路基本路段车辆折算系数 表2-2

车型	交通量 [pcu/(h·ln)]	设计速度(km/h)		
		120	100	≤80
中型车	≤800	1.5	1.5	2.0
	(800,1200]	2.0	2.5	3.0
	(1200,1600]	2.5	3.0	4.0
	>1600	1.5	2.0	2.5
大型车	≤800	2.0	2.5	3.0
	(800,1200]	3.5	4.0	5.0
	(1200,1600]	4.5	5.0	6.0
	>1600	2.5	3.0	4.0
拖挂车 (含集装箱车)	≤800	3.0	4.0	5.0
	(800,1200]	4.5	5.0	7.0
	(1200,1600]	6.0	7.0	9.0
	>1600	3.5	4.5	6.0

根据实际通行能力,可计算得到实际条件下高速公路基本路段的单向服务流率:

$$\text{SF}_i = C_b \times (V/C)_i \times N \times f_{HV} \times f_P \tag{2-4}$$

式中:SF_i——在实际的道路交通条件下,i级服务水平相应的单向服务流率(pcu/h);
N——单向车道数。

3)规划和设计阶段通行能力分析

规划和设计阶段通行能力分析是根据预测的交通量和交通特性及期望的服务水平,来确定高速公路基本路段所需车道数。相对于设计分析而言,由于规划分析交通资料仅有规划年的年平均日交通量,其他必要的分析参数由分析人员假定或采用推荐的默认值,所以与设计分析相比,规划分析是比较粗略的。

(1)数据要求

设计分析需要的资料主要涉及预测的设计年限年平均日交通量、设计小时交通量系数、方向不均匀系数、高峰小时系数、交通流组成及驾驶人特征。同时,还需要事先确定设计速度等设计数据。

新建高速公路的设计小时交通量系数,可参照公路功能、交通量、地区气候、地形等条件相似的公路观测数据确定。缺乏观测数据地区,设计小时交通量系数可参照表2-3取值。

各地区高速公路设计小时交通量系数(单位:%)　　表2-3

地区	华北 京、津、冀、晋、蒙	东北 辽、吉、黑	华东 沪、苏、浙、皖、闽、赣、鲁	中南 豫、湘、鄂、粤、桂、琼	西南 川、滇、黔、藏	西北 陕、甘、青、宁、新
近郊	8.0	9.5	8.5	8.5	9.0	9.5
城际	12.0	13.5	12.5	12.5	13.0	13.5

当缺乏观测资料时,设计小时交通量系数也可按下式计算:

$$K = [-4.1056\ln(AADT) + 49.9271] \times (1 + A) + \Delta \quad (2-5)$$

式中:AADT——预测年平均日交通量(pcu/d);
A——地区气象修正系数,$-10\% \leq A \leq 10\%$,一年中气候变化显著则选大值,平稳则选小值,华北地区平均值为-9.23%,东北地区平均值为8.31%,西北地区平均值为7.18%,华东、中南和西南地区可不修正;
Δ——公路所在位置的修正系数,城市近郊取0,城际取4.0%。

(2)设计和规划分析步骤

①将设计年限的年平均日交通量换算成为单方向设计小时交通量,高速公路、一级公路的设计小时交通量应选取重交通量方向,按照下式计算。

$$DDHV = AADT \times K \times D \quad (2-6)$$

式中:DDHV——单向设计小时交通量(pcu/h);
K——设计小时交通量系数,为选定时位的小时交通量与年平均日交通量的比值;
D——方向不均匀系数,通常取0.5~0.6,亦可根据当地交通量观测资料确定。

②将预测的单向设计小时交通量DDHV折算成为高峰小时流率。

$$FL = DDHV/PHF \quad (2-7)$$

式中:FL——高峰小时流率(pcu/h);
PHF——高峰小时系数。

③根据设计速度确定基准通行能力 C_b。
④假定车道数,根据预测的交通组成,确定车辆折算系数,计算交通组成修正系数 f_{HV}。
⑤根据预测的驾驶人条件及式(2-2)计算实际通行能力 C_P。
⑥确定设计服务水平,高速公路通常取三级服务水平作为设计服务水平;当高速公路作为主要干线公路时,可按二级服务水平进行设计。
⑦计算单向所需车道数:$N = FL/[C_P \times (V/C)_i]$,最后计算出的车道数通常不是整数,应向上取整。

2.2.2 高速公路基本路段服务水平

近年来随着我国国民经济的快速发展,交通需求量日益增大,这必然促使公路建设快速发展,随着高速公路的建设里程在公路建设总里程中所占比重越来越大,如何对已经建成的高速公路进行科学的管理越来越引起人们的重视,这就要求我们对已经运营的高速公路运行质量做出客观、科学的评价,为管理决策提供可靠的依据。

1)服务水平影响因素

(1)行车速度和运行时间。高速公路的一个重要标志就是行车速度比一般公路高,行驶速度越高,运行时间越短,则服务水平越高。因此,服务水平与行车速度是成正比例相关,与行驶时间成反比例相关。

(2)车辆行驶时的自由程度。服务水平与行驶的自由程度(通畅性)成正相关,行驶自由程度越大,则服务水平越高。

(3)交通受阻或受干扰程度。行车延误和每公里停车次数呈负相关关系。

(4)行车的安全性。服务水平与行车事故率和经济损失呈负相关关系。

(5)行车的舒适性和乘客满意程度。服务水平与行车的舒适性和乘客满意程度成正相关。

(6)经济性。服务水平与行驶费用成正相关。

2)服务水平评价

服务水平是道路使用者从安全、舒适、效率、经济等多方面所感受到的服务程度,也是驾驶人和乘客对道路交通状态和服务质量的一个客观评价。正确合理地确定服务水平准则是进行服务水平评价的基础和前提。高速公路基本路段服务水平评价采用饱和度 V/C 作为主要指标,采用小客车实际行驶速度与自由流速度之差作为次要评价指标。高速公路基本路段服务水平分级见表2-4。

高速公路基本路段服务水平分级　　　　表2-4

服务水平等级	V/C 值	设计速度(km/h)		
		120	100	80
		最大服务交通量 [pcu/(h·ln)]	最大服务交通量 [pcu/(h·ln)]	最大服务交通量 [pcu/(h·ln)]
一	$V/C \leq 0.35$	750	730	700
二	$0.35 < V/C \leq 0.55$	1200	1150	1100
三	$0.55 < V/C \leq 0.75$	1650	1600	1500

续上表

服务水平等级	V/C 值	设计速度(km/h)		
		120	100	80
		最大服务交通量 [pcu/(h·ln)]	最大服务交通量 [pcu/(h·ln)]	最大服务交通量 [pcu/(h·ln)]
四	$0.75 < V/C \leqslant 0.90$	1980	1850	1800
五	$0.90 < V/C \leqslant 1.00$	2200	2100	2000
六	$V/C > 1.00$	0~2200	0~2100	0~2000

2.2.3 算例分析

【算例 2-1】 已知某双向四车道高速公路,设计速度为 120km/h,驾驶人主要为经常往返于两地者。交通量为 1000pcu/(h·ln),交通组成:中型车 35%,大型车 5%,拖挂车 5%,其余为小型车。试计算其实际通行能力及实际情况下三级服务水平对应的单向服务交通量。

解:由题意,$C_b = 2200\text{pcu}/(\text{h}\cdot\text{ln})$,$f_P = 1.0$。

查表 2-2,得中型车、大型车和拖挂车的折算系数分别为 2.0、3.5 和 4.5,则:

$f_{HV} = 1/\{1 + [0.35 \times (2-1) + 0.05 \times (3.5-1) + 0.05 \times (4.5-1)]\} = 0.606$。

实际通行能力:$C_P = C_b \times f_{HV} \times f_P = 2200 \times 0.606 \times 1.0 = 1333[\text{pcu}/(\text{h}\cdot\text{ln})]$。

实际情况下三级服务水平对应的单向服务交通量:

$SF = C_P \times (V/C)_i \times N = 1333 \times 0.75 \times 2 = 2000(\text{pcu/h})$。

【算例 2-2】 已知某双向四车道高速公路,设计速度为 100km/h。交通组成:小型车 60%,中型车 35%,大型车 3%,拖挂车 2%。驾驶人多熟悉路况。高峰小时交通量为 736pcu/(h·ln),高峰小时系数为 0.96。试分析其服务水平。

解:由题意,$C_b = 2100\text{pcu}/(\text{h}\cdot\text{ln})$,$f_P = 1.0$。

查表 2-2,得中型车、大型车和拖挂车的折算系数分别为 1.5、2.5 和 4.0,则:

$f_{HV} = 1/\{1 + [0.35 \times (1.5-1) + 0.03 \times (2.5-1) + 0.02 \times (4.0-1)]\} = 0.781$。

实际通行能力:$C_P = C_b \times f_{HV} \times f_P = 2100 \times 0.781 \times 1.0 = 1640[\text{pcu}/(\text{h}\cdot\text{ln})]$。

高峰小时流率:$FL = 736/0.96 = 767[\text{pcu}/(\text{h}\cdot\text{ln})]$。

饱和度:$V/C = 767/1640 = 0.47$。

查表 2-4,确定其服务水平为二级。

【算例 2-3】 今欲在黑龙江省规划一条城际高速公路,设计速度为 120km/h。其远景设计年限平均日交通量为 55000pcu/d,大型车比率占 20%,驾驶人均对路况较熟,方向系数为 0.6,高峰小时系数取 0.96,试问应合理规划成几条车道?

解:由题意,得 $C_b = 2200\text{pcu}/(\text{h}\cdot\text{ln})$,$f_P = 1.0$,$AADT = 55000\text{pcu/d}$,$K = 0.135$,$D = 0.6$。

则 $DDHV = AADT \times K \times D = 55000 \times 0.135 \times 0.6 = 4455(\text{pcu/h})$。

假设为双向十车道,查表 2-2,得大型车的折算系数为 3.5,则 $f_{HV} = 1/[1 + 0.2 \times (3.5-1)] = 0.667$。

高峰小时流率:$FL = DDHV/PHF = 4455/0.96 = 4641(\text{pcu/h})$。

实际通行能力:$C_P = C_b \times f_{HV} \times f_P = 2200 \times 0.667 \times 1.0 = 1467[\text{pcu}/(\text{h}\cdot\text{ln})]$。

设计服务水平为三级,对应的饱和度为 0.75,$N=4641/(1467×0.75)=4.2$,取为 5,即双向十车道。

2.3 一级公路基本路段通行能力与服务水平

一级公路是指供汽车分方向、分车道行驶,可根据需要控制出入的多车道公路。一级公路的年平均日设计交通量宜在 15000 辆小客车以上。

在美国 HCM 中,与一级公路相对应的为多车道公路 Multilane highways: Higher-speed facilities, with two or more lanes in each direction, without full access control (i.e., traffic enters and exits by means of at-grade intersections, which may or may not be signal-controlled). These highways may be divided by one of various median types, may be undivided (with only a centerline separating the directions of flow), or may have a two-way left-turn lane (TWLTL).

一级公路设计速度可以取为 100km/h、80km/h 和 60km/h。作为干线公路时,设计速度宜采用 100km/h;受地形、地质等条件限制,可以采用 80km/h。作为集散公路时,设计速度宜采用 80km/h;受地形、地质条件限制,设计速度可采用 60km/h。作为干线的一级公路的局部特殊困难路段,因新建工程可能诱发工程地质病害时,经论证,该局部路段的设计速度可采用 60km/h,但长度不宜大于 15km,或仅限于相邻互通式立体交叉之间的路段。

2.3.1 一级公路基本路段通行能力

1) 基准通行能力

《公路路线设计规范》(JTG D20—2017)中给出的一级公路基本路段基准通行能力取值见表 2-5。与高速公路基本路段相比,在同一设计速度下,一级公路基本路段的基准通行能力却有所降低。

一级公路基本路段基准通行能力　　　　　　　　　　　　表 2-5

设计速度(km/h)	基准通行能力[pcu/(h·ln)]	设计速度(km/h)	基准通行能力[pcu/(h·ln)]
100	2000	60	1600
80	1800		

2) 影响一级公路基本路段通行能力的路侧干扰因素

(1) 路侧干扰因素

一级公路基本路段的路侧干扰因素主要包括:支路进出主路的车辆数量、路侧停靠的机动车数量、路侧与横穿公路的行人数量、路侧非机动车数量及路侧街道化程度。

如图 2-2 所示,当道路街道化程度从无到完全街道化时,内侧车道、中间车道和外侧车道上的小客车速度分别下降约 18%、14%、20%。

上述五个路侧干扰因素对多车道公路的交通流速度有着不同程度的影响。在一级公路上,支路进出主路的车辆对交通流速度影响程度最大,其次是路侧停靠的机动车,而路侧与横穿公路的行人和非机动车及路侧街道化对交通流速度的影响较小。

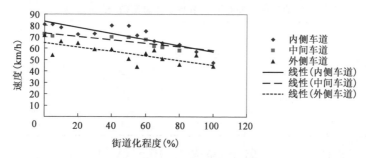

图 2-2　街道化程度对运行速度的影响

（2）路侧干扰分级

《公路路线设计规范》（JTG D20—2017）将路侧干扰分为 1~5 五个等级。

1 级：轻微干扰，公路条件符合标准、交通状况基本正常、各类路侧干扰因素很少；

2 级：较轻干扰，公路设施两侧为农田、有少量自行车、行人出行或横穿公路；

3 级：中等干扰，公路穿过村镇或路侧偶有停车，被交支路有少量车辆出入；

4 级：严重干扰，公路交通流中有较多的非机动车混合行驶；

5 级：非常严重干扰，路侧设有集市、摊位、交通管理或交通秩序很差。

3）实际通行能力

一级公路基本路段的实际通行能力可按下式计算：

$$C_P = C_b \times f_{HV} \times f_P \times f_f \tag{2-8}$$

式中：C_P——一级公路基本路段实际通行能力[pcu/(h·ln)]；

C_b——一级公路基本路段基准通行能力[pcu/(h·ln)]，可在表 2-5 中获取；

f_{HV}——交通组成修正系数，按照公式(2-3)计算，车辆折算系数选取与高速公路基本路段的车辆折算系数选取相同，见表 2-2；

f_P——驾驶人总体特征修正系数，通常取 0.95~1.0；

f_f——路侧干扰影响修正系数。

路侧干扰对一级公路基本路段通行能力的影响与路侧干扰等级有关，其修正系数 f_f 可参照表 2-6 选取。

一级公路基本路段通行能力路侧干扰修正系数　　表 2-6

路侧干扰等级	1	2	3	4	5
修正系数	0.98	0.95	0.90	0.85	0.80

4）规划和设计阶段通行能力分析

一级公路基本路段在规划和设计阶段的通行能力分析目的在于确定其车道数，其分析方法与高速公路基本路段相同，可按公式(2-9)计算一级公路基本路段所需车道数。

$$N = \text{DDHV}/\text{PHF}/[C_b \times (V/C)_i \times f_{HV} \times f_P \times f_f] \tag{2-9}$$

一级公路通常取三级服务水平作为设计服务水平；当一级公路为集散公路时，可按四级服务水平进行设计。新建一级公路的设计小时交通量系数可参照公路功能、交通量、地区气候、地形等条件相似的公路观测数据综合确定。缺乏观测数据地区可参照表 2-7 取值。

各地区一级公路设计小时交通量系数(单位:%) 表2-7

地区	华北	东北	华东	中南	西南	西北
	京、津、冀、晋、蒙	辽、吉、黑	沪、苏、浙、皖、闽、赣、鲁	豫、湘、鄂、粤、桂、琼	川、滇、黔、藏	陕、甘、青、宁、新
近郊	9.5	11.0	10.0	10.0	10.5	11.0
城际	13.5	15.0	14.0	14.0	14.5	15.0

当缺乏观测资料时,设计小时交通量系数也可按下式计算:

$$K = [-2.4283\ln(AADT) + 31.7670] \times (1+A) + \Delta \qquad (2-10)$$

式中:A——地区气象修正系数,$-10\% \leq A \leq 10\%$,一年中气候变化显著则选大值,平稳则选小值,华北地区平均值为-9.23%,东北地区平均值为8.31%,西北地区平均值为7.18%,华东、中南和西南地区可不修正;

Δ——公路所在位置的修正系数,城市近郊取0,城际取4.0%。

2.3.2 一级公路基本路段服务水平

一级公路基本路段服务水平评价采用饱和度V/C作为主要指标,采用小客车实际行驶速度与自由流速度之差作为次要评价指标。一级公路基本路段服务水平分级见表2-8。

一级公路基本路段服务水平分级 表2-8

服务水平等级	V/C值	设计速度(km/h)		
		100	80	60
		最大服务交通量[pcu/(h·ln)]	最大服务交通量[pcu/(h·ln)]	最大服务交通量[pcu/(h·ln)]
一	$V/C \leq 0.3$	600	550	480
二	$0.3 < V/C \leq 0.5$	1000	900	800
三	$0.5 < V/C \leq 0.7$	1400	1250	1100
四	$0.7 < V/C \leq 0.90$	1800	1600	1450
五	$0.90 < V/C \leq 1.00$	2000	1800	1600
六	$V/C > 1.00$	0~2000	0~1800	0~1600

2.3.3 算例分析

【算例2-4】 某双向四车道一级公路基本路段,设计速度100km/h。交通量750pcu/(h·ln),车型组成为:小型车70%、中型车15%、大型车10%、拖挂车5%;驾驶人均为经常往返两地者,路况较熟;路侧干扰轻微。试计算其实际通行能力。

解:由题意,$C_b = 2000\text{pcu}/(\text{h}\cdot\text{ln})$,$f_P = 1.0$,$f_f = 0.98$。

$f_{HV} = 1/[1 + 0.15 \times (1.5-1) + 0.1 \times (2.5-1) + 0.05 \times (4-1)] = 0.727$。

计算实际通行能力:$C_P = 2000 \times 1.0 \times 0.727 \times 0.98 = 1425[\text{pcu}/(\text{h}\cdot\text{ln})]$。

【算例2-5】 某双向六车道一级公路基本路段,设计速度80km/h。车型组成为:小型车

80%、中型车10%、大型车5%、拖挂车5%;驾驶人均为经常往返两地者,路况较熟;路侧干扰较轻。高峰小时交通量为400pcu/(h·ln),高峰小时系数为0.95。试评价其服务水平。

解:由题意,$C_b = 1800 \text{pcu}/(\text{h}\cdot\text{ln})$,$f_P = 1.0$,$f_f = 0.95$。

$f_{HV} = 1/[1 + 0.1 \times (2-1) + 0.05 \times (3-1) + 0.05 \times (5-1)] = 0.714$。

计算实际通行能力:$C_P = 1800 \times 1.0 \times 0.714 \times 0.95 = 1221 [\text{pcu}/(\text{h}\cdot\text{ln})]$。

计算饱和度:$V/C = 400/0.95/1221 = 0.34$。

评价结论:二级服务水平。

【算例 2-6】 黑龙江省规划某城际一级公路,设计速度100km/h。预测年平均日交通量为16000pcu/d,方向不均匀系数0.6,高峰小时系数取0.9,交通组成:小客车55%,中型车30%,大型车15%;驾驶人为经常往返两地者,横向干扰较轻。试确定其车道数。

解:由题意,$C_b = 2000 \text{pcu}/(\text{h}\cdot\text{ln})$,$f_P = 1.0$,$f_f = 0.95$。

$K = [-2.4283\ln(16000) + 31.7670] \times (1 + 0.0831)\% + 4\% = 12.95\%$。

$\text{DDHV} = 16000 \times 0.1295 \times 0.6 = 1243 (\text{pcu/h})$。

假定为双向四车道,单车道交通量为622pcu/(h·ln),中型车和大型车的折算系数为1.5和2.5,$f_{HV} = 1/[1 + 0.3 \times (1.5-1) + 0.15 \times (2.5-1)] = 0.727$。

100km/h 设计速度的一级公路三级服务水平对应饱和度为0.7。

计算单向所需车道数:$N = 1243/0.9/[2000 \times 0.7 \times 0.727 \times 0.95] = 1.4$。

综上所述,确定该一级公路基本路段应修建成双向四车道。

2.4 双车道公路路段通行能力与服务水平

双车道公路是指具有两条车行道、双向行车的公路,双车道公路包括二、三、四级公路。其英文定义为:Two-lane highways have one lane for the use of traffic in each direction。

二级公路:供汽车行驶的双车道公路,年平均日设计交通量宜为5000~15000辆小客车,可选取的设计速度为80km/h、60km/h、40km/h。

三级公路:供汽车、非汽车交通混合行驶的双车道公路,年平均日设计交通量宜为2000~6000辆小客车,可选取的设计速度为40km/h、30km/h。

四级公路:供汽车、非汽车交通混合行驶的双车道或单车道公路,双车道四级公路的年平均日设计交通量宜在2000辆小客车以下,单车道四级公路年平均日设计交通量宜在400辆小客车以下,可选取的设计速度为30km/h、20km/h。

目前,我国大多数干线及非干线公路均为双车道公路,同时双车道公路亦为我国公路网中最常见、最普遍的一种公路形式。截至2017年年底,全国公路总里程达到477.35万km,其中,二、三、四级公路里程比例高达85.9%。《公路路线设计规范》(JTG D20—2017)规定,二、三级公路的设计服务水平采用四级,当作为干线公路时,可采用三级服务水平。四级公路则视需要而定。本书只对二、三级公路的通行能力与服务水平给予介绍。

2.4.1 双车道公路交通运行特性

在双车道公路上,汽车超车时,必须进入对向车道行驶若干距离后,回到本向车道,才能完成超车过程。因此双车道公路的两个方向中任何一个方向的交通流运行都要受到对向交通的制约,故不能对单个方向,而必须对车行道双向通行能力和服务水平进行总的分析和计算。美国 HCM 中对双车道公路交通运行特性的描述为:The principal characteristic that separates motor vehicle traffic on two-lane highways from other uninterrupted-flow facilities is that passing maneuvers take place in the opposing lane of traffic. Passing maneuvers are limited by the availability of gaps in the opposing traffic stream and by the availability of sufficient sight distance for a driver to discern the approach of an opposing vehicle safely. As demand flows and geometric restrictions increase, opportunities to pass decrease. This creates platoons within the traffic stream, with trailing vehicles subject to additional delay because of the inability to pass the lead vehicles. Because passing capacity decreases as passing demand increases, two-lane highways exhibit a unique characteristic: operating quality often decreases as demand flow increases, and operations can become unacceptable at relatively low volume-to-capacity ratios。

1) 延误分析

在双车道公路上行驶的车辆因为被动排队行驶而增加的运行时间称为延误。此外,超车行为也会造成延误。如果超车视距不足,即使车辆已经行至对向车道,也可能会因为对向来车而中途放弃超车,被迫回到原来车道上被动跟驰行驶,从而造成延误。尽管延误是一个非常有效的指标,但是野外数据的采集非常困难。以现有的观测手段,求算延误时间只能通过对照车牌号的方法,但该观测法需要耗费大量的时间和人力,效率较低。因此,有必要寻找一个替代指标。

2) 延误-流量模型

根据车辆跟驰分析研究,并参照美国 HCM,将延误车头时距上限定为 5s,即认为车头时距在 5s 以内的车辆都有延误。取统计时间间隔为 5min,将 5min 内的混合车流用车辆折算系数换算为小客车流,然后计算延误百分率。图 2-3 为实测数据经过上述步骤处理后得到的延误百分率与流量关系散点图。

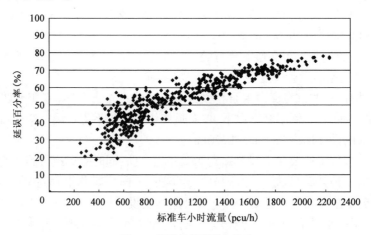

图 2-3 延误率-流量散点关系

从图 2-3 上看,随着流率的增大,延误率也在增大,并呈二次抛物线形状。但与抛物线形状不同之处在于延误率并不是增长到一定程度下降,而是趋近于通行能力点对应的延误百分率值,其模型与函数 $Y = X/(X + C)$ 比较相似。当流量超过通行能力以后,小时流率不再增大,

而延误率继续增大。因此,应对该模型进行修正,并建立如下模型:

$$DR = \frac{V^c}{V^c + b} \quad (2-11)$$

式中:DR——延误率(%);
V——小时流率(pcu/h);
b、c——回归系数。

交通流数据的离散性较大,只有统计特性才能够较好地描述交通流特性,采用最小二乘法计算流率和延误数据拟合曲线的参数。用相关系数可以说明回归效果显著与否。

为了减少随机延误,对流量按10辆汇总统计,得到一组流率和延误数据,将流率和延误原始数据代入公式(2-11),应用统计分析软件SPSS回归分析后,得到各模型参数标定值:系数$c = 1.0099$,系数$b = 1622.78$,相关系数$R = 0.9503$。计算结果表明回归拟合效果显著,所选择的模型是合理有效的。为了使用方便,将模型参数简化为:$c = 1.1$,$b = 1623$。模型如公式(2-12)所示。

$$DR = \frac{V^{1.1}}{V^{1.1} + 1623} \quad (2-12)$$

图2-4为汇总延误流量数据的散点拟合回归曲线。

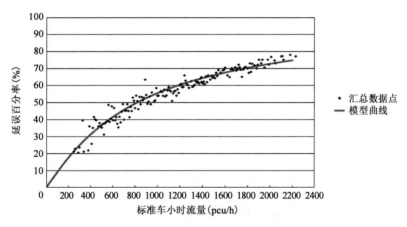

图2-4 延误流量散点拟合回归曲线

图2-4及公式(2-12)综合反映了延误与流量之间的关系,即延误随流量的增加而增大。例如,当流量V为500veh/(h·ln)时,由公式(2-12)可算得延误率DR为36%;当流量V为1000veh/(h·ln)时,DR为55%;当流量V为1500veh/(h·ln)时,DR为66%。与流量相比,延误更能直观地反映道路提供的服务质量,更容易被驾驶人感受到并作出相应判断和驾驶操作。

由于双车道公路中超车行为必须在对向车道上完成,且公路中运行的机动车性能差别显著,因此,从实际观测数据可以发现:速度是反映交通流变化较敏感的一个参数,随着流量的增加,交通流速度明显减小,其速度-流量曲线呈现下降趋势,这一点明显区别于其他类型公路的速度-流量曲线,见图2-5。

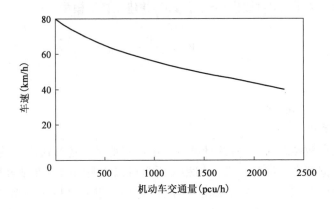

图 2-5 双车道公路速度-流量关系示意图

2.4.2 双车道公路路段通行能力

1）基准通行能力

《公路路线设计规范》(JTG D20—2017)给出的二、三级公路路段基准通行能力取值见表 2-9。

双车道公路路段基准通行能力　　　　表 2-9

公 路 等 级	设计速度(km/h)	基准通行能力(pcu/h)
二级公路	80	2800
二级公路	60	1400
二级公路	40	1300
三级公路	40	1300
三级公路	30	1200

2）实际通行能力

双车道公路路段实际通行能力可按公式(2-13)计算。

$$C_P = C_b \times f_{HV} \times f_w \times f_d \times f_f \tag{2-13}$$

式中：C_P——双车道公路路段实际通行能力(pcu/h)；

C_b——双车道公路路段基准通行能力(pcu/h)；

f_{HV}——交通组成修正系数；

f_w——车道宽度、路肩宽度修正系数；

f_d——方向分布修正系数；

f_f——路侧干扰修正系数。

公式(2-13)中，交通组成修正系数 f_{HV} 按照公式(2-3)计算，双车道公路路段车辆折算系数见表2-10；《公路工程技术标准》(JTG B01—2014)中给出的双车道公路车道宽度、硬路肩宽度与土路肩宽度见表2-11，车道宽度、路肩宽度修正系数 f_w 参照表2-12选取；方向分布修正系数 f_d 参照表2-13选取；路侧干扰修正系数 f_f 参照表2-14选取。

双车道公路路段车辆折算系数 表2-10

车型	交通量(veh/h)	设计速度(km/h)		
		80	60	40
中型车	≤400	2.0	2.0	2.5
	(400,900]	2.0	2.5	3.0
	(900,1400)	2.0	2.5	3.0
	≥1400	2.0	2.0	2.5
大型车	≤400	2.5	2.5	3.0
	(400,900]	2.5	3.0	4.0
	(900,1400)	35	5.0	7.0
	≥1400	2.5	3.5	3.5
汽车列车	≤400	2.5	2.5	3.0
	(400,900]	3.0	3.5	5.0
	(900,1400)	4.0	5.0	6.0
	≥1400	3.5	4.5	5.5

双车道公路路肩宽度、车道宽度 表2-11

设计速度(km/h)		80	60	40	30	20
硬路肩宽度(m)	一般值	1.50	0.75	—	—	—
	最小值	0.75	0.25			
土路肩宽度(m)	一般值	0.75	0.75	0.75	0.5	0.25(双车道)
	最小值	0.5	0.50			0.50(单车道)
车道宽度(m)		3.75	3.5	3.5	3.25	3.0(3.5)

车道宽度、路肩宽度修正系数 f_w 表2-12

路肩宽度(m)	0	0.5	1.0	1.5	2.5	3.5	≥4.5
车道宽度(m)	3.0	3.25	3.5	3.75			
f_w	0.52	0.56	0.84	1.00	1.16	1.32	1.48

方向分布修正系数 f_d 表2-13

交通量分布	50/50	55/45	60/40	65/35	70/30
f_d	1.00	0.97	0.94	0.91	0.88

路侧干扰修正系数 f_f 表2-14

路侧干扰等级	1	2	3	4	5
f_f	0.95	0.85	0.75	0.65	0.55

3)设计通行能力

在计算得到实际通行能力的基础上,实际或预测及设计条件下双车道公路路段的设计通行能力可按公式(2-14)计算。

$$C_D = C_P \times (V/C)_i \tag{2-14}$$

式中：C_D——双车道公路路段设计通行能力(pcu/h)；

$(V/C)_i$——双车道公路路段设计服务水平下对应的饱和度阈值。

4）规划和设计阶段通行能力分析

(1) 数据要求

设计分析需要的资料包括预测的双向设计小时交通量及其交通流特性描述方面的数据。同时，还需要事先假设设计速度和车道、路肩宽度等规划和设计数据。如果需要对设计方案进行详细的运行状况分析，则还需要假设道路平、纵线形的有关资料。通常进行设计分析所需的数据如下：

① 预测设计年限的年平均日交通量 AADT；

② 假设或设计的道路参数，包括设计速度、路面宽度、路肩宽度等；

③ 假设或预测的交通特性，包括交通组成、方向分布、横向干扰、高峰小时系数等。

(2) 分析步骤

① 明确已知条件：设计年限的年平均日交通量 AADT 及方向分布，规划或设计路段的路面宽度、路肩宽度，交通组成，路侧干扰等；

② 将年平均日交通量换算成双向设计小时交通量：$DHV = AADT \times K$；

③ 将预测的设计小时交通量 DHV 折算为高峰小时流率：$FL = DHV/PHF/f_{HV}$；

④ 确定各项修正系数；

⑤ 确定设计通行能力；

⑥ 比较高峰小时流率 FL 与设计通行能力 C_D：当 $C_D \geq FL$ 时，说明假设条件能够保证规划、设计公路在要求的服务水平下运行；当 $C_D < FL$ 时，应该修改规划或设计的道路条件，对双车道公路而言主要是路面宽度、路肩宽度，重新计算新条件下的设计通行能力 C_D，直到设计通行能力 C_D 大于高峰小时流率 FL。

新建双车道公路的设计小时交通量系数可参照公路功能、交通量、地区气候、地形等条件相似的公路观测数据综合确定。缺乏观测数据地区可参照表 2-15 取值。

各地区双车道公路设计小时交通量系数(单位:%)   表 2-15

地区	华北 京、津、冀、 晋、蒙	东北 辽、吉、黑	华东 沪、苏、浙、皖、 闽、赣、鲁	中南 豫、湘、鄂、 粤、桂、琼	西南 川、滇、黔、藏	西北 陕、甘、青、 宁、新
近郊	11.5	13.5	12.0	12.5	13.0	13.5
城际	15.5	17.5	16.0	16.5	17.0	17.5

当缺乏观测资料时，设计小时交通量系数也可按下式计算：

$$K = [-1.5648\ln(AADT) + 23.1640] \times (1 + A) + \Delta \quad (2-15)$$

式中：A——地区气象修正系数，$-10\% \leq A \leq 10\%$，一年中气候变化显著则选大值，平稳则选小值，华北地区平均值为 -9.23%，东北地区平均值为 8.31%，西北地区平均值为 7.18%，华东、中南和西南地区可不修正；

Δ——公路所在位置的修正系数，城市近郊取 0，城际取 4.0%。

2.4.3 双车道公路路段服务水平

选择衡量服务水平的主要指标，应根据不同形式道路车辆运行规律的差异，采取不同的指标。通常双车道公路车辆不成队列行驶,快、慢车在同一车道混合行驶,必须占用对向车道才能完成超车行为,由此造成的被动延误较大。

对于双车道公路,采用延误率作为服务水平分级的主要指标,以速度和饱和度作为辅助分级指标,可以大大降低人为因素的影响,保证评价指标的客观性。其中,延误率的定义为车头时距小于或等于 5s 的车辆数占总交通量的百分比。

《公路工程技术标准》(JTG B01—2014)给出的双车道公路服务水平划分标准见表2-16,二、三级公路设计服务水平为四级。

双车道公路路段服务水平划分标准　　　　　　　　　　　　　　　表2-16

服务水平等级	延误率(%)	设计速度(km/h)										
		80				60				≤40		
		实际行驶速度(km/h)	V/C			实际行驶速度(km/h)	V/C			实际行驶速度(km/h)	V/C		
			不准超车区(%)				不准超车区(%)				不准超车区(%)		
			<30	30~70	≥70		<30	30~70	≥70		<30	30~70	≥70
一	≤35	≥76	0.15	0.13	0.12	≥58	0.15	0.13	0.11		0.14	0.12	0.10
二	≤50	≥72	0.27	0.24	0.22	≥56	0.26	0.22	0.20		0.25	0.19	0.15
三	≤65	≥67	0.40	0.34	0.31	≥54	0.38	0.32	0.28		0.37	0.25	0.20
四	≤80	≥58	0.64	0.60	0.57	≥48	0.58	0.48	0.43		0.54	0.42	0.35
五	≤90	≥48	1.00	1.00	1.00	≥40	1.00	1.00	1.00		1.00	1.00	1.00
六	>90	<48	—	—	—	<40	—	—	—		—	—	—

2.4.4 算例分析

【算例2-7】 某双车道公路,设计速度80km/h,车行道宽3.75m,路肩宽2.25m,方向分布系数0.55,横向干扰较轻,交通量500veh/h,交通组成:小型车55%,中型车25%,大型车15%,拖挂车5%。试求算其实际通行能力。

解:由设计速度80km/h,可知 $C_b = 2800 \text{pcu/h}$。

由车道宽度3.75m,路肩宽2.25m,可知 $f_w = 1.12$。

由方向分布系数 $D = 0.55$,可知 $f_d = 0.97$。

由横向干扰较轻,可知 $f_f = 0.85$。

$$f_{HV} = \frac{1}{1 + 0.25 \times (2-1) + 0.15 \times (2.5-1) + 0.05 \times (3-1)} = 0.635$$

$$C_P = C_b \times f_{HV} \times f_w \times f_d \times f_f = 2800 \times 0.635 \times 1.12 \times 0.97 \times 0.85 = 1642 (\text{pcu/h})$$

【算例2-8】 某双车道公路,设计速度60km/h,车行道宽3.5m,路肩宽度1.5m,方向分布系数0.7,横向干扰中等,高峰小时交通量300veh/h,高峰小时系数0.95;交通组成:小型车65%,中型车15%,大型车15%,拖挂车5%;不准超车区比例占40%。试评价其服务水平。

解:由设计速度60km/h,可知 $C_b = 1400 \text{pcu/h}$。

由车道宽度3.5m,路肩宽度1.5m,可知 $f_w = 0.84$。

由方向分布系数 $D = 0.7$,可知 $f_d = 0.88$。

由横向干扰中等,可知 $f_f = 0.75$。

$$f_{HV} = \frac{1}{1 + 0.15 \times (2-1) + 0.15 \times (2.5-1) + 0.05 \times (2.5-1)} = 0.690$$

$C_P = C_b \times f_{HV} \times f_w \times f_d \times f_f = 1400 \times 0.690 \times 0.84 \times 0.88 \times 0.75 = 536(\text{pcu/h})$。

$V/C = 300/0.690/0.95/536 = 0.85$，五级服务水平。

【算例 2-9】 设计一条三级公路，设计速度采用 40km/h，车行道宽 3.5m，路肩宽度 0.75m，不准超车区比例占 25%；方向分布系数 0.6，路侧干扰轻微，预测设计年限的年平均日交通量为 800veh/d，设计小时交通量系数 0.12，高峰小时系数 0.9；交通组成：小型车 50%，中型车 25%，大型车 20%，拖挂车 5%。试计算其是否能保证公路在规定的服务水平下运行。

解：由设计速度 40km/h，可知 $C_b = 1300\text{pcu/h}$。

由车道宽度 3.5m，路肩宽度 0.75m，可知 $f_w = 0.70$。

由方向分布系数 $D = 0.6$，可知 $f_d = 0.94$。

由横向干扰轻微，可知 $f_f = 0.95$。

$$f_{HV} = \frac{1}{1 + 0.25 \times (2.5-1) + 0.2 \times (3-1) + 0.05 \times (3-1)} = 0.533$$

不准超车区 25%，四级服务水平对应的 $V/C = 0.54$。

$C_D = 1300 \times 0.54 \times 0.533 \times 0.7 \times 0.94 \times 0.95 = 233(\text{pcu/h})$。

$\text{FL} = \text{AADT}/f_{HV}/\text{PHF} \times K = 800/0.533/0.9 \times 0.12 = 200(\text{pcu/h})$。

$C_D > \text{FL}$，故可以保证在规定的服务水平下运行。

思考题与习题

1. 公路路段可以划分为几部分？基本路段如何划分？
2. 高速公路、一级公路与双车道公路的通行能力的影响因素与计算方法有何异同点？
3. 高速公路、一级公路基本路段与双车道公路路段的服务水平评价指标分别是什么？
4. 高速公路、一级公路基本路段与双车道公路路段的设计服务水平如何选取？
5. 如何确定规划与设计阶段高速公路、一级公路的车道数？
6. 如何判断双车道公路规划与设计阶段能否满足设计服务水平？
7. 已知某双向四车道高速公路，设计速度为 120km/h，驾驶人主要为经常往返于两地者。交通组成：中型车 25%，大型车 15%，拖挂车 5%，其余均为小型车，高峰小时交通量为 850pcu/(h·ln)，高峰小时系数为 0.95。试分析其服务水平。
8. 今欲规划一条高速公路，设计速度为 100km/h。假设驾驶人均对路况较熟，其远景设计年限的年平均日交通量为 55000pcu/d，中型车比例占 20%，方向系数为 0.55，设计小时交通量系数为 0.1，高峰小时系数取 0.94，试问应合理规划成几条车道？
9. 一级公路车道数设计：设计速度 100km/h，预期单向设计小时交通量为 1200pcu/h，高峰小时系数 0.9，交通组成：中型车比例 20%，大型车比例 15%，小客车 65%，驾驶人经常往返两地，横向干扰轻微。
10. 某双车道公路，设计速度 40km/h，车行道宽 3.5m，路肩宽度 1.0m，方向分布系数 0.6，横向干扰轻微,高峰小时交通量 200veh/h,高峰小时系数 0.95;交通组成:小型车 40%,中型车 35%,大型车 15%,拖挂车 5%,拖拉机 5%,不准超车区比例 25%。试评价其服务水平。

11. 设计一条二级公路,设计速度采用 60km/h,车行道宽 3.5m,路肩宽度 0.75m,方向分布系数 0.55,横向干扰轻微,预测设计年限的年平均日交通量为 1500veh/d,设计小时交通量系数 0.11,高峰小时系数 0.92;交通组成:小型车 55%,中型车 30%,大型车 10%,拖挂车 5%。不准超车比例 20%。试计算其是否能保证公路在规定的服务水平下运行。

第 3 章
公路匝道及匝道与主线连接点通行能力与服务水平

匝道是专用于连接两条相交道路的路段（A ramp is a dedicated roadway providing a connection between two highway facilities），其设立的主要目的是为了避免道路的平面交叉，使车辆行驶顺畅，进而提高车速，增大道路通行能力，降低交通事故发生的风险。

本章主要讨论匝道车行道、匝道与高速公路、一级公路主线连接点通行能力和服务水平的分析方法，对于城市道路的匝道也可运用此方法进行通行能力分析。

3.1 概 述

3.1.1 匝道组成

根据匝道上交通流的运行特性不同，可以将匝道分为两部分，即匝道行车道（Ramp Roadway）及匝道与主线的连接点（Ramp-mainline Junctions）。匝道主要起连接作用，与高速公路和一级公路基本路段相比有如下不同之处：

①匝道的长度和宽度是有限的;
②匝道的设计速度低于与之相连接道路的设计速度;
③在不可能超车的单车道匝道上,慢速车辆带来的不利影响比基本路段的更为严重;
④匝道上车辆加减速现象频繁。

匝道与主线的连接点可分为分流区(Diverge Area)、合流区(Merge Area),通常将匝道与主线的连接点设计成允许高速合流及分流运行,使其对主线交通产生的影响最小。

3.1.2 匝道类型

按照匝道的功能及其与正线的关系、匝道横断面车道数等,一般有以下两种分类方法。

1)按匝道的功能及其与正线的关系分类

(1)右转匝道

右转匝道是车辆从正线右侧驶出后直接右转约90°到另一正线的右侧驶入,一般不设跨线构造物,如图3-1所示。根据立体交叉的形式和用地限制条件,右转匝道可以布设为单(或复)曲线、反向曲线、平行线或斜线四种。右转匝道属右出右进的直接式匝道,其特点是形式简单,便捷顺当,行车安全。

(2)左转匝道

左转匝道的车辆须转约90°~270°来实现左转,除环圈式左转匝道外,匝道上至少需要一座跨线构造物。按匝道与正线的关系,左转匝道可分为直接式、半直接式和间接式三种类型。

①直接式(又称为左出左进式):如图3-2所示,左转弯车辆直接从正线行车道左侧驶出,左转约90°,到另一正线行车道的左侧驶入。直接式左转匝道的优点是匝道长度最短,可降低营运费用;没有反向迂回运行,自然顺畅;车速高,通行能力较大。其缺点是跨线构造物较多;正线双向行车之间须有足够间距;存在左出和左进不符合驾驶人驾驶习惯的问题。直接式左转匝道存在左出和左进的问题,所以除左转弯交通量很大外,一般不宜采用。图3-2中两种布置形式可视经济性、线形要求以及用地情况等比较选用。

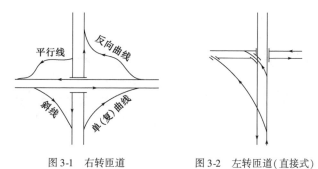

图3-1　右转匝道　　　　图3-2　左转匝道(直接式)

②半直接式:按车辆由正线驶入匝道的进出方式可分为三种基本形式。

左出右进式:如图3-3所示,左转车辆从正线行车道左侧直接驶出后左转弯,到另一正线时由行车道右侧驶入。与定向式左转匝道相比,右进改善了左进的缺点,车辆驶入安全方便。但仍然存在左出的问题,匝道上车辆略有绕行,驶出道路双向行车道之间需有足够间距,跨线构造物多。图示两种情况都可采用,应由地形、地物限制条件决定。

右出左进式：如图 3-4 所示，左转车辆从正线行车道右侧右转弯驶出，在匝道上左转弯，到另一正线后直接由行车道左侧驶入。此方式改善了左出的缺点，车辆驶出安全方便。但仍然存在左进的缺点，驶入道路双向行车道之间需有足够的间距。其余特征同左出右进式匝道。

右出右进式：如图 3-5 所示，左转车辆都是由正线行车道右侧右转弯驶出和驶入，在匝道上左转改变方向。右出右进式是最常用的左转匝道形式，它完全消除了左出和左进的缺点，行车安全方便。其缺点是左转绕行距离较长，跨线构造物较多。图中五种形式应视地形、地物及线形等条件而定。

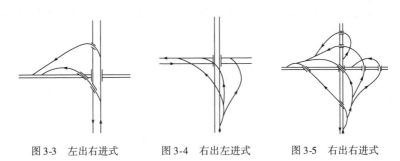

图 3-3　左出右进式　　　图 3-4　右出左进式　　　图 3-5　右出右进式

③间接式（又称为环圈式）：如图 3-6 所示，左转弯车辆驶过路线构造物后向右回转约 270°达到左转的目的，在行车道的右侧驶入。环圈式左转匝道的特点是右出右进、行车安全、匝道上不需设跨线构造物、造价最低。但这种类型的匝道线形指标差，适应车速低，通行能力较小，占地面积大，左转绕行距离长。

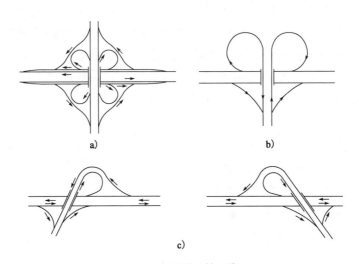

图 3-6　环圈式左转匝道

环圈式左转匝道为苜蓿叶形[图 3-6a)]、叶形[图 3-6b)]和喇叭形立体交叉[图 3-6c)]的标准组成部分。

2）按匝道横断面车道类型分类

按横断面车道类型可将匝道划分为四种。

（1）单向单车道匝道：如图 3-7 所示，这是一种常用匝道形式，无论右转匝道或左转匝道，当转弯交通量比较小而未超过单车道匝道的设计通行能力时都可以采用。

(2) 单向双车道匝道:如图 3-8 所示,两个车道之间可以采用画线分隔,适用于转向交通量超过单车道匝道设计通行能力的情况。

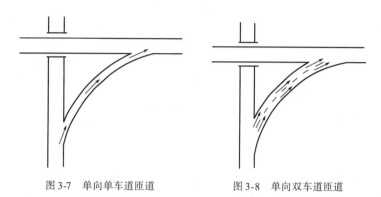

图 3-7　单向单车道匝道　　　图 3-8　单向双车道匝道

(3) 对向双车道匝道:如图 3-9 所示,两个方向的车行道之间采用画线分隔,交通运行安全性差,适用于用地受限的情况。

(4) 对向分离双车道匝道:如图 3-10 所示,两个方向的车行道之间采用中央分隔带分离,适用于用地允许的情况。

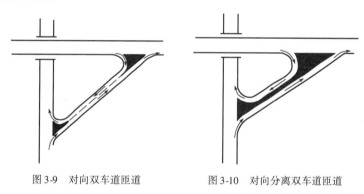

图 3-9　对向双车道匝道　　　图 3-10　对向分离双车道匝道

3.1.3　匝道车辆运行特征

匝道车辆运行方式分为车辆在匝道出入口的运行及车辆在匝道上的运行。

如图 3-11 所示,车辆在匝道出入口及匝道的运行包括两种方式:

(1) 分流(Diverge):同一行驶方向的车流向两个不同方向分离行驶的过程,如正线出口处的行驶过程即为分流。

(2) 合流(Merge):两个行驶方向的车流以较小的角度向同一方向汇合行驶的过程,如正线入口处的行驶过程即为合流。

车辆在匝道上的行驶特征随匝道形式而变化:单向单车道匝道上一般情况下不允许超车;单向双车道匝道上可以超车;双向双车道设立分隔带的匝道不允许超车;双向双车道没设分隔带的匝道允许超车。

匝道与正线(或匝道)分流与合流的组合,可以是自身的组

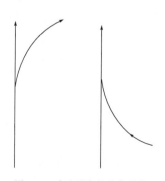

图 3-11　车流形态的基本形式

合,也可以是相互的组合。分、合流的组合形式有连续分流、连续合流、合分流及分合流四种类型。根据分流与合流在正线(或匝道)的左侧或右侧位置的不同,又有不同形式的组合,如表 3-1 所示。

分、合流组合形式　　　　　　　　　表 3-1

种类	Ⅰ	Ⅱ	Ⅲ	Ⅳ
连续分流				
连续合流				
合分流				
分合流				

只有在匝道的所有元素(匝道与主线、匝道车行道)的设计均符合要求的情形下,匝道才能有效发挥其作用。若其中任何一项出现问题,都可能对匝道产生不利影响。还应特别注意,匝道上的故障很有可能会影响与它相连接的道路。

3.2 匝道车行道通行能力与服务水平

3.2.1 匝道自由流速度

驾驶人在特定匝道上不受其他车辆干扰时所采取的行车速度称为匝道自由流速度。匝道车行道上行驶车辆的自由流速度与匝道的圆曲线半径、超高横坡、行车道宽度、视距、匝道最大纵坡、分隔条件等影响因素有关。另外,驶入道路的等级及类别对驾驶人的影响也不容忽视(例如,驾驶人从高速公路驶入匝道时,由于高速驾车的惯性,其车速比平时高一些)。上述这些因素对自由流速度的影响通过对匝道基本自由流速度的各种修正值或修正系数来体现。由于匝道形式、线形组合、纵坡等变化很大,且组合方式非常多,选择具有代表性的匝道进行观测又很困难,因此对匝道基本自由流速度影响因素的分析计算主要采用结合路段已有成果和匝道实地观测进行综合分析的方法。经过对各种影响因素进行研究和比选,最终确定匝道圆曲线半径、行车道宽度、纵坡、视距、分隔条件、驶入道路等修正值和修正系数。匝道车辆行驶的自由流速度计算公式为:

$$FV = (FV_0 + FFV_W + FFV_{SL} + FFV_{DI} + FFV_V) \times FFV_S \tag{3-1}$$

式中:FV——匝道车行道自由流速度(km/h);

FV_0——匝道车行道基本自由流速度(km/h);

FFV_W——行车道宽度修正值(km/h);

FFV_{SL}——纵坡坡度修正值(km/h);

FFV_{DI}——驶入道路修正值(km/h);

FFV_V——视距修正值(km/h);

FFV_S——分隔条件修正系数(针对双向匝道,是否有分隔带)。

1)匝道基本自由流速度 FV_0

匝道基本自由流速度 FV_0 与匝道最小半径有关:

$$FV_0 = \sqrt{127 \times R \times (i + \mu)} \tag{3-2}$$

式中:R——匝道最小圆曲线半径(m);

i——匝道超高横坡度;

μ——匝道最大横向力系数。

表 3-2 给出了规定的匝道圆曲线最小半径。

匝道圆曲线最小半径 表 3-2

匝道设计速度(km/h)		80	70	60	50	40	35	30
圆曲线最小半径(m)	一般值	280	210	150	100	60	40	30
	极限值	230	175	120	80	50	35	25

横向力系数 μ 的取值与行车稳定性、乘客舒适性和运营经济性等有关。μ 值过大,汽车不仅不能连续稳定行驶,有时还需要减速。在曲线半径小的曲线上驾驶人要尽量大回转,容易离开行车道发生事故。当 μ 超过一定数值时,驾驶人就要注意采用增加汽车稳定性的措施,这一切都增加了驾驶人在曲线行驶中的紧张。对于乘客来说,μ 值的增大,同样使人感到不舒适。据试验,乘客随 μ 的变化其心理反应如下:

当 $\mu < 0.10$ 时,不感到有曲线存在,很平稳;

当 $\mu = 0.15$ 时,稍感有曲线存在,尚平稳;

当 $\mu = 0.20$ 时,已感到有曲线存在,稍感不稳定;

当 $\mu = 0.35$ 时,感到有曲线存在,不稳定;

当 $\mu \geq 0.40$ 时,非常不稳定,有倾车的危险感。

此外，μ 的存在使车辆的燃油消耗和轮胎磨损增加，见表 3-3。综上所述，μ 的取值关系到行车的安全、经济与舒适。建议 μ 在 0.10~0.16 的范围内取值。

μ 与车辆的燃油消耗和轮胎磨损程度变化关系　　表 3-3

μ 值	0	0.05	0.10	0.15	0.20
燃油消耗(%)	100	105	110	115	120
轮胎磨损(%)	100	160	220	300	390

2）行车道宽度修正值 FFV_W

匝道通行能力分析将小型车的自由流速度作为衡量交通运行状况的一个重要指标，故行车道宽度修正值主要是对小型车自由流速度的修正。参考路段通行能力研究中有关行车道宽度对速度的修正，考虑到匝道的布设形式及行车特点，确定匝道的行车道宽度❶取值。行车道宽度修正值见表 3-4。

行车道宽度修正值　　表 3-4

匝道宽度(m)	≤6.00	6.50	7.00	7.50	≥8.00
修正值	-8	-3	0	2	5

3）纵坡坡度修正值 FFV_{SL}

匝道连接了不同方向的主线，其所连接的主线之间往往存在高差，这在立体交叉中尤为突出。因此，势必造成某些匝道纵坡较大，特别是一些跨线桥纵坡大，使车辆上坡时不得不挂低挡，因而使整个交通流速度下降，降低了匝道的通行能力；反之，车辆下坡时为安全起见，也要控制车速，这对自由流速度也产生影响。更为不利的是，匝道的圆曲线半径往往较小，因此车辆行驶时，需要不断地改变行车方向和更换档位，并且汽车发动机的有效功率除必须克服直线上行所遇到的阻力外，还须克服因曲线产生的附加阻力。纵坡修正值见表 3-5。

纵坡修正值（单位：km/h）　　表 3-5

坡长(m)	上坡坡度(%)					下坡坡度(%)				
	<3	3	4	5	6	<3	3	4	5	6
≤500	0	0	-2.3	-5.4	-8.5	0	0	0	0	-0.3
500~1000	0	-0.3	-3.7	-7.7	-12.0	0	0	0	-0.3	-3.7
≥1000	0	-0.4	-4.6	-9.1	-13.7	0	0	0	-0.4	-4.6

4）驶入道路修正值 FFV_{DI}

当车辆由高速公路或一级公路驶入匝道时，由于驾驶人的惯性操作，进入匝道时仍会保持较高车速，之后逐渐下降到与匝道相适应的速度。

对于高速公路，FFV_{DI} 取 5km/h，对于一级公路，FFV_{DI} 取 3km/h。

5）视距修正值 FFV_V

匝道必须保证一定的视距，否则会由于车辆进出主线时车速过快而导致交通事故。

由于匝道一般长度较短，且依托地形良好、视距充分的高速公路干线，因此匝道的视距一般能满足要求。对于个别匝道视距无法满足要求的，可根据情况降低自由流速度。

对于单车道匝道或设立分隔带的双向双车道匝道，采用停车视距，停车视距修正值取值见表 3-6。

---

❶ 行车道宽度是指单向匝道宽度或双向匝道的单向部分宽度。

停车视距修正值　　　　　　　　　　　　　　　　　　　　　　表 3-6

视距(m)	>135	135~75	<75
修正值(km/h)	0	-3	-5

对于没有设立分隔带的双向双车道匝道,采用会车视距,会车视距修正值取值见表 3-7。

会车视距修正值　　　　　　　　　　　　　　　　　　　　　　表 3-7

视距(m)	>270	270~150	<150
修正值(km/h)	0	-3	-5

6)分隔条件修正系数 FFV_S

对于有分隔带的双向匝道,分隔带的设置会使车辆以近于自由流的速度行驶,故 FFV_S 取值为 1.00。

对于无分隔带的双向匝道,匝道上的车辆将受到对向车流的干扰,取值为 0.9。

3.2.2　匝道车行道通行能力

1)基准通行能力

匝道车行道的基准通行能力是建立在最小车头时距基础上的,计算公式如下:

$$C_b = \frac{3600}{H_{min}} \tag{3-3}$$

式中:C_b——匝道车行道的基准通行能力[pcu/(h·ln)];

H_{min}——自由流时的最小安全车头时距,可按下式计算:

$$H_{min} = t + 3.6 \times \frac{L + L_0 + L_{veh}}{FV} \tag{3-4}$$

式中:t——驾驶人最小反应时间(s),取 1.2s;

L_0——安全距离(m),一般取 5~10m;

L_{veh}——车身长度(m),一般取 5m(小型车);

L——制动距离,可按下列公式计算:

$$L = \frac{FV^2}{254(\varphi + \psi)} \tag{3-5}$$

式中:φ——路面与轮胎之间的附着系数,可取为 0.7;

ψ——道路阻力系数,$\psi = f \pm i$,f 为路面滚动阻力系数,i 为道路纵坡度。

我国的《公路通行能力手册》给出的匝道车行道基准通行能力参考值根据自由流速度选取,见表 3-8。

匝道车行道基准通行能力参考值　　　　　　　　　　　　　　表 3-8

自由流速度 (km/h)	通行能力(pcu/h)	
	单车道匝道	双车道匝道
[60,70)	1600	3000
[50,60)	1400	2500
[40,50)	1200	2000

2) 实际通行能力

匝道车行道通行能力定义为在一定的道路交通状态和环境下,单位时间内(良好的天气情况下),匝道的一条行车道上能够通过的最大车辆数量,单位为 pcu/(h·ln)。在研究匝道车行道通行能力时,标准车型为小型车(以小客车为代表),当有其他车型混入时,须将其转换为等效的小型车数量,即当量小客车单位。若地形条件和交通条件不同,匝道通行能力自然也就不同。影响基本路段通行能力的主要因素:道路状况、车辆性能、交通条件、交通管制、驾驶人素质、环境和气候等。但就匝道而言,其长度较短,绝大多数均为单向单车道,车流运行状况较为单一,交通流量较主线小得多。因此,对自由流速度有较大影响的匝道纵坡在车速较低的条件下,其影响已变得不大,并且在计算基准通行能力时考虑了其影响,故在计算实际通行能力时,影响单向及对向分离双车道匝道通行能力的主要因素只有大车混入率和行车道宽度。匝道实际通行能力计算公式如下:

$$C_P = C_b f_w f_{HV} \tag{3-6}$$

式中:C_P——匝道车行道实际通行能力[pcu/(h·ln)];

C_b——匝道车行道基准通行能力[pcu/(h·ln)];

f_w——匝道车行道宽度修正系数;

f_{HV}——匝道车行道交通组成修正系数。

对向无隔离的双车道匝道,还需考虑交通方向分布的影响,增加一项修正系数f_d,可参照前述章节选取。

(1)行车道宽度修正系数f_w

大部分匝道都是单向车道形式,因此车行道宽度对匝道通行能力的影响很大。匝道行车道宽度修正系数f_w见表3-9。

匝道行车道宽度修正系数f_w 表3-9

匝道横断面类型	匝道横断面总宽度(m)	匝道行车道宽度修正系数f_w
单车道	5.50	0.79
	6.00	0.88
	6.50	0.95
	7.00	1.00
	7.50	1.03
双车道	8.00	0.95
	8.50	1.00
	9.00	1.05
	9.50	1.12
	10.00	1.20

(2)交通组成修正系数

$$f_{HV} = \frac{1}{1 + \sum P_i (PCE_i - 1)} \tag{3-7}$$

式中:P_i——车型i占总交通量的百分率;

PCE_i——车型i的折算系数。

匝道车辆折算系数的确定可参考路段,单向及对向分离双车道匝道各车型的车辆折算系数见表 3-10。对向无隔离的双车道匝道,可参考双车道公路路段。

匝道各车型的车辆折算系数　　　　　表 3-10

交通量[pcu/(h·ln)]	小 型 车	中 型 车	大 型 车	汽车列车
≤800	1.0	2.0	3.0	5.0
(800,1200]	1.0	3.0	5.0	7.0
>1200	1.0	4.0	6.0	9.0

3.2.3 匝道车行道服务水平

1)服务水平分级指标

一般来说,匝道车行道服务水平和交通量有一定关系。不同的服务水平允许通过的交通量不同:服务等级高的道路车速快,驾驶人行驶的自由度大,舒适与安全性好,但其相应的服务交通量也小;反之,允许的服务交通量大,则服务水平就高。在考虑匝道服务水平时有多种选择,如:行车速度和运行时间;车辆行驶的自由度(通畅性);交通受阻或受干扰程度,以及行车延误和每公里停车次数等;行车安全性(事故率和经济损失等);行车舒适性和乘客满意程度;经济性(行驶费用)等。但就匝道而言,难以全面考虑和综合上述诸因素,从评价指标数据获得难易程度和可操作性角度出发,选取饱和度作为匝道服务水平分级评价指标最为合适。

饱和度指实际流量和通行能力的比值。它是确定路段运行状况的重要参数,也是检验路段是否会发生交通拥挤的衡量标准,是评价路段服务水平最主要的标志之一。

2)服务水平分级标准

匝道车行道服务水平等级是用来衡量匝道为驾驶人、乘客所提供的服务质量的等级,其质量范围可以从自由运行、高速、舒适、方便、完全满意的最高水平到拥挤、受阻、停停走走、难以忍受的最低水平。参照高速公路与一级公路基本路段的服务水平划分标准,根据饱和度将匝道车行道的服务水平分为六级,见表 3-11。匝道车行道的设计服务水平采用三级服务水平。

匝道车行道服务水平划分　　　　　表 3-11

服务水平等级	高速公路饱和度	一级公路饱和度
一	<0.35	<0.3
二	(0.35,0.55]	(0.3,0.5]
三	(0.55,0.75]	(0.5,0.7]
四	(0.75,0.90]	(0.7,0.90]
五	(0.90,1.00]	(0.90,1.00]
六	>1.00	>1.00

3.2.4 算例分析

【算例 3-1】 已知一条高速公路互通立交的匝道最小半径 $R=150$m,超高横坡坡度为 2%,横向力系数取 0.12,行车道宽 6m,停车视距 70m,纵坡为 3% 的下坡,匝道类型属于单向单车道,交通量为 400pcu/h,中车型占 30%。试计算匝道自由流速度、通行能力,并评价其服务水平(安全距离 L_0 取为7m)。

解: $FV_0 = \sqrt{127R(i+\mu)} = \sqrt{127 \times 150 \times (0.02+0.12)} = 52(km/h)$。

查表可得: $FFV_W = -8km/h$, $FFV_V = -5km/h$, $FFV_{SL} = 0km/h$。

对于高速公路, $FFV_{DI} = 5km/h$。

单向单车道匝道, $FFV_S = 1.00$, 则 $FV = 52-8-5+5 = 44(km/h)$。

匝道中型车的折算系数取2.0。

$f_{HV} = 1/[1+0.3 \times (2-1)] = 0.769$。

查表可知, $f_W = 0.88$, $C_b = 1200 pcu/(h \cdot ln)$。

$C_P = 1200 \times 0.88 \times 0.769 = 812[pcu/(h \cdot ln)]$。

$V/C = 400/812 = 0.49$。

结论: 该匝道处于二级服务水平。

3.3 匝道与主线连接点通行能力与服务水平

在合流区驶入匝道的车辆试图在主线交通流中寻找出"间隙",由于大多数匝道位于道路的右侧,所以靠路肩的车道所受的影响最大。为方便起见,从路肩到路中心的车道依次用数字1至N表示,靠路肩的车道则为1号车道。驶出匝道的基本作用是分流,驶出的车辆必然要占用1号车道,从而导致主线车辆在其他车道上重新分布。如2.1节所述,从匝道连接处起,上游150m、下游750m的范围为合流区影响范围;从匝道连接处起,上游750m、下游150m的范围为分流区影响范围。除1号车道外,与其相邻的车道也会受到影响,因此,最外侧两条车道为分、合流影响区。

3.3.1 分、合流区车辆运行特征

1) 分流点车流运行特征

对于分流区,车辆分流过程首先是车道变换的过程,在分流区的影响区范围内,处于内侧车道准备驶离主线的车辆必须逐步从内侧车道变换至1号车道,驶出匝道交通量在驶出匝道上游的1号车道不同范围内的百分率不同,分离流量在1号车道百分率与距离分离点长度关系见表3-12。

分离流量在1号车道百分率与距离分离点长度关系 表3-12

距离分离点长度(m)	1200	1050	900	750	600	450	300	150	0
分离流量在1号车道百分率(%)	10	16	29	46	63	79	95	100	100

2) 合流点车流运行特征

对于合流区,从匝道驶来的车辆寻找临近主线交通流中可用的间隙以便汇入。由于绝大部分匝道位于主线的右侧,因此主线右侧车道受直接影响。汇入的车流与过境车流之间相互影响,同时汇入车流对高速公路整个方向车流的运行具有相当的影响:一般情况下,合流后的车辆往往趋向于变换车道到行车速度较快的中间车道或内侧车道行车。在合流点影响范围

内、变换车道的概率大大增加，合流交通流对合流点下游高速公路单向总交通流正常运行产生影响。同时，由于汇入车辆汇入时车速较低，对合流点上游1号车道交通流运行产生较大的影响。汇入流量在1号车道百分率与距离合流点长度关系见表3-13。

汇入流量在1号车道百分率与距合流点距离关系　　　　　　表3-13

距离合流点长度(m)	0	150	300	450	600	750	900	1050	1200
汇入流量在1号车道百分率(%)	100	100	60	30	19	14	11	10	10

3.3.2 分、合流区通行能力

1）分流区通行能力

我国《公路通行能力手册》给出的分流区上、下游高速公路基准通行能力 C_F、C_{FO} 和分流影响区的通行能力 C_{d12} 见表3-14，对于一级公路的 C_F、C_{FO} 可参照2.3.1节中的表2-5选取，主线基准自由流速度与设计速度的对应关系见表3-15。

分流区通行能力值　　　　　　表3-14

基准自由流速度 (km/h)	上、下游主线基准通行能力 C_F、C_{FO} (pcu/h) 单方向车道数				分流影响区通行能力 C_{d12} (pcu/h)
	二车道	三车道	四车道	四车道以上	
110	4400	6600	8800	2200/ln	3400
100	4200	6300	8400	2100/ln	3400
90	4000	6000	8000	2000/ln	3400
80	3600	5400	7200	1800/ln	3400

主线基准自由流速度与设计速度的对应关系　　　　　　表3-15

公　路　等　级	设计速度(km/h)	基准自由流速度(km/h)
高速公路、一级公路	120	110
	100	100
	80	90
	60	80

2）合流区通行能力

我国《公路通行能力手册》给出的合流区上、下游高速公路基准通行能力 C_F、C_{FO} 和合流影响区的通行能力 C_{m12} 见表3-16，对于一级公路的 C_F、C_{FO} 可参照2.3.1节中的表2-5选取。

合流区通行能力值　　　　　　表3-16

基准自由流速度 (km/h)	上、下游主线基准通行能力 C_F、C_{FO} (pcu/h) 单方向车道数				合流影响区通行能力 C_{m12} (pcu/h)
	二车道	三车道	四车道	四车道以上	
110	4400	6600	8800	2200/ln	3600
100	4200	6300	8400	2100/ln	3600
90	4000	6000	8000	2000/ln	3600
80	3600	5400	7200	1800/ln	3600

3.3.3 分流区服务水平

1）服务水平评价标准

美国 HCM2010 采用密度作为评价指标，将分、合流区服务水平划分为 A~F 六级，具体见表 3-17。

美国分、合流区服务水平划分标准 表 3-17

服务水平等级	车流密度[pcu/(英里·车道)]	说　明
A	≤10.0	Unrestricted operations
B	(10.0, 20.0]	Merging and diverging maneuvers noticeable to drivers
C	(20.0, 28.0]	Influence area speeds begin to decline
D	(28.0, 35.0]	Influence area turbulence becomes intrusive
E	>35	Turbulence felt by virtually all drivers
F	饱和度大于1	Ramp and freeway queues form

我国的《公路通行能力手册》中，分、合流区的服务水平评价采用饱和度 V/C 作为主要评价指标，小客车实际行驶速度与基准自由流速度的差值作为次要评价指标，共分为六个等级，六级服务水平对应的饱和度大于1，一级至五级服务水平又细分为三种状态，各级服务水平对应的指标规定见表3-18。分、合流区设计服务水平宜与主线基本路段设计服务水平相一致，且不应低于四级。

我国分、合流区服务水平分级 表 3-18

服务水平等级		分级指标		
		主要指标——V/C 值		次要指标——小客车实际行驶速度与基准自由流速度之差(km/h)
		高速公路	一级公路	
一级	1	$V/C≤0.35$	$V/C≤0.30$	≤10
	2			(10, 20]
	3			>20
二级	1	$0.35<V/C≤0.55$	$0.30<V/C≤0.50$	≤10
	2			(10, 20]
	3			>20
三级	1	$0.55<V/C≤0.75$	$0.50<V/C≤0.70$	≤20
	2			(20, 30]
	3			>30
四级	1	$0.75<V/C≤0.90$	$0.70<V/C≤0.90$	≤20
	2			(20, 35]
	3			>35
五级	1	$0.90<V/C≤1.00$	$0.90<V/C≤1.00$	≤30
	2			(30, 40]
	3			>40
六级		$V/C>1.0$	$V/C>1.0$	—

2) 服务水平分析参数

分流区服务水平分析应考虑道路条件与交通条件等影响因素,道路条件包括:
①减速车道长度 L_D;
②驶出匝道距上游匝道的距离 L_{up};
③驶出匝道距下游匝道的距离 L_{down}。

减速车道长度 L_D(The Length of the Deceleration Lane)如图 3-12 所示。其中,图 3-12a)为平行式减速车道(Parallel Deceleration Lane),图 3-12b)为直接式减速车道(Tapered Deceleration Lane)。

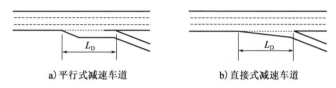

a) 平行式减速车道　　　　　　b) 直接式减速车道

图 3-12　减速车道长度示意图

交通条件包括:
①驶入分流区的总流率 V_F;
②驶出分流区的总流率 V_{FO};
③驶入分流影响区的主线流率 V_{12};
④匝道流率 V_R;
⑤上游相邻匝道流率 V_U;
⑥下游相邻匝道流率 V_D。

驶入分流区的总流率 V_F、驶出分流区的总流率 V_{FO}、驶入分流影响区的流率 V_{12} 及匝道流率 V_R 示意如图 3-13 所示,图中 D_R 表示分流影响区的密度,S_R 表示分流影响区的平均行驶速度。

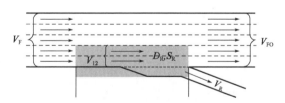

图 3-13　分流区服务水平分析参数示意图

3) 服务水平分析方法

如上所述,分流区服务水平评价指标采用饱和度和平均行驶速度,故其分析方法也应围绕如何计算饱和度和平均行驶速度来展开。

(1) 饱和度

分流区饱和度的计算如公式(3-8)所示。

$$\frac{V}{C} = \frac{V_F}{(C_{d12} + C_0 \times N_0) \times f_{HV} \times f_P} \tag{3-8}$$

式中:V_F——驶入分流区的总流率(pcu/h);

C_{d12}——分流影响区通行能力(pcu/h),查表 3-14 确定;

C_0——主线基本路段一条车道的基准通行能力[pcu/(h·ln)],高速公路、一级公路分别查表2-1和表2-5确定;

N_0——分流影响区外的车道数,即单向中扣除减速车道、1号车道和2号车道的车道数量。

(2)平均行驶速度

分流区平均行驶速度的计算公式如公式(3-9)所示。

$$S_{da} = \frac{V_F}{\frac{V_{12}}{S_{d12}} + \frac{V_F - V_{12}}{S_{d0}}} \tag{3-9}$$

式中:S_{da}——分流区平均行驶速度(km/h);

S_{d12}——分流影响区平均行驶速度(km/h);

S_{d0}——分流非影响区的平均行驶速度(km/h)。

①驶入分流影响区的流率V_{12}按照以下公式计算:

$$V_{12} = V_R + V_{FO} \times P_{d12} \tag{3-10}$$

式中:V_{12}——驶入分流影响区的主线流率(pcu/h);

V_R——匝道流率(pcu/h);

V_{FO}——驶出分流影响区的流率(pcu/h),$V_{FO} = V_F - V_R$;

P_{d12}——分流区1号车道和2号车道流率占该方向主线总流率的比例,当主线为单向二车道时,$P_{d12} = 1$;当主线为单向四车道时,$P_{d12} = 0.436$;当主线为单向三车道时,其值应根据公式(3-11)~公式(3-13)计算,并根据表3-19和公式(3-14)、公式(3-15)选取。

$$P_{d12} = 0.76 - 0.000025 \times V_F - 0.000046 \times V_R \tag{3-11}$$

$$P_{d12} = 0.717 - 0.000039 \times V_F + 0.184 \times \frac{V_U}{L_{up}} \tag{3-12}$$

$$P_{d12} = 0.616 - 0.000021 \times V_F + 0.038 \times \frac{V_D}{L_{down}} \tag{3-13}$$

P_{d12}计算公式选择表　　　　　　表3-19

上游相邻匝道	分析匝道类型	下游相邻匝道	适用公式
无	出口	无	公式(3-11)
无	出口	入口	公式(3-11)
无	出口	出口	公式(3-11)或公式(3-13)
入口	出口	无	公式(3-11)或公式(3-12)
入口	出口	入口	公式(3-11)或公式(3-12)
入口	出口	出口	公式(3-11)、公式(3-12)或公式(3-13)
出口	出口	无	公式(3-11)
出口	出口	入口	公式(3-11)
出口	出口	出口	公式(3-11)或公式(3-13)

$$L_{UE} = \frac{V_U}{0.2337 + 0.000076 \times V_F - 0.00025 \times V_R} \tag{3-14}$$

式中：L_{UE}——判断匝道是否受上游相邻匝道影响的等效距离(m)。

$$L_{DE} = \frac{V_D}{3.79 - 0.00011 \times V_F - 0.00121 \times V_R} \tag{3-15}$$

式中：L_{DE}——判断匝道是否受下游相邻匝道影响的等效距离(m)。

判断上游相邻匝道影响下 P_{d12} 取值，按下列规则选取：

当 $L_{up} \geq L_{UE}$ 时，采用公式(3-11)；

当 $L_{up} < L_{UE}$ 时，采用公式(3-12)。

判断下游相邻匝道影响下 P_{d12} 取值，按下列规则选取：

当 $L_{down} \geq L_{DE}$ 时，采用公式(3-11)；

当 $L_{down} < L_{DE}$ 时，采用公式(3-13)。

②分流影响区平均行驶速度 S_{d12} 按下式计算：

$$S_{d12} = S_{FF} - (S_{FF} - 67) \times (0.883 + 0.00009 \times V_R - 0.008 \times S_{FR}) \tag{3-16}$$

式中：S_{FF}——主线自由流速度(km/h)；

S_{FR}——匝道自由流速度(km/h)。

③计算分流非影响区的平均行驶速度 S_{d0}，需首先判定分流非影响区内一条车道的交通量 $(V_F - V_{12})/N_0$，当 $(V_F - V_{12})/N_0 < 1000 \text{pcu}/(\text{h} \cdot \text{ln})$ 时，其计算公式如下：

$$S_{d0} = 1.06 \times S_{FF} \tag{3-17}$$

当 $(V_F - V_{12})/N_0 \geq 1000 \text{pcu}/(\text{h} \cdot \text{ln})$ 时，其计算公式如下：

$$S_{d0} = 1.06 \times S_{FF} - 0.0062 \times \left(\frac{V_F - V_{12}}{N_0} - 1000\right) \tag{3-18}$$

(3)服务水平分析流程

综上，分流区服务水平的分析流程如下：

①结合交通组成、高峰小时系数 PHF 计算驶入分流区的总流率 V_F、匝道流率 V_R、驶出分流影响区的流率 V_{FO}、分流影响区外的车道数 N_0、匝道自由流速度 S_{FR}。

②根据主线设计速度，查表3-15确定主线基准自由流速度 S_{FF}，查表3-14确定分流影响区通行能力 C_{d12}，查表2-1或表2-5确定主线基本路段一条车道的基准通行能力 C_0。

③根据公式(3-8)，计算分流区饱和度，结合表3-18，确定分流区服务水平为一~六级中的哪一级。若饱和度大于1，则为六级服务水平，评价结束；若为五级及以上服务水平，则进入下一步骤。

④确定上、下游是否有相邻匝道及其流率 V_U、V_D 和距离 L_{up}、L_{down}。

⑤根据公式(3-14)和公式(3-15)，计算判断匝道是否受上、下游相邻匝道影响的等效距离 L_{UE} 和 L_{DE}。

⑥根据主线车道数、L_{up}、L_{down}、L_{UE} 和 L_{DE} 及公式(3-11)~公式(3-13)、表3-19，计算分流区1号车道和2号车道流率占该方向主线总流率的比例 P_{d12}。

⑦根据公式(3-10)，计算驶入分流影响区的流率 V_{12}。

⑧根据公式(3-16)，计算分流影响区平均行驶速度 S_{d12}。

⑨计算 $(V_F - V_{12})/N_0$，判定其数值是否小于 $1000 \text{pcu}/(\text{h} \cdot \text{ln})$，采用公式(3-17)或公式(3-18)计算分流非影响区的平均行驶速度 S_{d0}。

⑩根据公式(3-9),计算分流区平均行驶速度 S_{da} 及其与主线基准自由流速度的差值,结合表3-18,判定分流区服务水平属于 1~3 哪一等。

3.3.4 合流区服务水平

1) 服务水平评价标准

合流区服务水平评价标准同分流区,美国与我国的评价标准分别见表3-17 和表3-18。

2) 服务水平分析参数

合流区服务水平分析应考虑道路条件与交通条件等影响因素。道路条件包括:

①加速车道长度 L_A;

②驶出匝道距上游匝道的距离 L_{up};

③驶出匝道距下游匝道的距离 L_{down}。

加速车道长度 L_A(The Length of the Acceleration Lane)如图 3-14 所示。其中,图 3-14a)为平行式加速车道(Parallel Acceleration Lane),图 3-14b)为直接式加速车道(Tapered Acceleration Lane)。

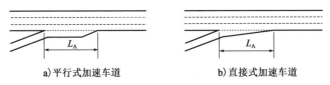

a) 平行式加速车道　　　　b) 直接式加速车道

图 3-14 加速车道长度示意图

交通条件包括:

①驶入合流区的总流率 V_F;

②驶出合流区的总流率 V_{FO};

③驶入合流影响区的主线流率 V_{12};

④驶入合流影响区的总流率 V_{R12};

⑤匝道流率 V_R;

⑥上游相邻匝道流率 V_U;

⑦下游相邻匝道流率 V_D。

驶入合流区的总流率 V_F、驶出合流区的总流率 V_{FO}、驶入合流影响区的总流率 V_{R12} 及匝道流率 V_R 示意如图3-15所示,图中,D_R 表示合流影响区的密度,S_R 表示合流影响区的平均行驶速度。

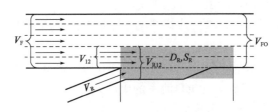

图 3-15 合流区服务水平分析参数示意图

3) 服务水平分析方法

如上所述,合流区服务水平评价指标采用饱和度和平均行驶速度,故其分析方法也应围绕如何计算饱和度和平均行驶速度来展开。

(1) 饱和度

合流区饱和度的计算如公式(3-19)所示:

$$\frac{V}{C} = \frac{V_F}{(C_{m12} + C_0 \times N_0) \times f_{HV} \times f_P} \tag{3-19}$$

式中:V_F——驶入合流区的总流率(pcu/h);

C_{m12}——合流影响区通行能力(pcu/h),查表3-16确定;

C_0——主线基本路段一条车道的基准通行能力[pcu/(h·ln)],高速公路、一级公路分别查表2-1和表2-5确定;

N_0——合流影响区外的车道数,即单向中扣除加速车道、1号车道和2号车道的车道数量。

(2) 平均行驶速度

合流区平均行驶速度的计算公式如公式(3-20)所示:

$$S_{ma} = \frac{V_{F0}}{\dfrac{V_{R12}}{S_{m12}} + \dfrac{V_F - V_{12}}{S_{m0}}} \tag{3-20}$$

式中:S_{ma}——合流区平均行驶速度(km/h);

S_{m12}——合流影响区平均行驶速度(km/h);

S_{m0}——合流非影响区的平均行驶速度(km/h)。

① 驶入合流影响区的流率 V_{R12} 按照以下公式计算:

$$V_{R12} = V_{12} + V_R = V_F \times P_{m12} + V_R \tag{3-21}$$

式中:V_{R12}——驶入合流影响区的总流率(pcu/h);

V_{12}——驶入合流影响区的主线流率(pcu/h);

V_R——匝道流率(pcu/h);

V_F——驶入合流区的主线流率(pcu/h);

P_{m12}——合流区1号车道和2号车道流率占该方向主线总流率的比例,当主线为单向二车道时,$P_{m12}=1$;当主线为单向三车道时,其值应根据公式(3-22)~公式(3-24)计算,并根据表3-20和公式(3-25)、公式(3-26)选取;当主线为单向四车道时,按公式(3-27)计算。

P_{m12} 计算公式选择表 表3-20

上游相邻匝道	分析匝道类型	下游相邻匝道	适用公式
无	入口	无	公式(3-22)
无	入口	入口	公式(3-22)
无	入口	出口	公式(3-22)或公式(3-24)
入口	入口	无	公式(3-22)
出口	入口	无	公式(3-22)或公式(3-23)
入口	入口	入口	公式(3-22)
入口	入口	出口	公式(3-22)或公式(3-24)
出口	入口	入口	公式(3-22)或公式(3-23)
出口	入口	出口	公式(3-22)、公式(3-23)或公式(3-24)

$$P_{m12} = 0.5775 + 0.000092 \times L_A \tag{3-22}$$

$$P_{m12} = 0.7289 - 0.0000135 \times (V_F + V_R) - 0.002048 \times S_{FR} + 0.0002 \times L_{up} \tag{3-23}$$

$$P_{m12} = 0.5487 + 0.0801 \times V_D/L_{down} \tag{3-24}$$

$$L_{UE} = 0.0675 \times (V_F + V_R) + 0.46 \times L_A + 10.24 \times S_{FR} - 757 \tag{3-25}$$

$$L_{DE} = \frac{V_D}{0.3596 + 0.001149 \times L_A} \tag{3-26}$$

上述式中：L_{UE}——判断匝道是否受上游相邻匝道影响的等效距离(m)；

L_{DE}——判断匝道是否受下游相邻匝道影响的等效距离(m)。

判断上游相邻匝道影响下 P_{m12} 的取值，按下列规则选取：

当 $L_{up} \geqslant L_{UE}$ 时，采用公式(3-22)；

当 $L_{up} < L_{UE}$ 时，采用公式(3-23)。

判断下游相邻匝道影响下 P_{m12} 的取值，按下列规则选取：

当 $L_{down} \geqslant L_{DE}$ 时，采用公式(3-22)；

当 $L_{down} < L_{DE}$ 时，采用公式(3-24)。

$$P_{m12} = 0.2178 - 0.000125 \times V_R + 0.05887 \times L_A/S_{FR} \tag{3-27}$$

②合流影响区平均行驶速度 S_{m12} 按下式计算：

$$S_{m12} = S_{FF} - (S_{FF} - 67) \times (0.321 + 0.0039 \times e^{V_{R12}/1000} - 0.004 \times L_A \times S_{FR}/1000) \tag{3-28}$$

式中：S_{FF}——主线自由流速度(km/h)；

S_{FR}——匝道自由流速度(km/h)。

③计算合流非影响区的平均行驶速度 S_{m0}，需首先判定合流非影响区内一条车道的交通量 $(V_F - V_{12})/N_0$，当 $(V_F - V_{12})/N_0 < 500 \text{pcu}/(\text{h} \cdot \text{ln})$ 时，则：

$$S_{m0} = S_{FF} \tag{3-29}$$

当 $500 \text{pcu}/(\text{h} \cdot \text{ln}) \leqslant (V_F - V_{12})/N_0 < 2100 \text{pcu}/(\text{h} \cdot \text{ln})$ 时，其计算公式如下：

$$S_{m0} = S_{FF} - 0.0058 \times \left(\frac{V_F - V_{12}}{N_0} - 500\right) \tag{3-30}$$

当 $(V_F - V_{12})/N_0 \geqslant 2100 \text{pcu}/(\text{h} \cdot \text{ln})$ 时，其计算公式如下：

$$S_{m0} = S_{FF} - 10.52 - 0.01 \times \left(\frac{V_F - V_{12}}{N_0} - 2100\right) \tag{3-31}$$

(3)服务水平分析流程

综上，合流区服务水平的分析流程如下：

①结合交通组成、高峰小时系数 PHF 计算驶入合流区的总流率 V_F、匝道流率 V_R，确定分流影响区外的车道数 N_0、匝道自由流速度 S_{FR}、加速车道长度 L_A。

②根据主线设计速度，查表3-15 确定主线自由流速度 S_{FF}，查表3-16 确定合流影响区通行能力 C_{m12}，查表2-1 或表2-5 确定主线基本路段一条车道的基准通行能力 C_0。

③根据公式(3-19)，计算合流区饱和度，结合表3-18，确定合流区服务水平为一～六级中的哪一级。若饱和度大于1，则为六级服务水平，评价结束；若为五级及以上服务水平，则进入

下一步骤。

④确定上、下游是否有相邻匝道及其流率 V_U、V_D 和距离 L_{up}、L_{down}。

⑤根据公式(3-25)和公式(3-26),计算判断匝道是否受上、下游相邻匝道影响的等效距离 L_{UE} 和 L_{DE}。

⑥根据主线车道数、L_{up}、L_{down}、L_{UE} 和 L_{DE} 及公式(3-22)~公式(3-24)、公式(3-27)、表3-19,计算合流区1号车道和2号车道流率占该方向主线总流率的比例 P_{m12}。

⑦根据公式(3-21),计算驶入合流影响区的主线流率 V_{12}、驶入合流影响区的总流率 V_{R12}。

⑧根据公式(3-28),计算合流影响区平均行驶速度 S_{m12}。

⑨计算 $(V_F - V_{12})/N_0$,判定其数值属于 <500、[500,2100)、≥2100 哪个区间,采用公式(3-29)、或公式(3-30)或公式(3-31)计算合流非影响区的平均行驶速度 S_{m0}。

⑩根据公式(3-20),计算合流区平均行驶速度 S_{ma} 及其与主线基准自由流速度的差值,结合表3-17,判定合流区服务水平属于1~3哪一等。

3.3.5 其他特殊情况分析

1) 双车道出口匝道分流区

如图3-16所示,对于双车道出口匝道分流区,当按公式(3-10)计算驶入分流影响区的主线流率 V_{12} 时,分流区1号车道和2号车道流率占该方向主线总流率的比例 P_{d12} 应按下列规则确定:

(1) 当主线为单向二车道时,$P_{d12} = 1.000$;

(2) 当主线为单向三车道时,$P_{d12} = 0.450$;

(3) 当主线为单向四车道时,$P_{d12} = 0.260$。

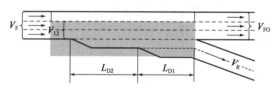

图3-16 双车道出口匝道分流区示意图

2) 双车道入口匝道合流区

如图3-17所示,对于双车道入口匝道合流区,当按公式(3-21)计算驶入合流影响区的主线流率 V_{12} 时,分流区1号车道和2号车道流率占该方向主线总流率的比例 P_{m12} 应按下列规则确定:

(1) 当主线为单向二车道时,$P_{m12} = 1.000$;

(2) 当主线为单向三车道时,$P_{m12} = 0.555$;

(3) 当主线为单向四车道时,$P_{m12} = 0.209$。

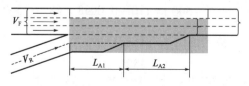

图3-17 双车道入口匝道合流区示意图

3.3.6 算例分析

【算例3-2】 一个双向六车道高速公路的单车道驶入匝道,其上、下游无相邻匝道,主线设计速度120km/h,匝道自由流速度50km/h,平行式加速车道长度200m,匝道上游单向交通量为2000veh/h,大型车占20%,驶入匝道交通量400pcu/h,高峰小时系数为0.95,驾驶人经常往返此地。试评价其服务水平。

解:(1)根据题意,驶入合流区的总流率 $V_{F0} = (2000+400)/0.95 = 2526(\text{pcu/h})$。

匝道流率 $V_R = 400/0.95 = 421(\text{pcu/h})$。

分流影响区外的车道数 $N_0 = 1$。

匝道自由流速度 $S_{FR} = 50\text{km/h}$。

加速车道长度 $L_A = 200\text{m}$。

(2)由主线设计速度120km/h,则:

查表3-15,确定主线自由流速度 $S_{FF} = 110\text{km/h}$。

查表3-5,确定合流影响区通行能力 $C_{m12} = 3600\text{pcu/h}$。

查表2-1,确定主线基本路段一条车道的基准通行能力 $C_0 = 2200\text{pcu/(h·ln)}$。

(3)单车道交通量为 $(2000+400)/4 = 600[\text{pcu/(h·ln)}]$,大型车折算系数取2.0,则 $f_{HV} = 1/[1+0.2\times(2-1)] = 0.833$。

(4)根据公式(3-19),计算合流区饱和度:
$$V/C = \frac{V_{F0}}{(C_{m12}+C_0\times N_0)\times f_{HV}\times f_P} = \frac{2526}{(3600+2200\times 1)\times 0.833\times 1} = 0.52$$

查表3-17,确定该合流区的服务水平等级为二级。

(5)确定上、下游无相邻匝道。

(6)根据公式(3-22),计算1号车道和2号车道流率占该方向主线总流率的比例:

$P_{m12} = 0.5775 + 0.000092\times L_A = 0.5775 + 0.000092\times 200 = 0.596$。

(7)根据公式(3-21),计算驶入合流影响区的主线流率:

$V_{12} = V_F\times P_{m12} = 2000/0.95\times 0.596 = 1255(\text{pcu/h})$。

驶入合流影响区的总流率: $V_{R12} = V_{12} + V_R = 1255 + 421 = 1676(\text{pcu/h})$。

(8)根据公式(3-28),计算合流影响区平均行驶速度:

$S_{m12} = S_{FF} - (S_{FF}-67)\times(0.321+0.0039\times e^{V_{R12}/1000} - 0.004\times L_A\times S_{FR}/1000) = 110 - (110-67)\times(0.321+0.0039\times e^{1676/1000} - 0.004\times 200\times 50/1000) = 97.0(\text{km/h})$。

(9)计算 $(V_F - V_{12})/N_0 = (2000/0.95 - 1255)/1 = 850(\text{pcu/h})$,属于[500,2100)区间,采用公式公式(3-30)计算合流非影响区的平均行驶速度:

$S_{m0} = S_{FF} - 0.0058\times\left(\frac{V_F - V_{12}}{N_0} - 500\right) = 110 - 0.0058\times(850-500) = 108.0(\text{km/h})$。

(10)根据公式(3-20),计算合流区平均行驶速度:

$$S_{ma} = \frac{V_{F0}}{\frac{V_{R12}}{S_{m12}} + \frac{V_F - V_{12}}{S_{m0}}} = \frac{2526}{1676/97.0 + (2000/0.95 - 1255)/108.0} = 100.4(\text{km/h})$$

其与主线基准自由流速度的差值为 110 − 100.4 = 9.6(km/h)，结合表 3-18，判定合流区服务水平属于 1 等。

评价结论：该合流区服务水平为二级 1 等。

思考题与习题

1. 简述匝道的定义、组成及分类。
2. 匝道自由流速度的影响因素有哪些，试对其加以简述。
3. 简述匝道行车道实际通行能力的分析方法。
4. 简述分流区服务水平的分析方法与流程。
5. 简述合流区服务水平的分析方法与流程。
6. 已知互通立交的匝道半径 $R = 120$m，超高横坡坡度为 3%，行车道宽 6.5m，停车视距 65m，纵坡为 3% 的上坡，单向单车道。高峰小时交通量为 600pcu/h，大型车占 20%，试评价其服务水平。（横向力系数取 0.12）
7. 一个双向六车道、设计速度 100km/h 高速公路的单车道驶出匝道，其上、下游无相邻匝道，匝道自由流速度 60km/h，匝道上游单向交通量为 $V_F = 1800$pcu/h，大型车占 30%，驶出匝道交通量为 500pcu/h，高峰小时系数为 0.95。试评价其服务水平。

第4章
公路交织区通行能力与服务水平

所谓交织是指两个行驶方向相同的车流,沿着相当长的路段,不借助交通控制设施,以较小的角度汇合,交换位置后又分离行驶的过程。其英文定义为:Weaving is generally defined as the crossing of two or more traffic streams traveling in the same direction along a significant length of highway without the aid of traffic control devices (except for guide signs)。

所谓交织区是指沿一定长度的道路,行驶方向相同的两股或多股交通流穿过彼此行车路线的路段。当合流区后面紧接着一分流区,或当一条驶入匝道紧接着一条驶出匝道,并在二者之间有辅助车道连接时,就构成交织区。(Weaving segments are formed when merge segments are closely followed by diverge segments. "Closely" implies that there is not sufficient distance between the merge and diverge segments for them to operate independently.)

交织区中驾驶人需要变换车道,导致交织区内的交通受紊流支配,而且这种紊流的紊乱程度超过了道路基本路段上正常出现的紊流,表现出交织区运行的特殊性。由于紊流的出现,交织区常常成为拥挤路段,因此如何确定其通行能力和服务水平是道路通行能力研究的重要内容。本章将主要讨论高速公路、一级公路交织区通行能力与服务水平的分析方法,对于城市道路的交织区也可借鉴此方法进行通行能力分析。

4.1 概　　述

4.1.1 交织流和非交织流

交织流:如图 4-1 所示,从 A 入口驶向 D 出口的车辆必须穿过从 B 入口驶往 C 出口车辆行驶的路径形成交叉,因此将 A—D 和 B—C 交通流称为交织流。

非交织流:如图 4-1 所示,在这段路上还有 A—C 和 B—D 车流,它们不与其他车流交叉,因而被称为"非交织流"。

4.1.2 交织区分类

交织区可分为简单交织区(Simple Weaving Segments)和多重交织区(Multiple Weaving Segments)两大类。简单交织区由一单个汇合点接着有一单个分离点形成,如图 4-2 所示。

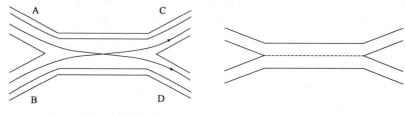

图 4-1　交织流和非交织流　　　图 4-2　简单交织区

如图 4-3 和图 4-4 所示,多重交织区是由一个汇合点接着两个分离点或由两个汇合点接着一个分离点形成。在这种情况下,同一路段出现多股交织流向,而其车道变换的紊流可能高于简单交织区,驾驶人要谨慎选择在何处实施车道变换,使与其他交织流向的干扰降至最低。多重交织区分析可借助简单交织区的分析方法,图 4-3 和图 4-4 给出了多重交织区交织流向最可能发生的地段,可将每个分段作为一个简单交织区进行分析。

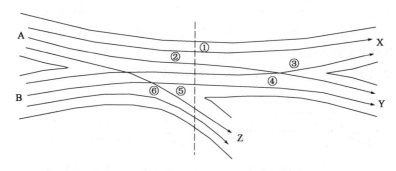

图 4-3　由一个合流点跟随两个分流点构成的多重交织区

4.1.3 交织区构型

交织区构型(Configuration)是指交织区进出口车道的连接形式,决定了交织车辆完成交织行为所需的车道变换次数。由于交织区受到车辆车道变换的不利影响,车道变换成为影响交织区的主要运行特征,所以交织区的构型成为影响交织的重要几何特征。交织区的构型涉及交织区段的入口车道数和出口车道数及相对位置,它对交织区段中发生的车道变换数量产生重大影响。常见的交织区构型有同侧交织区(One-sided Weaving Segment)和异侧交织区(Two-sided Weaving Segment)两种。

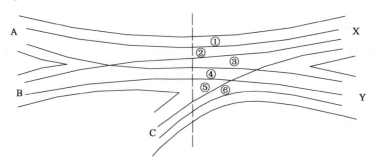

图4-4　由两个合流点跟随一个分流点构成的多重交织区

1) 同侧交织区

同侧交织区是指出入口匝道位于主线同侧的交织区,其车辆完成交织行为总计需要至多两次车道变换。依据进出口车道的数量,同侧交织区又分为同侧匝道交织区(Ramp Weaving Segment)和同侧主线交织区(Major Weaving Segment),如图4-5所示。匝道交织区的车辆交织行为,无论是匝道驶入主线车辆还是主线驶入匝道车辆均需要一次车道变换(总计两次),如图4-5a)所示;主线交织区的车辆交织行为,匝道驶入主线车辆需要一次车道变换,而主线驶入匝道车辆由于出口匝道布置了两条车道而可以无须车道变换,如图4-5b)所示。

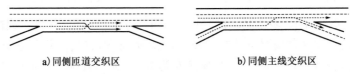

a) 同侧匝道交织区　　　　　　b) 同侧主线交织区

图4-5　同侧交织区示意图

2) 异侧交织区

异侧交织区是指出入口匝道分别位于主线两侧的交织区,其车辆完成交织行为总计需要至少三次车道变换,如图4-6所示。图4-6a)中,主线为单向二车道,出口匝道前设有附加车道,匝道至匝道交织车辆需要两次车道变换,而主线至匝道交织车辆至少需要一次车道变换,总计为三次车道变换;图4-6b)则至少需要总计四次车道变换。

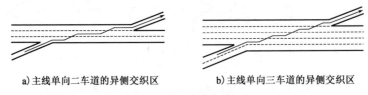

a) 主线单向二车道的异侧交织区　　　　　　b) 主线单向三车道的异侧交织区

图4-6　异侧交织区示意图

4.1.4　交织区几何参数

1) 交织区长度(Length of Weaving Segment)

交织区长度 L_w 是指合流点与分流点之间的距离,该值的大小对交织区内车辆车道变换具有重要影响。在其他条件相同的情况下,交织区长度越长,交织车辆拥有越多的时间和越大的空间完成车道变换,交织区车流紊乱程度越低、通行能力越高。

2) 交织区宽度(Width of Weaving Segment)

交织区的宽度以交织区内总车道数 N 来计量,车道数 N 的多少粗略地代表着交织区所能承担交通负荷的能力,所以车道数的确定方法也是交织区运行分析的重要内容。交织区内的车道可供交织车辆与非交织车辆使用,用 N_w 表示交织区内交织车辆使用的车道数,N_{nw} 表示交织区内非交织车辆使用的车道数。在交织区中,交织车辆总是希望在能够进行车道变换的车道上运行,而非交织车辆则期望能够远离车道变换车辆产生的影响。因此,交织车辆与非交织车辆所使用的车道数量和位置对不同形式的交织区而有所不同。

4.2 交织区交通运行特性及参数

4.2.1 交织区交通特性分析

1) 微观特性

从微观角度分析交织区的交通特性,就是对单个车辆在交通流中的操作特性进行分析,考察在不同情况下驾驶人的加减速和变换车道的可能性,尽量模拟现实中车辆运行特点和过程,从而通过分析最小组成单元的行为,使交通流的整体特征得到阐释。

交织区内交织车辆必须在交织区长度限制内完成车道变换,所以,交织车辆运行时往往不是追求最大的直行速度而保持和前导车之间的最小车头时距,而是在行进过程中寻找相邻车道车流中合适的可插入空当。交织车辆的这种特性导致当交织车辆与前导车间的车头时距增大时,也不急于加速紧跟,甚至在一定程度上反而会因等候相邻车道中的可插入空当而减速。

交织区中的非交织车辆期望尽可能避免与交织车辆相互影响,而追求尽可能大的直行速度,因而非交织车辆与前导车之间的跟驰行为与公路基本路段上相似,有保持最小车头间距的趋势,但由于总会受到交织车辆的影响,致使有效行驶空间损失,车头间距增大。

变换车道特性是交织区微观分析中必须考虑的另一个问题。由于各车道交通流中的交织车辆需要转向期望的行进方向,因此必然进行车道变换操作。与基本路段上相比,交织区内车辆的车道变换行为也有不同特点。基本路段上,车辆在行驶过程中的车道变换一般出于超车目的,并且随时根据变换车道的可能性决定是否进行车道变换,具有可选择性;交织区内的车辆变换车道时,由于该车道变换操作必须在交织区长度内完成,所以,受交织区长度的限制,交织车辆必须在交织区内行驶过程中找到变换车道的可能性并操作,否则只能在交织区内被迫减速等候这种可能性的出现,从而造成交织区拥堵。一定条件下,驾驶人还有可能牺牲一定的安全性而冒险进行车道变换。所以,交织区内的车道变换比基本路段上的操作约束性更强。

2) 宏观特性

由于交通流特性的集合性和统计特征,所以对交通流中的诸如速度、密度等总体运行特性分析,从宏观角度对交通行为进行分析是重要而有效的方法。

从宏观角度来讲,交织区运行就是车流之间的相互作用。在车流流动过程中,车头间距分别服从各自分布的两股车流从不同的进口方向进入交织区,各自包含不同比例并按不同间隔分布的交织车辆。两股车流在前进的过程中,交织车辆随时判断相邻车道上另一股车流中是否存在有适合的车头间隔,根据判断结果决定是否进行车道变换及换道位置和时间,并在交织区长度限制内完成操作。经过车道变换和车辆重新编队的两股车流,各自以一种新的车头间距分布的交通流通过各自希望的出口方向驶出交织区。交通流进入交织区,宏观上表现为平均速度的降低、平均车头时距的增大和交通量的减小。

从上述交织区运行特性的分析可知,交织区内交通运行的关键环节是交织车辆的车道变换。因为车道变换是构成交织运行的基本操作,造成车辆运行速度降低、车流运行紊乱,是交织区内的主要矛盾。正是由于需要进行车道变换,交织车辆才需要寻找可插入间隙,影响本车道及相邻车道交通的运行,并对非交织车辆造成影响,从而在微观上使交织区内的车辆跟驰和车道变换行为具有前述特性,同时在宏观上形成两股交通流之间的相互作用。

所以,如果某一因素对交织区的交通运行具有重要影响作用,那么它也应该对车道变换环节具有重要影响。

4.2.2 交织区交通运行参数

1) 最小换道次数与交织车道数

同侧交织区的车流运行特征可用以下三个参数进行描述:

(1) 主线交织车辆最小换道次数 LC_{FR}:主线驶入匝道车辆完成交织行为所需的最小车道变换次数(Minimum number of lane changes that a freeway-to-ramp weaving vehicle must make to complete the freeway-to-ramp movement successfully)。

(2) 匝道交织车辆最小换道次数 LC_{RF}:匝道汇入主线车辆完成交织行为所需的最小车道变换次数(Minimum number of lane changes that a ramp-to-freeway weaving vehicle must make to complete the ramp-to-freeway movement successfully)。

(3) 交织车道数 N_{WL}:交织车辆在用不多于一次车道变换完成交织行为过程中所占用的车道数(Number of lanes from which a weaving maneuver may be completed with one lane change or no lane changes)。

如图 4-7a)所示,对于五车道同侧匝道交织区,$LC_{FR} = LC_{RF} = 1$,$N_{WL} = 2$;如图 4-7b)所示,对于四车道同侧主线交织区,若出口侧车道数小于入口侧车道数(出口侧车道数为4,入口侧车道数为5),即车道不平衡,则 $LC_{FR} = 0$,$LC_{RF} = 1$,$N_{WL} = 2$;如图 4-7c)所示,对于四车道同侧主线交织区,若出口侧车道数大于或等于入口侧车道数(出口侧车道数为5,入口侧车道数为4),即车道平衡,则 $LC_{FR} = 1$,$LC_{RF} = 0$,$N_{WL} = 3$。

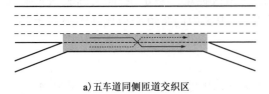

a) 五车道同侧匝道交织区　　　　　　b) 四车道同侧主线交织区(车道不平衡)

图 4-7

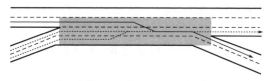

c) 四车道同侧主线交织区(车道平衡)

图 4-7　交织运行特征判断图

对于异侧交织区,车流运行过程中只是入口匝道到出口匝道的车流运行干扰主线车辆的运行,可以采用车辆由入口匝道驶入至出口匝道所需最小车道变换次数 LC_{RR} 来描述交织区的车辆运行特征。

2) 交织区流率(Flow Rate in the Weaving Segment)

交织区作为道路系统的一个组成部分,其设计应根据所承担的交通需求来进行。交织区内的总流率 V 由交织区内交织总流率 V_w 与交织区内非交织总流率 V_{nw} 组成,即 $V = V_w + V_{nw}$。

如图 4-8 所示,对于同侧交织区,交织流率中的主线至匝道流率用 V_{FR} 表示,匝道至主线流率用 V_{RF} 表示,即 $V_w = V_{FR} + V_{RF}$;非交织流率中的主线至主线流率用 V_{FF} 表示,匝道至匝道流率用 V_{RR} 表示,即 $V_{nw} = V_{FF} + V_{RR}$。

如图 4-9 所示,对于异侧交织区,交织流率 $V_w = V_{RR}$,非交织流率 $V_{nw} = V_{RF} + V_{FF} + V_{FR}$。

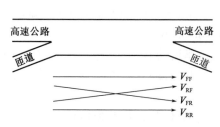

图 4-8　同侧交织区流率示意图

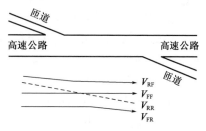

图 4-9　异侧交织区流率示意图

3) 交织流量比(Weaving Volume Ratio)

交织流量比 VR 为交织区内交织流率 V_w 和总流率 V 的比值,交织流量比是交织区运行的重要交通参数。交织区由于车辆运行过程中交织行为的存在,使交通流的车头时距增加,导致交织区通行能力较基本路段小,所以对交织区通行能力而言,交织流量比起着关键作用。

4) 交织区最大交织长度(Maximum Weaving Length)

交织区最大交织长度是指交织区的影响范围(The length at which weaving turbulence no longer has an impact on operations within the segment, or alternatively, on the capacity of the weaving segment),美国 HCM2010 中给出的交织区最大交织长度计算公式如下:

$$L_{max} = 5728 \times (1 + VR)^{1.6} - 1566 \times N_{WL} \tag{4-1}$$

公式(4-1)计算的交织区最大交织长度单位为英尺,将其换算为 m,得:

$$L_{max} = 1746 \times (1 + VR)^{1.6} - 477 \times N_{WL} \tag{4-2}$$

式中:L_{max} ——交织区最大交织长度(m)。

当 $L_w \leq L_{max}$ 时,该路段通行能力分析应按交织区进行;当 $L_w > L_{max}$ 时,该路段通行能力分析应按分流区或合流区分别进行。

5)区间平均速度(Space Mean Speed)

交织区内所有车辆的区间速度 S 是衡量交织区服务水平的关键性参数,计算所有车辆的区间平均速度需先计算交织车辆的区间平均速度 S_w 和非交织车辆的区间平均速度 S_{nw},具体计算方法将在后面介绍。

4.3 交织区通行能力计算

4.3.1 通行能力计算方法

1)基准通行能力

美国 HCM2010 中给出的交织区基准通行能力的计算公式如下:

$$C_{IWL} = C_{IFL} - 438.2 \times (1 + VR)^{1.6} + 0.0765 \times L_w + 119.8 \times N_{WL} \tag{4-3}$$

公式(4-3)中,交织区长度 L_w 的单位为英尺,将其换算为 m,得:

$$C_{IWL} = C_{IFL} - 438.2 \times (1 + VR)^{1.6} + 0.0233 \times L_w + 119.8 \times N_{WL} \tag{4-4}$$

$$C_{Wb} = C_{IWL} \times N \tag{4-5}$$

式中:C_{IWL}——交织区一条车道的基准通行能力[pcu/(h·ln)](Capacity per lane of the weaving segment under equivalent ideal conditions);

C_{IFL}——相同的自由流速度下,基本路段一条车道的基准通行能力[pcu/(h·ln)](Capacity of a basic freeway segment with the same free flow speed as the weaving segment under equivalent ideal conditions);

VR——交织流量比,VR = V_w/V,V_w 为交织流率,V 为交织区总流率;

L_w——交织区长度(m);

N_{WL}——交织车道数;

C_{Wb}——交织区的基准通行能力(pcu/h);

N——交织区车道数。

需要说明的是,交织区分为交织影响区和交织非影响区,在实际运行过程中,两者之间有一定差异,也相互影响。公式(4-5)所求的为交织区断面每车道通行能力的平均值。

2)实际通行能力

交织区的实际通行能力根据基准通行能力进行修正计算得到,其计算公式如下:

$$C_{Wp} = C_{Wb} \times f_{HV} \times f_P \tag{4-6}$$

式中:C_{Wp}——交织区的实际通行能力(pcu/h);

f_{HV}——交通组成修正系数,车辆折算系数 PCE 取值及计算公式同第 2 章相关内容;

f_P——驾驶人总体特征修正系数,通过调查确定,通常取 0.95~1.00。

4.3.2 通行能力计算流程

综上,交织区实际通行能力的计算流程如下:

(1)确定交织区长度 L_w、交织区车道数 N。

(2) 根据交织区构型、出入口车道是否平衡,确定交织车道数 N_{WL}。

(3) 计算交织区交织车辆流率 V_w、总流率 V 和交织流量比 $VR = V_w/V$。

(4) 根据公式(4-2),计算交织区最大交织长度 L_{max},当 $L_w \leq L_{max}$ 时,该路段通行能力分析可按交织区进行;当 $L_w > L_{max}$ 时,该路段通行能力分析应按分流区或合流区分别进行。

(5) 根据设计速度,确定基本路段一条车道的基准通行能力 C_{IFL},详见第 2 章相关内容。

(6) 根据公式(4-4),计算交织区一条车道的基准通行能力 C_{IWL}。

(7) 根据公式(4-5),计算交织区的基准通行能力 C_{Wb}。

(8) 计算交通组成修正系数 f_{HV},确定驾驶人总体特征修正系数 f_P。

(9) 根据公式(4-6),计算交织区的实际通行能力 C_{Wp}。

4.4 交织区服务水平分析

4.4.1 服务水平评价标准

1) 美国评价标准

美国 HCM2010 中,交织区衡量服务水平的参数是交织区车流密度,共分为 A～F 六个等级,见表 4-1。其中,F 级服务水平对应交织区饱和度超过 1 的情况。

交织区服务水平标准　　　　表 4-1

服务水平等级	高速公路交织区车流密度 [pcu/(英里·车道)]	多车道公路交织区车流密度 [pcu/(英里·车道)]
A	≤10.0	≤12.0
B	(10.0,20.0]	(12.0,24.0]
C	(20.0,28.0]	(24.0,32.0]
D	(28.0,35.0]	(32.0,36.0]
E	>35	>36
F	饱和度大于 1	

交织区车流密度的计算公式如下:

$$D = \frac{\frac{V}{N}}{S} \qquad (4-7)$$

式中:D——交织区内所有车辆的平均车流密度[pcu/(英里·车道)];

S——交织区所有车辆的区间平均速度(英里/h);

其余符号意义同前。

2) 中国评价标准

我国的《公路通行能力手册》中,对交织区的服务水平评价采用饱和度 V/C 作为主要评价指标,小客车实际行驶速度与基准自由流速度的差值作为次要评价指标,共分为六个等级,六级服务水平对应的饱和度大于 1,一～五级服务水平又细分为三种状态,各级服务水平对应的指标规定见表 4-2。交织区设计服务水平宜与主线基本路段设计服务水平相一致,且不应低于四级。

交织区服务水平分级 表4-2

服务水平等级		分级指标		次要指标——小客车实际行驶速度与基准自由流速度之差(km/h)
		主要指标——V/C 值		
		高速公路	一级公路	
一级	1	V/C≤0.35	V/C≤0.30	≤10
	2			(10,20]
	3			>20
二级	1	0.35<V/C≤0.55	0.30<V/C≤0.50	≤10
	2			(10,20]
	3			>20
三级	1	0.55<V/C≤0.75	0.50<V/C≤0.70	≤20
	2			(20,30]
	3			>30
四级	1	0.75<V/C≤0.90	0.70<V/C≤0.90	≤20
	2			(20,35]
	3			>35
五级	1	0.90<V/C≤1.00	0.90<V/C≤1.00	≤30
	2			(30,40]
	3			>40
六级		V/C>1.0	V/C>1.0	—

4.4.2 区间平均速度计算

交织区内所有车辆的区间平均速度(Space Mean Speed of All Vehicles in the Weaving Segment)的计算公式如下:

$$S = \frac{V}{\dfrac{V_w}{S_w} + \dfrac{V_{nw}}{S_{nw}}} \tag{4-8}$$

式中:S——交织区内所有车辆的区间平均速度(km/h);

S_w——交织车辆的区间平均速度(km/h);

S_{nw}——非交织车辆的区间平均速度(km/h);

其余符号意义同前。

1)交织车辆区间平均速度 S_w

交织车辆的区间平均速度 S_w 按下式计算:

$$S_w = S_{min} + \frac{S_{max} - S_{min}}{1 + W_I} \tag{4-9}$$

式中:S_{min}——交织区内预期的交织车辆最小区间平均速度(Minimum average speed of weaving vehicles expected in a weaving segment)(km/h);

S_{max}——交织区内预期的交织车辆最大区间平均速度(Maximum average speed of weaving vehicles expected in a weaving segment)(km/h);

W_I——交织强度系数(Weaving intensity factor)。

在美国 HCM2010 中,交织区内预期的交织车辆最小区间平均速度 S_{min} 取为 15 英里/h,即 24km/h,交织区内预期的交织车辆最大区间平均速度取为自由流速度,故公式(4-9)可转化为:

$$S_w = 24 + \frac{S_{FF} - 24}{1 + W_I} \tag{4-10}$$

式中:S_{FF}——公路路段基准自由流速度(km/h),可根据设计速度选取,见表4-3。

公路路段基准自由流速度　　　　表4-3

公 路 等 级	设计速度(km/h)	基准自由流速度(km/h)
高速公路	120	110
	100	100
	80	90
	60	80
一级公路	100	100
	80	90
	60	80
二、三级公路	80	90
	60	70
	≤40	≤50

交织强度表征了单位时间、单位长度交织区所有车辆车道变换的次数,美国 HCM2010 中给出的交织强度系数 W_I 的计算公式为:

$$W_I = 0.226 \times \left(\frac{LC_{ALL}}{L_w}\right)^{0.789} \tag{4-11}$$

式中:LC_{ALL}——交织区所有车辆车道变换率,即单位时间内交织区所有车辆车道变换的次数(次/h)(The total lane-changing rate of all vehicles in the weaving segment, in lane changes per hour)。

公式(4-11)中交织区长度 L_w 的单位为英尺,将其换算为 m,得:

$$W_I = 0.577 \times \left(\frac{LC_{ALL}}{L_w}\right)^{0.789} \tag{4-12}$$

交织区所有车辆车道变换率为交织车辆车道变换率与非交织车辆车道变换率之和,即:

$$LC_{ALL} = LC_W + LC_{NW} \tag{4-13}$$

式中:LC_W——交织车辆车道变换率,即单位时间内交织区所有交织车辆车道变换的次数(次/h)(The total lane-changing rate of all weaving vehicles in the weaving segment, in lane changes per hour);

LC_{NW}——非交织车辆车道变换率,即单位时间内交织区所有非交织车辆车道变换的次数(次/h)(The total lane-changing rate of all non-weaving vehicles in the weaving segment, in lane changes per hour)。

(1)交织车辆车道变化率 LC_W

美国 HCM2010 中给出的交织车辆车道变化率 LC_W 的计算公式如下:

$$LC_W = LC_{min} + 0.39 \times (L_w - 300)^{0.5} \times N^2 \times (1 + ID)^{0.8} \quad (4\text{-}14)$$

式中：LC_{min}——交织车辆最小车道变换率（次/h）（Minimum equivalent hourly rate at which weaving vehicles must make lane changes within the weaving segment to complete all weaving maneuvers successfully），按公式(4-15)计算；

ID——立体交叉密度；

其余符号意义同前。

$$\begin{cases} LC_{min} = LC_{FR} \times V_{FR} + LC_{RF} \times V_{RF} & \text{（同侧交织区）} \\ LC_{min} = LC_{RR} \times V_{RR} & \text{（异侧交织区）} \end{cases} \quad (4\text{-}15)$$

式中：LC_{FR}——主线驶入匝道车辆完成交织行为所需的最小车道变换次数；

LC_{RF}——匝道驶入主线车辆完成交织行为所需的最小车道变换次数；

LC_{RR}——匝道驶入匝道车辆完成交织行为所需的最小车道变换次数；

其余符号意义同前。

公式(4-14)中，交织区长度 $L_w - 300$ 的单位为英尺，将其转换为 m，得：

$$LC_W = LC_{min} + 0.706 \times (L_w - 90)^{0.5} \times N^2 \times (1 + ID)^{0.8} \quad (4\text{-}16)$$

公式(4-16)中的第1项为交织车辆必须进行的最小车道变换次数，第2项为交织车辆可选择进行的车道变换次数，且要求最小交织区长度为90m，当交织区长度小于90m时，交织车辆只做强制性车道变换，$LC_W = LC_{min}$。

公式(4-14)中的立体交叉密度 ID 为以交织区为中心、前后6英里内立体交叉的数量除以6，将单位转换为 km，则公式(4-16)中的立体交叉密度 ID 为以交织区为中心、前后10km内立体交叉的数量除以10。

(2)非交织车辆车道变换率 LC_{NW}

非交织车辆车道变换属于选择性车道变换，在美国 HCM2010 中，非交织车辆车道变换率 LC_{NW} 的计算公式如下：

$$LC_{NW} = \begin{cases} LC_{NW1} = 0.206 \times V_{NW} + 0.542 \times L_w - 192.6 \times N & (I_{NW} \leq 1300) \\ LC_{NW2} = 2135 + 0.223 \times (V_{NW} - 2000) & (I_{NW} \geq 1950) \\ LC_{NW3} = LC_{NW1} + (LC_{NW2} - LC_{NW1}) \times [(I_{NW} - 1300)/650] & (1300 < I_{NW} < 1950) \end{cases}$$

$$(4\text{-}17)$$

式中：I_{NW}——非交织车辆换道判别指数（A measure of the tendency of conditions to induce unusually large nonweaving vehicle lane-changing rates. Large nonweaving flow rates, high interchange densities, and long weaving lengths seem to produce situations in which nonweaving lane-changing rates are unusually elevated），按公式(4-18)计算。

$$I_{NW} = \frac{L_w \times ID \times V_{NW}}{10000} \quad (4\text{-}18)$$

公式(4-17)与公式(4-18)中，交织区长度 L_w 的单位为英尺，将其换算为 m，得：

$$LC_{NW} = \begin{cases} LC_{NW1} = 0.206 \times V_{NW} + 1.778 \times L_w - 192.6 \times N & (I_{NW} \leq 1300) \\ LC_{NW2} = 2135 + 0.223 \times (V_{NW} - 2000) & (I_{NW} \geq 1950) \\ LC_{NW3} = LC_{NW1} + (LC_{NW2} - LC_{NW1}) \times [(I_{NW} - 1300)/650] & (1300 < I_{NW} < 1950) \end{cases}$$

$$(4\text{-}19)$$

$$I_{NW} = \frac{L_w \times \text{ID} \times V_{NW}}{3048} \tag{4-20}$$

公式(4-19)的条件为 $LC_{NW2} > LC_{NW1}$,若 $LC_{NW2} \leqslant LC_{NW1}$,则 $LC_{NW} = LC_{NW2}$。

2)非交织车辆区间平均速度 S_{NW}

美国 HCM2010 中给出的非交织车辆区间平均速度 S_{NW} 的计算公式如下:

$$S_{NW} = S_{FF} - 0.0072 \times LC_{min} - 0.0048 \times V/N \tag{4-21}$$

公式(4-21)计算得到的速度单位为英里/h,将其换算为 km/h,得:

$$S_{NW} = S_{FF} - 0.0115 \times LC_{min} - 0.0077 \times V/N \tag{4-22}$$

需要注意的是,公式(4-21)中的自由流速度 S_{FF} 的单位为英里/h,而公式(4-22)中的自由流速度 S_{FF} 的单位则为 km/h。

4.4.3 服务水平评价流程

综上,交织区的服务水平评价流程如下:

(1)根据4.3.1节与4.3.2节中给出的计算公式,计算交织区实际通行能力 C_{Wp}。

(2)计算饱和度 V/C,根据表4-2判定交织区服务水平属于一~六级的哪一级。若饱和度大于1,则为六级服务水平,评价结束;若为五级及以上服务水平,则进入下一步骤。

(3)若为同侧交织区,确定主线交织车辆最小换道次数 LC_{FR}、匝道交织车辆最小换道次数 LC_{RF};若为异侧交织区,确定由入口匝道驶入至出口匝道所需最小车道变换次数 LC_{RR};根据公式(4-15),计算交织车辆最小车道变换率 LC_{min}。

(4)确定立体交叉密度 ID,根据公式(4-16),计算交织车辆车道变化率 LC_W。

(5)根据公式(4-20),计算非交织车辆换道判别指数 I_{NW}。

(6)根据公式(4-19),计算非交织车辆车道变换率 LC_{NW}。

(7)根据公式(4-13),计算交织区所有车辆车道变换率 LC_{ALL}。

(8)根据公式(4-12),计算交织区强度系数 W_I。

(9)根据设计速度与表4-3,确定公路路段基准自由流速度 S_{FF}。

(10)根据公式(4-10),计算交织车辆区间平均速度 S_W。

(11)根据公式(4-22),计算非交织车辆区间平均速度 S_{NW}。

(12)根据公式(4-8),计算交织区内所有车辆的区间平均速度 S。

(13)计算交织区内所有车辆的区间平均速度 S 与路段基准自由流速度 S_{FF} 的差值,根据表4-2,判定交织区服务水平属于1~3哪一等。

4.4.4 算例分析

【算例4-1】 某高速公路上的匝道交织区结构形式及其交通流向分布如图4-10所示。设计速度为120km/h,交织段长度为400m,A—C 方向高峰小时交通量为3000pcu/h,A—D 方向高峰小时交通量为400pcu/h,B—C 方向高峰小时交通量为500pcu/h,B—D 方向高峰小时交通量为200pcu/h,小型车比例为80%,中型车比例为15%,大型车比例为5%,驾驶人主要为经常往返于两地者,以交织区为中心、前后10km内立体交叉的数量为1。试确定该交织区的服务水平。

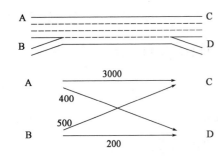

图4-10 算例的交织区结构形式及主要参数(单位:veh/h)

解:(1)确定交织区长度 $L_w = 400\text{m}$,交织区车道数 $N = 4$。

(2)交织区构型为匝道交织区,确定交织车道数 $N_{WL} = 2$。

(3)交织区交织车辆流率 $V_w = (400 + 500)/0.95 = 947(\text{pcu/h})$,总流率 $V = (3000 + 500 + 400 + 200)/0.95 = 4316(\text{pcu/h})$,交织流量比 $VR = V_W/V = 947/4316 = 0.22$。

(4)根据公式(4-2),计算交织区最大交织长度:
$L_{max} = [1746 \times (1 + VR)^{1.6}] - 477 \times N_{WL} = [1746 \times (1 + 0.22)^{1.6}] - 477 \times 2 = 1446(\text{m})$。

$L_w < L_{max}$,因此该路段通行能力分析可按交织区进行。

(5)设计速度120km/h,确定基本路段一条车道的基准通行能力 $C_{IFL} = 2200\text{pcu}/(\text{h}\cdot\text{ln})$。

(6)根据公式(4-4),计算交织区一条车道的基准通行能力:
$C_{IWL} = C_{IFL} - 438.2 \times (1 + VR)^{1.6} + 0.0233 \times L_w + 119.8 \times N_{WL} = 2200 - 438.2 \times (1 + 0.22)^{1.6} + 0.0233 \times 400 + 119.8 \times 2 = 2200 - 602.3 + 9.3 + 239.6 = 1847[\text{pcu}/(\text{h}\cdot\text{ln})]$。

(7)根据公式(4-5),计算交织区的基准通行能力:
$C_{Wb} = C_{IWL} \times N = 1847 \times 4 = 7388(\text{pcu/h})$。

(8)查表2-2,得中型车和大型车的折算系数分别为2.0和3.5,计算交通组成修正系数 $f_{HV} = 1/\{1 + [0.15 \times (2-1) + 0.05 \times (3.5-1)]\} = 0.784$,确定驾驶人总体特征修正系数 $f_P = 1.0$。

(9)根据公式(4-6),计算交织区的实际通行能力 $C_{Wp} = 7388 \times 0.784 \times 1 = 5792(\text{pcu/h})$。

(10)计算饱和度 $V/C = 4316/5729 = 0.745$,根据表4-2判定交织区服务水平属于三级服务水平。

(11)匝道交织区 $LC_{FR} = LC_{RF} = 1$,根据公式(4-15),计算交织车辆最小车道变换率:
$LC_{min} = LC_{FR} \times V_{FR} + LC_{RF} \times V_{RF} = 1 \times 400/0.95 + 1 \times 500/0.95 = 947(\text{次/h})$。

(12)以交织区为中心、前后10km内立体交叉的数量为1,则立体交叉密度 $ID = 1/10 = 0.1(\text{个/km})$,根据公式(4-16),计算交织车辆车道变化率:
$LC_W = LC_{min} + 0.706 \times (L_W - 90)^{0.5} \times N^2 \times (1 + ID)^{0.8} = 947 + 0.706 \times (400 - 90)^{0.5} \times 4^2 \times (1 + 0.1)^{0.8} = 1162(\text{次/h})$。

(13)根据公式(4-20),计算非交织车辆换道判别指数:
$I_{NW} = \dfrac{L_w \times ID \times V_{NW}}{3048} = \dfrac{400 \times 0.1 \times (3000 + 200)/0.95}{3048} = 44.2$。

(14)根据公式(4-19),计算非交织车辆车道变换率:
$LC_{NW} = LC_{NW1} = 0.206 \times V_{NW} + 1.778 \times L_w - 192.6 \times N = 0.206 \times (3000 + 200)/0.95 + 1.778 \times 400 - 192.6 \times 4 = 635(\text{次/h})$。

(15)根据公式(4-13),计算交织区所有车辆车道变换率:
$LC_{ALL} = LC_W + LC_{NW} = 1162 + 635 = 1797(\text{次/h})$。

(16)根据公式(4-12),计算交织强度系数:

$$W_{\mathrm{I}} = 0.577 \times \left(\frac{\mathrm{LC}_{\mathrm{ALL}}}{L_{\mathrm{w}}}\right)^{0.789} = 0.577 \times \left(\frac{1797}{400}\right)^{0.789} = 1.89。$$

（17）设计速度120km/h，确定公路路段基准自由流速度 $S_{\mathrm{FF}} = 110$km/h。

（18）根据公式（4-10），计算交织车辆区间平均速度：

$$S_{\mathrm{w}} = 24 + \frac{S_{\mathrm{FF}} - 24}{1 + W_{\mathrm{I}}} = 24 + \frac{110 - 24}{1 + 1.89} = 53.8(\mathrm{km/h})。$$

（19）根据公式（4-22），计算非交织车辆区间平均速度：

$$S_{\mathrm{NW}} = S_{\mathrm{FF}} - 0.0115 \times \mathrm{LC}_{\mathrm{min}} - 0.0077 \times V/N = 110 - 0.0115 \times 947 - 0.0077 \times 4316/4 = 90.8(\mathrm{km/h})。$$

（20）根据公式（4-8），计算交织区内所有车辆的区间平均速度：

$$S = \frac{V}{\dfrac{V_{\mathrm{w}}}{S_{\mathrm{w}}} + \dfrac{V_{\mathrm{NW}}}{S_{\mathrm{NW}}}} = \frac{4316}{\dfrac{947}{53.8} + \dfrac{(3000 + 200)/0.95}{90.8}} = 78.9(\mathrm{km/h})。$$

（21）交织区内所有车辆的区间平均速度 S 与路段基准自由流速度 S_{FF} 的差值为 $110 - 78.9 = 31.1(\mathrm{km/h})$，根据表4-2，判定该交织区的服务水平为3等。

所以，该交织区的服务水平为三级3等。

思考题与习题

1．简述交织区构型的划分依据以及三种构型之间的区别。
2．简述交织区基准通行能力的影响因素及实际通行能力的计算步骤。
3．简述交织区服务水平的确定方法及步骤。
4．简述交织区服务水平的划分依据及划分标准。
5．已知某高速公路上的匝道交织区结构形式及其交通流向分布如图4-11所示。设计速度为120km/h，交织段长度为500m，A—C方向高峰小时交通量为4000pcu/h，A—D方向高峰小时交通量为500pcu/h，B—C方向高峰小时交通量为400pcu/h，B—D方向高峰小时交通量为300pcu/h，小型车比例85%，中型车比例10%，大型车比例5%，高峰小时系数0.95，驾驶人主要为经常往返于两地者，以交织区为中心、前后10km内立体交叉的数量为1。试确定该交织区的服务水平。

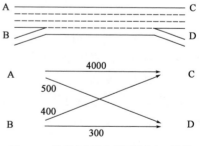

图4-11 某高速公路上的匝道交织区结构形式及其交通流向（单位：veh/h）

第 5 章
公路收费站通行能力与服务水平

公路建设是耗资巨大的基础项目,只靠政府的投资是远远不够的,实行公路收费不仅是回收建设投资的手段,而且也有利于交通设施的运营及养护。建设收费公路必须建设相应的收费系统,收费系统最主要的组成部分便是收费站,因此收费站的规划设计对公路交通运行质量的影响越来越受到人们的重视。收费站的规模是由所需服务的交通量、收费车道的通行能力及服务水平三个因素决定的。因此,在确定的交通量下,分析收费站的通行能力与服务水平具有十分重要的意义。

本章将在分析收费站类型及交通特性的基础上,介绍收费站通行能力计算和服务水平评价方法。

5.1 概 述

5.1.1 收费站的分类

收费站是指收取通行车辆规定通行费用的设施,通常由收费广场、收费亭、收费车道、收费遮棚、收费监控楼和其他一些配套设施构成。收费站有很多种类,其分类基本上是按照设立的位置、收费方式和收费制式来划分。

1）按设立的位置分类

依据所处位置，收费站可分为主线收费站和匝道收费站。

（1）主线收费站

主线收费站是指设在主线上的收费站。收费卡门设在高速公路主线上，一般位于高速公路两端入口、一级公路每一收费路段的端口及桥梁、隧道、高架路设施的端口。由于主线上交通量较大，所以主线收费站一般有较多的收费车道。但是对于预期过高的交通量会造成收费广场过宽，从而导致道路占地过大、征地困难。

（2）匝道收费站

匝道收费站是指设置在匝道或联络线上的收费站。收费卡门设在互通式立交的进出匝道端部。由于匝道上交通量一般较主线上少，所以相应的收费车道也较少。

2）按收费方式分类

收费方式是指收取过路费的一系列操作过程，涉及车型的分类、通行费的计算、付款方式和是否停车等因素。每种因素又有不同的形式，不同的形式组合成不同的收费方式，但它们之间存在着关联和制约作用。根据收费员对收费过程参与程度，收费方式可分为停车人工收费、停车半自动收费、停车自动收费和不停车自动收费。

（1）停车人工收费

停车人工收费是指当车辆到达收费站停车后，收费过程全部由人工完成的方式，即人工判别车型，人工套用收费标准，人工收钱、找零、结票据。该方式所需设备简单，缺点是需要用到较多的收费人员且收费程序单调烦琐，停车缴费时间长、差错率高、服务水平低，难以杜绝徇私舞弊、贪污等现象。所以，该种收费方式很少被采用。

（2）停车半自动收费

停车半自动收费是指收费过程由人工和机器共同完成，它通过使用计算机、电子收费设备、交通控制和显示设施代替人工收费方式操作的一部分工作。当车辆到达收费站停车后，可以自动检测车型，通过人工进行收费。这种方式的特点是使用了一些设备代替人工操作，降低了收费人员的劳动强度，将人工审计核算、人工财务统计报表转变为计算机数据管理，极大地减轻了收费人员的劳动强度，使收费公路的收费管理系统化和科学化。目前，我国收费站绝大部分采用这种收费方式。

（3）停车自动收费

停车自动收费是指当车辆到达收费站时停下车后，收费过程由机器完成，即可以自动检测车型，通过磁卡记账缴费，审计核算等工作都通过计算机数据管理。但是该收费方式仍需要车辆在收费站前停下来办理收费手续，还是会造成延误。

（4）不停车自动收费

不停车自动收费方式（Electronic Toll Collection，简称ETC）是全自动收费方式的一种。全自动收费方式是指收取通行费的全过程均由机器完成，操作人员不需直接介入，只需要对设备进行管理监督及处理特别事件。不停车自动收费利用电子、计算机与通信技术，使车辆不需停在收费站缴费，可以缓解因收费而造成的车辆排队现象，是收费方式的发展方向。

3）按收费制式分类

收费制式是指收取公路通行费的位置。目前，世界各国的收费系统常采用的收费制式可分为全线均等收费制[简称均一式,亦称为匝道栅栏式,图5-1a)]、按路段均等收费制[简称开放式,也称为主线栅栏式,图5-1b)]和按互通立交区段收费制[简称封闭式,亦称为匝道封闭式,图5-1c)]三种。此外,有些公路部门根据其道路情况采用两种或两种以上制式的混合型,如常采用的主线/匝道栅栏式(开放式与均一式混合)。

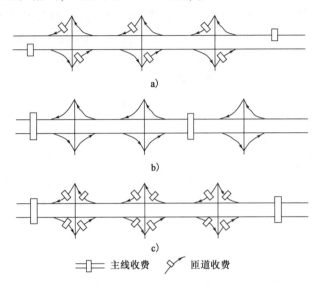

图5-1 三种收费制式的收费站在收费公路上的布置

(1) 均一式

均一式是最简单的一种收费制式,收费站一般设置在高速公路的各个匝道出入口和主线两端出入口,用路者不论行驶里程多少,仅需经过一个收费站缴费。收费标准根据车型一个因素确定,与行驶里程无关,而且各收费站都采取同一收费标准。这种收费制式可适用于公路里程比较短的高速公路,如绕城高速公路和城市间的短途高速公路。

(2) 开放式

开放式收费系统又称为栅栏式或路障式收费系统。这种收费系统的收费站建在收费公路的主线上,距离较长的收费公路可以建多个收费站,间距一般在30~50km不等。各出入口不再设站,这样车辆可以自由进出,不受控制,收费公路呈"开放"状态。每个收费站的收费标准和均一制一样仅根据车型不同而变化,但各站的标准则因控制距离不等而有所区别。车辆通过收费站时需停车交费,长途车辆可能经过多个收费站而需多次交费,这样也体现了依据行驶距离决定收费金额的原则。

(3) 封闭式

按互通立交区段收取通行费的收费形式,封闭的收费系统建在收费公路的所有出入口处,其中起终点的出入口收费站一般建在主线上,称为主线起点(或终点)收费站;互通立交出入口收费站建在出入匝道上,称为互通立交匝道收费站。车辆进出收费公路都要经过收费站,在公路内部可以自由通行,收费公路对外界呈"封闭"状态。车辆进入收费公路时,先要通过收费站的入口车道,领取一张通行券,上面记录该收费站的名称或编号(或称为入口地址编码)等信息,当车辆行驶至目的地离开收费公路时,将通过当地收费站的出口车道,收费员根据车型和行驶里程(由通行券记录的入口地址确定)两个因素计价收费。一般来说,封闭式收费系统适用于距离较长、互通立交较多,从而造成车辆的行驶里程差距较大的场合,这种制式在日本应用比较普遍,在欧美及亚洲部分国家也有应用。在我国,京津塘高速公路、沈大高速公路和济青高速公路等均采用封闭式收费系统。

(4)混合式

上述三种经典收费制式对于中长距离的收费公路存在着难以克服的不足。因此,目前又出现一种新型收费制式——混合式,可供选择。

混合式方案是均一式和开放式的混合形式,是将中长距离高速公路分成几个区段,每段大约30~50km,每段内可能包含一段或多处互通立交。收费站设在全线所有入口处,这点和均一式一样。在相邻区段之间设主线路障式收费站,这又与开放式相似。混合式系统收费站在收费公路上的布置见图5-2。

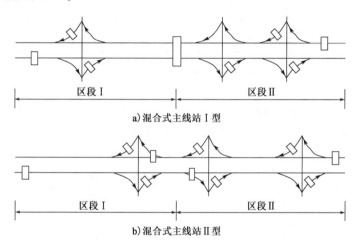

图5-2　混合式系统收费站在收费公路上的布置

5.1.2　车型分类及车辆折算系数

1)车型分类

国内外所有的收费公路都毫无例外地对车辆加以分类,按类型收取不同的通行费,以保证通行费征收的相对合理性。不同的国家、不同的地区、不同的道路,根据当地的车辆构成、交通量大小、收费目的、分类方法等实际情况,在类别划分上各有差别。因此,任何一条公路在收费前,对车型分类进行研究是必要的。此外,不同的车型分类方法对收费系统所需的软、硬件要求也不同。

车辆分类的主要目的就是要保证车辆收费的公平性,以体现出费用责任意义上的公平和所得效益上的公平。费用责任意义上的公平概念要求道路使用者的通行费负担应该与道路使用者在使用收费道路的过程中所发生的费用成比例,发生的费用越大,其承担的费用责任也应该越大。所得效益上的公平概念是指道路使用者的通行费应该与收费道路使用者所获得的效益成比例,即所获得的效益越大,其通行费负担也应该越大。

车型分类的标准主要是依据不同车辆行驶对收费道路路面的破坏程度、对道路建设投资的影响、对收费公路通行能力的影响程度及车辆行驶收费道路所获得的效益情况。

从理论上来说,车辆分类越细,则收费越趋合理,越有利于吸引交通量,但过细的分类将增加对分类设备或收费人员的要求。同时,种类繁多的收费费率将带来车道处理能力的下降,进而降低车道的通行能力。因此,我国公路收费站以车型类别对车辆进行分类,一般将客车划分四类,货车划分为五类。

目前,我国绝大多数收费站是以客车核定载客数和货车额定载质量进行车辆分类的,见表5-1。

目前我国典型公路收费站的车辆分类表 表5-1

类别	一般收费站的车辆分类		计重收费的车辆分类
	客车核定载客数(座)	货车额定载质量(t)	货车计重总质量(t)
一型车	≤7	≤2	≤8
二型车	[8,19]	(2,5]	(8,21]
三型车	[20,39]	(5,10]	(21,35]
四型车	≥40	(10,15]	(35,49]
五型车	—	>15	>49

2) 车辆折算系数

按照以上车型划分,公路收费站的车辆折算系数见表5-2~表5-4。其中,停车半自动收费车道、ETC收费车道以小客车作为标准车,计重收费车道以8t<总质量≤21t的二型车作为标准车。

停车半自动收费车道的车辆折算系数 表5-2

类别	客车核定载客数(座)	车辆折算系数	货车额定载质量(t)	车辆折算系数
一型车	≤7	1.0	≤2	1.2
二型车	[8,19]	1.2	(2,5]	1.6
三型车	[20,39]	1.6	(5,10]	2.0
四型车	≥40	2.0	(10,15]	2.5
五型车	—	—	>15	3.0

计重收费车道的车辆折算系数 表5-3

类别	货车计重总质量(t)	车辆折算系数
一型车	≤8	0.7
二型车	(8,21]	1.0
三型车	(21,35]	1.5
四型车	(35,49]	2.0
五型车	>49	2.5

ETC收费车道的车辆折算系数 表5-4

类别	客车核定载客数(座)	车辆折算系数
一型车	≤7	1.0
二型车	[8,19]	1.2
三型车	[20,39]	1.4
四型车	≥40	1.6

5.2 收费站车辆排队理论与基准通行能力

数学化描述交通流的具体特征是公路收费站通行能力研究的基础和前提,交通流特征的数学化描述的准确程度在很大程度上影响着收费站通行能力研究成果的有效性和适用性。最早应用于交通流理论的数学方法是概率论,其后又相继出现了跟驰理论、交通波理论(流体动力学模拟)和车辆排队理论。在收费站通行能力研究中,主要采用排队理论。随机到达收费站(广场)的车辆排队后通过收费站的过程,就是数理统计中的排队理论问题。排队理论也称为随机服务系统理论,是研究排队现象的一门科学。相继到达并按一定规则排队等候服务的车辆,正在收费车道接受服务的车辆和收费设施一起组成一个"车辆收费排队系统"。

5.2.1 排队系统组成

排队是指因顾客数量超过服务机构的容量,致使顾客得不到及时服务而等候的现象。而排队系统则是等候服务的顾客、正在接受服务的顾客和服务机构的总称。

排队系统由三部分组成:

1)输入过程

是指接受服务的顾客(车辆)到达过程的规律、顾客的总体(顾客源)是有限还是无限的(经过收费站的车辆的总体可以是无限的)、顾客相继到达的时间间隔是随机的还是确定型的。在收费站,车辆到达收费站的时刻是随机的。在交通工程中常见的输入规律如下:

(1)泊松输入

泊松输入的概率密度函数为:

$$P_n(t) = \frac{(\lambda t)^n}{n!} e^{-\lambda t} \tag{5-1}$$

式中:$P_n(t)$——实际时间段 t 内有 n 辆车到达收费广场的概率;

λ——车辆到达收费广场的平均到达率,即单位时间顾客到达的平均数。

顾客随机到达的时距规律服从泊松分布。这种输入容易处理,应用也最为广泛,记为 M。目前大部分研究都认为公路收费站车辆到达分布服从泊松分布(Poisson),即车辆到达过程为泊松过程。

泊松过程的定义为:

设随机过程 $\{X(t), t \in [0, \infty]\}$ 的无限状态空间是 $E = \{0, 1, 2, \cdots\}$,且满足以下几个条件:

$X(t)$ 是平衡独立增量过程;

对任意时刻 a,以及任意时段 $t \geq 0$,每以增量 $X(a+t) - X(a)$ 非负,而服从参数为 λt 的泊松分布,即有:

$$p\{X(a+t) - X(a) = k\} = \frac{(\lambda t)^k}{k!} e^{-\lambda t} \quad (k = 0, 1, 2, \cdots) \tag{5-2}$$

其中,$\lambda > 0$,则称 $X(t)$ 是具有参数 λ 的泊松(Poisson)过程。

依据定义可知,满足以下四个条件的输入为泊松输入。

条件1：平稳性。

又称作输入是平稳的，是指相继到达的车辆时间间隔 τ 的分布以及其中所含的参数（如期望值、方差等）都与时间无关。对输入的平稳性作如下描述：

设在区间 $[a, a+t]$ 内有 k 辆车到达的概率为 $V_k(t)$，若 $V_k(t)$ 与时间起点 a 无关，只与时间段长度 t、到达的车辆数 k 有关，则称这种输入过程是平稳的。

条件2：无后效性。

是指在任意几个不相重叠的时间区间内，各自到达的车辆数是相互独立的。前一个时间段是否有车辆到达，或到达多少辆都对下一个时间段的车辆到达没有任何影响。

条件3：有限性。

是指在任意有限的时间区间内到达有限辆车的概率为1，用数学语言描述就是：

$$\sum_{k=0}^{a} V_k(t) = 1 \tag{5-3}$$

条件4：单个性。

又称为普通型或普遍性，是指在 $[a, a+t]$ 中到达超过1辆车的概率 $\phi(t)$ 是关于区间长度 t 的高阶无穷小，即：

$$\lim_{t \to 0} \frac{\phi(t)}{t} = 0 \tag{5-4}$$

对以上四个条件，不可能同时满足。可以说，车辆到达在一天内并不符合泊松过程，但是在某个时段（如高峰小时）却与泊松过程有着相当程度的近似。这已满足研究的需要，因为我们研究的是一个个时段中车辆延误与通行能力。通过现场与微观分析，可以发现车辆到达在收费站（某时段）符合以下条件：

①车辆到达是随机的；

②在任意小的时间段中车辆到达率与时间的长度成正比；

③任意小的时间段中车辆到达的概率不受以前到达的历史影响。

泊松分布一般适用于车流密度不大，车流间相互影响微小，其他外界干扰因素基本上不存在的情况。我国目前已建成的高速公路及大部分国省道由于交通量还没有达到饱和，基本上都可以采用泊松分布来描述车辆到达。

(2) 定长输入

顾客到达的时间间隔都是一定的，为同一常数，如流水线上装备件、定期运行的班车等，记为 D。

(3) 爱尔朗输入

爱尔朗输入通常记为 ER。以上讨论的泊松分布，就其服务形式来讲是单服务台或并列多服务台的情况；对串联排列的 k 个服务台，每台服务时间互相独立，服从相同的负指数分布（参数 ku），那么一个顾客走完这 k 个服务台总共所需时间应服从爱尔朗分布。

设 T_1、T_2、$\cdots$、T_k 是 k 个相互独立的随机变量，均服从参数为 ku 的负指数分布。那么一个顾客走完这 k 个服务台总共所需要的服务时间为：

$$T = T_1 + T_2 + \cdots + T_k \tag{5-5}$$

其概率密度函数为：

$$f_T(t) = \frac{ku(kut)^{k-1}}{(k-1)!} e^{-kut} \quad (t > 0) \tag{5-6}$$

式中：$f_T(t)$——k 阶爱尔朗分布密度函数；
　　　ku——k 阶爱尔朗分布模型中 k 个串联服务台的分布密度函数；
　　　k——k 阶爱尔朗分布模型中的串联服务台数。

爱尔朗分布提供更为广泛的模型类，比指数分布有更大的适应性。事实上当 $k=1$ 时，爱尔朗分布就化为负指数分布，这可以看作是完全随机的；当 k 增大时，爱尔朗分布的图形逐渐变为对称的；当 $k \geqslant 30$ 时爱尔朗分布近似于正态分布；当 $k \to \infty$ 时，爱尔朗分布化为确定型分布。所以说一般 k 阶爱尔朗分布可以看作是完全随机与完全确定的中间型，能对现实情况做出更好的描述。

2）排队规则

到达的顾客按什么排队规律接受服务，常见的排队规律有以下几种：

（1）等待制

顾客等待时，如所有服务台均被占用，顾客便排队等候服务，称为等待制。例如：汽车在通过信号灯时，若遇到红灯，汽车就在停车线后排队等候。

（2）损失制

顾客等待时，如所有服务台均被占用，顾客就随即离去，这样便失去许多顾客，故称为损失制。如打电话时遇到占线时，用户便搁置而去。

（3）混合制

这种机制介于损失制与等待制之间。包括两种情况：

①排队长度有限制的服务系统。即当顾客到达时，若服务台都被占着，则顾客排队等候服务，但如果排队位置已满，顾客就离去。例如：汽车去停车场停放车辆，当停车场无空位时就离去。

②当顾客到达时，如果服务台都被占着，则顾客排队等候服务，当顾客等了一段时间以后，仍未能得到服务，顾客就离开。例如：药品、电子元件等的过期失效均属于这一类系统。

又可以将等待制和混合制排队规则分为以下几种类型：

①先到先服务（FCFS）：按顾客到达的先后次序给予服务。如先到交叉口的车辆先通过交叉口，这是最常见的情况。

②后到先服务（LCFS）：后到达的顾客先得到服务。例如：乘用电梯的顾客常是后进电梯的先出去；仓库中堆放的货物，使用时总是先用堆在最上面的（即后堆上去的）；情报系统中最后到达的情报往往是最有价值的，应优先采用等。

③优先服务（PR）：即按事情的轻重缓急给予服务。例如：加急电报要先于普通电报拍发；重病号应先于轻病号得到服务；在铁路与公路的交叉口，火车拥有通过交叉口的优先权；在道路系统中的让路交叉口，主干路上的车辆具有通过交叉口的优先权等。

④随机服务（RSS）：当一个顾客被服务完毕以后，服务台从排队的顾客中任意选一个给予服务。如人工电话总机接通电话。

3）服务方式

是指同一时刻的服务设施数量和为顾客提供服务的时间长度。服务设施可以是一个和多个，多个服务设施的排列可以是平行的，也可以是混合的。

收费站服务设施一般为多个，每次是单个服务。通常服务时间服从一定的概率分布，常见的有：

(1)负指数分布

对各个顾客的服务时间是相互独立的,且都服从负指数分布,记为 M。如收费亭对车辆服务时间是随机的,一般服从负指数分布,其数学表达式为:

$$f(t) = \mu e^{-\mu t} \tag{5-7}$$

式中:$f(t)$——车辆服务时间的概率密度函数;

μ——收费平均服务率,即单位时间内顾客接受服务完毕离去的平均数。

(2)定长分布

是指对顾客的服务时间都是相等的同一常数值,记为 D。

(3)一般分布

服务时间的一般分布对顾客的服务时间是任意分布,记为 G。

4)排队系统的实际表达模式

当一个实际交通问题作为排队问题求解时,先要确定它属于哪种类型,这就需要明确排队系统模型的表达方法,通常采用肯道尔符号来表示排队模型,其表达式为:

到达过程/服务过程/服务台数/系统容量/顾客源容量/排队规则

如 $M/M/1/K/\infty$/FCFS 表示到达时间间隔服从泊松分布,服务时间服从负指数分布,服务台数为 1,系统容量为 k,顾客总体为无限,排队规则为先到先服务的服务系统。

因为一般考虑的都是系统容量、顾客源都为无限及先到先服务的排队系统,上述形式中的后两项或后三项可以省略,只要写 $X/Y/Z/\infty$ 或 $X/Y/Z$ 就可以了。也就是说,除非另有说明,一般都取简化形式 $X/Y/Z$ 表示系统容量和顾客源都为无限,并采用先到先服务规则的排队系统。其中 X 为到达时间间隔的分布;Y 为服务时间的分布;Z 为服务台数。例如:$M/G/C$ 就表示到达时间间隔为泊松分布,服务时间为一般分布,服务台数为 C 台,系统容量、顾客源都为无限,先到先服务的排队系统。

5.2.2 排队系统的主要运行指标及其相互关系

为了对服务系统做出恰当的评价,必须建立衡量服务系统的一系列运行指标。由于一般车辆到达时间间隔和收费站服务时间都是随机变量,因此必须对收费系统的运行状态进行各种概率的描述。收费系统通常依据的指标主要有排队长度、队长、排队时间与停留时间。

①排队长度:系统中排队车辆个数期望值,单位为辆,以 L_q 表示。

②队长:收费系统中车辆个数期望值,单位为辆,以 L 表示。

$$L = L_q + 正在被服务的车辆数$$

③排队时间:车辆在排队系统中排队时间期望值,单位为 s,以 W_q 表示。

④停留时间:车辆在收费系统中的平均停留时间,单位为 s,以 W 表示。

$$W = W_q + 服务时间$$

上述指标实际上反映了收费站系统工作状态的几个侧面,它们之间相互联系,是可以相互转换的,令 λ 表示单位时间内平均到达的车辆数,μ 表示单位时间内服务完毕离去的平均车辆数。那么 $1/\lambda$ 则表示相邻两辆车辆到达的平均时间间隔,$1/\mu$ 表示对每个车辆的平均服务时间。由此可以得到以下关系:

$$L = \lambda W \tag{5-8}$$

$$L_q = \lambda W_q \tag{5-9}$$

$$W = W_q + \frac{1}{\mu} \quad (5\text{-}10)$$

$$L = L_q + \frac{\lambda}{\mu} \quad (5\text{-}11)$$

上述公式称为李太勒(Little)公式,对所有排队系统均适用。

5.2.3 $M/G/C$ 排队系统分析

为了适应更一般的情况,收费站排队模型常采用 $M/G/C$ 模型,且由于车辆进入排队系统后,车辆不能转换车道,故又可将 $M/G/C$ 模型简化为 $M/G/1$ 模型来考虑。

如果服务率 μ 不变,到达率为 λ,有 C 个相同而并列的收费车道,每个收费车道的到达率就是 λ/C,那么第 j 个收费车道的车辆数则为:

$$\rho_j = \frac{\lambda}{c\mu} \quad (j = 1,2,3,\cdots,c) \quad (5\text{-}12)$$

整个服务系统的平均占用收费车道的车辆数则为:

$$\rho = \sum_{j=1}^{c} \rho_j = \frac{\lambda}{\mu} \quad (5\text{-}13)$$

$M/G/1$ 模型的特征量为:

平均队长:

$$L = \rho + \frac{\rho^2 + \lambda^2 D[T]}{2(1-\rho)} = \lambda E[T] + \frac{\lambda^2\{(E[T])^2 + D[T]\}}{2(1-\lambda E[T])} = \lambda E[T] + L_q \quad (5\text{-}14)$$

平均停留时间:

$$W = E[T] + \frac{\lambda^2\{(E[T])^2 + D[T]\}}{2(1-\lambda E[T])} = E[T] + L_q \quad (5\text{-}15)$$

平均排队长:

$$L_q = \frac{\lambda^2\{(E[T])^2 + D[T]\}}{2(1-\lambda E[T])} \quad (5\text{-}16)$$

平均排队等候时间:

$$W_q = \frac{\lambda\{(E[T])^2 + D[T]\}}{2(1-\lambda E[T])} = \frac{L_q}{\lambda} \quad (5\text{-}17)$$

式中:ρ——收费车道利用率;

λ——车辆平均到达率[pcu/(s·ln)];

T——服务时间(s);

$E[T]$——服务时间的数学期望值(s);

$D[T]$——服务时间的方差(s^2)。

由以上公式可以看出,只要知道 λ、$E[T]$ 和 $D[T]$,不论服务时间 V 呈何种分布都可以求出 $M/G/1$ 系统的运行指标。

另外,系统中车辆数的平均值 L 不仅与车辆到达率 λ 和服务时间的期望值 $E[T]$ 有关,而且与服务时间的方差 $D[T]$ 有关,方差 $D[T]$ 越大,L 就越大。因此,要想给出系统的运行指标,除考虑服务时间的期望值 $E[T]$ 之外,还应该考虑改变方差 $D[T]$。

在实际应用 $M/G/1$ 模型时,如果有足够的车辆调查资料,则可以采用当地 $E[T]$ 和 $D[T]$,

否则可采用表 5-5～表 5-7 中数值。值得注意的是,表中的数值仅依据观测数据获得,只有根据当地的实测数据,才能得到更准确的分析结果。

人工半自动收费车道服务时间特征参数　　　　　　　　　　　表 5-5

收费车道类型	一、二型车		三型车		四型车		五型车	
	$E[T](s)$	$D[T](s^2)$	$E[T](s)$	$D[T](s^2)$	$E[T](s)$	$D[T](s^2)$	$E[T](s)$	$D[T](s^2)$
封闭式出口	16.3	7.47	20.0	10.6	26.3	17.4	33.5	25.9
封闭式入口	7.6	0.71	9.7	0.99	14.0	1.87	18.2	3.17
均一制	9.4	2.1	13.9	5.4	19.2	8.1	23.6	11.25

计重收费车道服务时间特征参数　　　　　　　　　　　表 5-6

一型车		二型车		三型车		四型车		五型车	
$E[T](s)$	$D[T](s^2)$	$E[T](s)$	$D[T](s^2)$	$E[T](s)$	$D[T](s^2)$	$E[T](s)$	$D[T](s^2)$	$E[T](s)$	$D[T](s^2)$
21.6	11.8	28.9	18.6	35.7	27.3	44.5	31.6	57.3	37.4

ETC 车道服务时间特征参数　　　　　　　　　　　表 5-7

一、二型车		三、四型车	
$E[T](s)$	$D[T](s^2)$	$E[T](s)$	$D[T](s^2)$
3.64	0.54	6.69	0.61

5.2.4　收费站通行能力

收费车道的基准通行能力是指道路与交通等处于理想情况下,每一条收费车道在单位时间内能够通过的最大交通量。

1)道路理想条件

(1)出、入口收费车道数不少于 2 条;

(2)ETC 收费车道宽度为 3.5m,计重收费车道宽度为 4.0m,其余收费车道宽度为 3.2m,高寒积雪地区收费车道宽度为 3.5m;

(3)ETC 收费车道长度为 60m,计重收费车道长度为 45m,其余车道长度为 36m。

2)交通理想条件

(1)除计重收费车道的车型是 100% 的二型车外,其余收费车道的交通组成为 100% 的小客车;

(2)ETC 收费车道的车辆速度保持在 20km/h 左右,车间距 10m 左右。

3)其他理想条件

(1)天气良好;

(2)无交通管制;

(3)无交通事故等突发情况。

收费车道的基准通行能力可以用下式计算:

$$C_b = \frac{3600}{E[T]_{标}} \tag{5-18}$$

式中:C_b——收费车道的基准通行能力[标准车/(h·ln)];

$E[T]_{标}$——标准车服务时间(s)。

实际观测的收费车道均能满足理想的道路条件。利用小型车的平均服务时间可以计算出不同类型收费站收费车道的基准通行能力。我国《公路通行能力手册》给出的各种类型收费车道的基准通行能力见表5-8。

各种类型收费车道的基准通行能力　　　　　　　　　　　表5-8

收费车道类型	基准通行能力[标准车/(h·ln)]
封闭式出口计重收费车道	100
封闭式入口计重收费车道	130
省界联合收费车道	160
封闭式出口收费车道	210
均一式、开放式、混合式收费车道	280
封闭式入口收费车道	510
ETC收费车道	1440

收费车道的实际通行能力应用表5-8中的基准通行能力值乘以两项修正系数：交通组成修正系数f_{HV}和驾驶人总体特征修正系数f_P，其计算与取值方法同高速公路基本路段。

5.3 收费站延误与服务水平分析

车流在公路收费站的运行有其独特之处，收费站的交通流特性分析是收费站延误分析的基础，也是对交通流进行微观仿真的基础。

在通常情况下，车辆进入和离开收费站的过程可以描述为：车辆从主线路段或匝道接近收费站，进入收费广场时车辆减速，寻找排队长度较短或没有排队的收费车道交款或领卡，如果所选择的收费车道上有排队等候的车辆，那么就在队尾排队等候服务，当接受完服务后，加速离开收费广场进入主线或匝道。如果所选择的收费车道没有排队等候的车辆，那么就直接进入收费车道接受服务，然后加速离开收费广场进入主线或匝道。无论是单车还是车队通过收费站都要经历这样一个过程，即减速进入收费场—排队等候（在形成车队的情况下）—接受服务（交费或领卡）—加速离开收费广场。一般情况下减速进入收费广场和加速离开收费广场仅与车辆的加减速性能和驾驶人的驾驶行为有关，与收费站提供的服务关系不大。而排队等候过程和接受服务过程则与收费站提供的服务密切相关。深入研究排队等候和接受服务过程是进行延误分析的关键所在。排队等候的过程是一个较为固定的模式，经典排队理论模型已经对此做了非常详细的描述，这里不赘述。服务过程是本章研究的重点，接受服务的过程可以进一步划分成两个子过程：纯粹服务时间和车辆离开服务地点允许后车进入服务地点的时间。纯粹服务时间是指从车辆进入收费地点停下开始，到车辆接受服务（交款或领卡）完成后启动车辆准备离开收费地点为止，称这段时间为纯粹服务时间。车辆接受完服务后，离开收费地点不是一个瞬时动作，而是一个过程，这个过程占用收费地点一定的空间和时间。在这个过程期间，无论是否存在排队，收费地点没有空间对下一辆车进行服务，同时这一过程是每辆通过收费站的车辆必须经历的，因此定义这段时间为离去时间。如果收费车道没有形成排队，一辆车在接受完服务后，离开收费地点，由于车辆占有一定的空间，在离去时间内其他车辆不可能占用已经被占用的空间。因此，虽然车辆接受完服务离开收费地点，没有后车能够及时到达收费地点，但是前车依然具有一定的离去时间。

5.3.1 车辆延误分析

车辆通过收费站的延误时间是进行收费站车辆折算系数研究和评价收费站服务水平研究的重要依据之一。当车辆通过收费站时,其延误主要包括以下几个部分:

(1) 车辆进入收费站的减速时间

$$t_1 = \frac{S_0}{3.6a_1} \quad (5\text{-}19)$$

(2) 车辆在收费站的平均逗留时间

$$W = E[T] + W_q \quad (5\text{-}20)$$

(3) 车辆驶离收费站的加速时间

$$t_2 = \frac{S_0}{3.6a_2} \quad (5\text{-}21)$$

上述式中: S_0——正常车流车速(km/h);
a_1——车辆的减速度(m/s^2);
a_2——车辆的加速度(m/s^2);
W_q——平均排队时间(s)。

收费影响路段的长度包括:

(1) 车辆减速通过的长度

$$l_1 = \frac{1}{2}a_1 t_1^2 \quad (5\text{-}22)$$

(2) 系统中车辆队长

$$l_2 = m\left\{\lambda E[T] + \frac{\lambda^2\{(E[T])^2 + D[T]\}}{2(1-\lambda E[T])}\right\} \quad (5\text{-}23)$$

(3) 车辆加速通过的长度

$$l_3 = \frac{1}{2}a_2 t_2^2 \quad (5\text{-}24)$$

式中: m——车队长度换算系数(m/veh);
其余符号意义同前。

公式中 m 的确定与收费站的车种组成比例有关,可以根据实测数据确定。其确定方法如下:

假设根据观测,某收费站的车种比例为特大型车占 k_1、大中型车占 k_2、小型车占 k_3(这里只是按长度将车辆分为三种,也可细分),特大型车的平均长度为 b_1(m/veh),大中型车的长度为 b_2(m/veh),小型车的平均长度为 b_3(m/veh),则:

$$m = b_1 k_1 + b_2 k_2 + b_3 k_3 \quad (5\text{-}25)$$

此时,车辆的延误为:

$$\begin{aligned}d &= W + t_1 + t_2 - \frac{3.6(l_1 + l_2 + l_3)}{S_0} \\ &= \left(\frac{1}{\lambda} - \frac{3.6m}{S_0}\right)\left\{\lambda E[T] + \frac{\lambda^2\{(E[T])^2 + D[T]\}}{2(1-\lambda E[T])}\right\} + \frac{S_0}{7.2}\left(\frac{1}{a_1} + \frac{1}{a_2}\right)\end{aligned} \quad (5\text{-}26)$$

根据实测值,可以利用以上公式计算延误 d,然后通过延误确定收费站的服务水平等级。平均延误时间主要通过调查车辆通过收费站上下游两个观测断面的时间差获得的。具体步骤为:计算如果没有收费站影响的情况下,各种类型的车辆在这样的交通量下通过这段距离所需的理论时间;调查各种类型的车辆通过收费站上下游两个观测断面之间的距离所花费的实际时间;利用实际时间减去理论时间可以得到各种车型的平均延误时间。

在实际应用中,式(5-19)和式(5-21)的计算时间在不同交通条件下一般没有大的差别,但是不同交通流量导致平均逗留时间明显不同,式(5-20)是延误计算的重点。

5.3.2 收费站的服务水平

1)服务水平评价指标

收费站的服务水平是衡量收费站设施提供给驾驶人与乘客服务质量的一种标准。一般评价收费站服务水平的指标有收费服务时间、车辆平均排队长度、车辆在收费站的延误时间等。

收费服务时间的长短与收费制式、收费设备及收费人员的素质有关。对于特定的收费制式下的收费站,其收费服务时间变化不大,不能反映出收费站内交通流运行状态的变化,收费服务时间的长短可以用于不同类型收费服务质量的对比,而对于特定收费站的交通服务质量的评价,收费服务时间则不是一个合适的参数。

一方面,车辆在收费站的延误时间描述了由于收费站的存在造成车辆经过收费站时产生的延误,延误时间的长短直接反映车辆在经过收费站时其交通条件和服务质量的好坏。从这方面来说,延误时间能够较好地评价收费站内交通条件和服务质量。对于不同类型的收费站,在相同的延误下,服务时间短的排队车辆较多,服务时间长的排队车辆数相对较少,而驾驶人和乘客对交通条件的感受直接来源于排队的长度。这样造成在相同的延误下不同类型收费站的服务水平不一致。另一方面,延误数据的获得相对比较困难,延误数据的精确度相对较低。

收费站的平均排队长度是描述收费站内各种收费车道等待接受服务的平均车辆数。排队车辆的多少直接影响驾驶人和乘客对交通条件的感受。排队车辆多,驾驶人和乘客认为将要等待的时间长;排队车辆少,驾驶人和乘客认为将要等待的时间短。在收费站,排队车辆的多少是很容易获得的数据,另一个非常重要的原因是排队车辆数指标可操作性非常强。但是,采用排队论模型计算得到的平均排队车辆数理论值与实际观测值之间存在较大差异。

延误指数 DI 是指车均等待时间与平均服务时间之比,该指标直接反映了收费等待时间,间接反映了收费站车辆的排队程度,易于观测,且该指标与饱和度存在较强的相关性。其中,车均等待时间是指车辆从加入停车车队到车尾通过收费亭的时间。当车辆在收费广场排队等待服务,若车间距小于 3~5m,车速低于 10km/h 时,则判断该车处于等待时间,车均等待时间为单车等待时间的平均值,等待时间包括服务时间。通过实际观测和理论分析发现,延误指数不同,收费站可以处理的车辆数也不同;随着延误指数的增加,收费站能够处理的车辆数也随之增加。延误指数等于 1 时,驾驶人和乘客基本感受不到排队;延误指数从 1 增加到 2 时,收费车道能处理的车辆数大幅度增加;延误指数从 2~3 时,收费车道能处理的车辆数增幅趋缓;延误指数从 3 到 4 时,收费车道能够处理的车辆数增加幅度进一步减缓;延误指数超过 5 时,收费车道能够处理的车辆数增加幅度很小。

2）服务水平分级标准

服务水平等级的划分具有重要的作用：首先，服务水平分析可以使设计者用公认的标准评价设计；其次，服务水平分析可对各种设施运营效果的比较提供科学的依据；再次，服务水平可用来评价各种改进措施的运行效果，并做出合理的决策；最后，服务水平分析可向一般公众提供一个易于理解的并且是科学和整体的性能指标。

我国的《公路通行能力手册》采用延误指数和饱和度 V/C 将收费车道服务水平划分为六级，各级服务水平对应的指标规定见表 5-9，表中的最大服务交通量可参照使用，也可通过实测确定。收费车道的设计服务水平宜与主线一致，采用三级，特殊情况下可采用四级，例如山区、城市出入口等用地受局限的地点。

收费车道的服务水平划分标准　　　　　　　　　　　　　　　　　表 5-9

服务水平等级	分级指标							
	延误指数	饱和度 V/C	最大服务交通量[标准车/(h·ln)]					
			封闭式出口计重收费车道	封闭式入口计重收费车道	省界联合收费车道	封闭式出口收费车道	均一式、开放式、混合式收费车道	封闭式入口收费车道	ETC收费车道
一	1	≤0.3	30	39	48	63	84	153	432
二	(1,2]	(0.3,0.5]	50	65	80	105	140	255	720
三	(2,3]	(0.5,0.75]	75	98	120	157	210	382	1080
四	(3,4]	(0.75,0.95]	95	123	152	199	266	484	1368
五	(4,5]	(0.95,1.00]	100	130	160	210	280	510	1440
六	>5	>1.00							

表 5-9 中的各级服务水平描述如下：

一级服务水平：收费车道内几乎没有形成排队，大部分车辆没有排队直接进入收费车道接受服务，驾驶人和乘客几乎没有感觉等待多长时间就通过收费车道，感觉较为舒适和方便，延误指数等于1。

二级服务水平：收费车道内小部分车辆形成排队，但排队长度很短，驾驶人和乘客感觉等待，但时间较短，驾驶人和乘客可以接受，延误指数大于1、小于或等于2。

三级服务水平：收费车道内已经形成排队，但排队长度不长，驾驶人和乘客能感觉到明显等待，但等待时间可以接受，延误指数大于2、小于或等于3。

四级服务水平：收费车道内形成较长的排队，驾驶人和乘客感觉到明显的不便，部分驾驶人和乘客不能忍受这种长时间的等待，延误指数大于3、小于或等于4。

五级服务水平：收费车道内形成较长的排队，所有的车辆必须等待较长的时间才能够通过收费车道，大部分驾驶人和乘客不能忍受，延误指数大于4、小于或等于5。

六级服务水平：收费车道内形成很长的排队，所有车辆必须等待很长时间才能通过收费车道，所有驾驶人和乘客感觉不能忍受，已经超过收费车道的通行能力，延误指数大于5。

3）服务水平分析流程

公路收费站服务水平的分析流程如下：

(1)明确收费车道组类型及数量：省界联合收费车道，封闭式出口收费车道，均一式、开放式、混合式收费车道,封闭式入口收费车道,ETC 收费车道;封闭式入口计重收费车道,封闭式出口计重收费车道。

(2)查表 5-2～表 5-4 确定各类型收费车道组的车辆折算系数,根据交通组成将各类型收费车道组的自然交通量转换为以标准车型为单位的交通量。

(3)用以标准车型为单位的交通量除以高峰小时系数 PHF,计算得到不同类型车道组的高峰小时流率 FL。

(4)计算不同类型收费车道组一条收费车道的高峰小时流率 = 车道组高峰小时流率/收费车道组的车道数量。

(5)根据表 5-8,确定不同类型收费车道的基准通行能力,计算一条收费车道的实际通行能力。

(6)计算收费车道的饱和度 V/C = 一条收费车道的高峰小时流率/一条收费车道的实际通行能力。

(7)根据收费车道组一条车道的高峰小时流率,查表 5-9,对最大服务交通量进行线性内插,计算延误指数 DI。

(8)查表 5-9,根据饱和度 V/C 和延误指数 DI,确定不同类型收费车道组的服务水平(取最低一级服务)。

5.3.3 算例分析

【算例 5-1】 某高速公路收费站由 8 条封闭式出口收费车道(停车半自动收费)、2 条 ETC 收费车道、1 条封闭式出口计重收费车道组成,货车需全部计重收费,其高峰小时交通量分别为 850veh/h、1100veh/h 和 45veh/h,封闭式出口收费车道与 ETC 收费车道的交通组成比例:一类客车 85%、二类客车 10%、三类客车 3%、四类客车 2%,封闭式出口计重收费车道的交通组成比例:一类车 10%、二类车 60%、三类车 20%、四类车 8%、五类车 2%,高峰小时系数均为 0.95,驾驶人对路况较熟悉。试计算不同类型收费车道组的饱和度 V/C、延误指数 DI,并评价其服务水平。

解:(1)明确收费车道组类型及数量:8 条封闭式出口收费车道、2 条 ETC 收费车道、1 条封闭式出口计重收费车道。

(2)将各类型收费车道组的自然交通量转换为以标准车型为单位的交通量。

封闭式出口收费车道:850 × 0.85 × 1.0 + 850 × 0.1 × 1.2 + 850 × 0.03 × 1.6 + 850 × 0.02 × 2.0 = 899(pcu/h)。

ETC 收费车道:1100 × 0.85 × 1.0 + 1100 × 0.1 × 1.2 + 1100 × 0.03 × 1.4 + 1100 × 0.02 × 1.6 = 1148(pcu/h)。

封闭式出口计重收费车道:45 × 0.1 × 0.7 + 45 × 0.6 × 1.0 + 45 × 0.2 × 1.5 + 45 × 0.08 × 2.0 + 45 × 0.02 × 2.5 = 53(veh/h)(二型车)。

(3)计算高峰小时流率。

封闭式出口收费车道组:FL = 899/0.95 = 946(pcu/h)。

ETC 收费车道组:FL = 1148/0.95 = 1208(pcu/h)。

封闭式出口计重收费车道组:FL = 53/0.95 = 56(veh/h)。

(4)计算不同类型收费车道组一条收费车道的高峰小时流率。

封闭式出口计重收费车道:FL = 56/1 = 56[veh/(h·ln)]。

(5)根据表5-8,确定不同类型收费车道的基准通行能力分别为:封闭式出口收费车道210pcu/(h·ln),ETC收费车道1440pcu/(h·ln),封闭式出口计重收费车道100veh/(h·ln)。

(6)计算交通组成修正系数。

封闭式出口收费车道:$f_{HV} = 1/\{1 + [0.1 \times (1.2 - 1) + 0.03 \times (1.6 - 1) + 0.02 \times (2 - 1)]\} = 0.945$。

ETC收费车道:$f_{HV} = 1/\{1 + [0.1 \times (1.2 - 1) + 0.03 \times (1.4 - 1) + 0.02 \times (1.6 - 1)]\} = 0.958$。

封闭式出口计重收费车道:$f_{HV} = 1/\{1 + [0.1 \times (0.7 - 1) + 0.2 \times (1.5 - 1) + 0.08 \times (2 - 1) + 0.02 \times (2.5 - 1)]\} = 0.847$。

(7)计算收费车道的实际通行能力。

封闭式出口收费车道:$C_P = 210 \times 0.945 \times 1.0 = 198[\text{pcu}/(h·ln)]$。

ETC收费车道:$C_P = 1440 \times 0.958 \times 1.0 = 1380[\text{pcu}/(h·ln)]$。

封闭式出口收费计重车道:$C_P = 100 \times 0.847 \times 1.0 = 85[\text{veh}/(h·ln)]$

(8)计算收费车道的饱和度。

封闭式出口收费车道:$V/C = 118/198 = 0.60$。

ETC收费车道:$V/C = 604/1380 = 0.44$。

封闭式出口计重收费车道:$V/C = 56/85 = 0.66$。

(9)计算延误指数DI。

封闭式出口收费车道:$DI = 2 + \dfrac{118 - 105}{157 - 105} \times (3 - 2) = 2.25$。

ETC收费车道:$DI = 1 + \dfrac{604 - 432}{720 - 432} \times (2 - 1) = 1.60$。

封闭式出口计重收费车道:$DI = 2 + \dfrac{56 - 50}{75 - 50} \times (3 - 2) = 2.24$。

(10)查表5-9,根据饱和度V/C和延误指数DI,确定不同类型收费车道组的服务水平。

封闭式出口收费车道:三级服务水平。

ETC收费车道:二级服务水平。

封闭式出口计重收费车道:三级服务水平。

5.4 规划和设计阶段收费车道数确定

5.4.1 收费车道数确定步骤

设定收费站收取通行费是回收公路投资的重要措施,但是必须在保证公路运输效率的前提下进行此项工作才有意义。在车辆运行较多的情况下,收费广场有可能成为一个"瓶颈"而影响公路上车辆的运行。因此,合理设置收费车道数量是收费站设计的重要内容,一般收费站的收费车道确定步骤如下,计重收费车道数的确定可参照进行。

(1)明确收费车道组类型:省界联合收费车道,封闭式出口收费车道,均一式、开放式、混合式收费车道,封闭式入口收费车道,ETC 收费车道;封闭式入口计重收费车道,封闭式出口计重收费车道。

(2)根据预测的年平均日交通量 AADT(pcu/d)、设计小时交通量系数 K、方向不均匀系数 D,计算两个方向的设计小时交通量 $DDHV_1 = AADT \times K \times D$ 和 $DDHV_2 = AADT \times K \times (1-D)$。

(3)用以标准车型为单位的交通量除以高峰小时系数 PHF,计算得到不同类型车道组的高峰小时流率 FL。

(4)确定收费车道的设计服务水平,宜采用三级,特殊情况下可采用四级。

(5)查表 5-9,确定不同类型收费车道设计服务水平对应的最大服务交通量 MSF_i。

(6)计算不同类型收费车道的数量: $N = FL/(MSF_i \times f_{HV} \times f_P)$。

5.4.2 算例分析

【算例 5-2】 某高速公路收费站规划收费车道类型为混合式(停车半自动收费)、ETC 收费车道,年平均日交通量 60000pcu/d(二、三、四型车的比例分别为 10%、5% 和 5%),设计小时交通量系数为 0.12,方向不均匀系数为 0.6,高峰小时系数 0.96,预测使用 ETC 的车辆比例为 40%,驾驶人对路况较熟悉。试计算确定不同类型收费车道组的车道数。

解:(1)明确收费车道组类型:混合式收费车道和 ETC 收费车道。

(2)年平均日交通量 AADT = 60000pcu/d,设计小时交通量系数 K = 0.12,方向不均匀系数 D = 0.6,两个方向的设计小时交通量为:

$DDHV_1 = AADT \times K \times D = 60000 \times 0.12 \times 0.6 = 4320(pcu/h)$;

$DDHV_2 = AADT \times K \times (1-D) = 60000 \times 0.12 \times (1-0.6) = 2880(pcu/h)$。

(3)计算不同类型车道组的高峰小时流率为:

大流量方向混合式收费车道 $FL_1 = 4320 \times (1-0.4)/0.96 = 2700(pcu/h)$。

小流量方向混合式收费车道 $FL_2 = 2880 \times (1-0.4)/0.96 = 1800(pcu/h)$。

大流量方向 ETC 车道 $FL_1 = 4320 \times 0.4/0.96 = 1800(pcu/h)$。

小流量方向 ETC 车道 $FL_2 = 2880 \times 0.4/0.96 = 1200(pcu/h)$。

(4)确定收费车道的设计服务水平采用三级。

(5)查表 5-9,确定混合式收费车道、ETC 收费车道设计服务水平对应的最大服务交通量分别为 210pcu/h 和 1080pcu/h。

(6)计算交通组成修正系数:

混合式收费车道 $f_{HV} = 1/\{1 + [0.1 \times (1.2-1) + 0.05 \times (1.6-1) + 0.05 \times (2-1)]\} = 0.909$。

ETC 收费车道 $f_{HV} = 1/\{1 + [0.1 \times (1.2-1) + 0.05 \times (1.4-1) + 0.05 \times (1.6-1)]\} = 0.935$。

(7)驾驶人对路况熟悉,故 f_P = 1.0。

(8)计算不同类型收费车道的数量:

大流量方向混合式收费车道数量 $N_1 = 2700(210 \times 0.909 \times 1.0) = 15(条)$。

小流量方向混合式收费车道数量 $N_2 = 1800(210 \times 0.909 \times 1.0) = 10(条)$。

大流量方向 ETC 收费车道数量 $N_1 = 1800/(1080 \times 0.935 \times 1.0) = 2(条)$。

小流量方向 ETC 收费车道数量 $N_2 = 1200/(1080 \times 0.935 \times 1.0) = 2$（条）。

思考题与习题

1. 收费站有哪几种类型？各有什么特点？
2. 在收费站的通行能力研究中为什么要进行车型分类？不同类型车辆的车辆折算系数是什么？
3. 排队论的主要参数有哪些？各参数之间的相互关系是什么？
4. 我国收费站服务水平的评价指标是什么？划分为几级？
5. 简述收费站现状服务水平的评价方法与流程。
6. 简述确定收费车道数的方法与步骤。
7. 某高速公路收费站由6条封闭式入口收费车道、2条ETC收费车道、1条封闭式入口计重收费车道组成，货车需全部计重收费，其高峰小时交通量分别为900veh/h、1200veh/h 和50veh/h，封闭式出口收费车道与ETC收费车道的交通组成：一类客车80%、二类客车10%、三类客车5%、四类客车5%，封闭式入口计重收费车道的交通组成：一类车15%、二类车50%、三类车20%、四类车10%、五类车5%，高峰小时系数均为0.94，驾驶人对路况较熟悉。试计算不同类型收费车道组的饱和度 V/C、延误指数 DI，并评价其服务水平。
8. 某高速公路收费站规划收费车道类型为封闭式入口收费车道、ETC收费车道，年平均日交通量65000pcu/d（二、三、四型车的比例分别为10%、5%和5%），设计小时交通量系数为0.11，方向不均匀系数为0.55，高峰小时系数0.98，预测使用ETC的车辆比例为35%。试计算确定不同类型收费车道组的车道数。

第6章
城市道路路段通行能力与服务水平

按道路在道路网中的地位、交通功能及对沿线的服务功能等,城市道路分为快速路、主干路、次干路和支路四个等级。《城市道路工程设计规范》(CJJ 37—2012)规定:快速路的路段、分合流区、交织区段及互通式立体交叉的匝道,应分别进行通行能力分析,使其全线服务水平均衡一致;主干路的路段和与主干路、次干路相交的平面交叉口,应进行通行能力和服务水平分析;次干路、支路的路段及其平面交叉口,宜进行通行能力和服务水平分析。关于快速路分合流区、交织区段通行能力与服务水平分析可参考第3章与第4章相关内容,而主干路、次干路和支路交叉口通行能力计算与服务水平评价方法则将在后续章节介绍。

本章主要介绍城市道路路段通行能力计算与服务水平评价方法。

6.1 概　　述

6.1.1 各级城市道路的特征

1）快速路

快速路应中央分隔、全部控制出入、控制出入口间距及形式，应实现交通连续通行，单向设置不应少于两条车道，并应设有配套的交通安全与管理设施。

快速路两侧不应设置吸引大量车流、人流的公共建筑物的出入口。

2）主干路

主干路应连接城市各主要分区，应以交通功能为主。主干路两侧不宜设置吸引大量车流、人流的公共建筑物的出入口。

3）次干路

次干路应与主干路结合组成干路网，应以集散交通的功能为主，兼具服务功能。

4）支路

支路宜与次干路和居住区、工业区、交通设施等内部道路相连接，应以解决局部地区交通的服务功能为主。

在规划阶段确定道路等级后，当遇特殊情况需变更级别时，应进行技术经济论证，并报规划审批部门批准。当道路为货运、防洪、消防、旅游等专用道路使用时，除应满足相应道路等级的技术要求外，还应满足专用道路及通行车辆的特殊要求。城市道路应做好总体设计，并应处理好与公路之间的衔接过渡。

6.1.2 城市道路的设计速度

《城市道路工程设计规范》（CJJ 37—2012）规定，各级城市道路的设计速度应按表 6-1 选用。同等级道路设计速度的选定应根据交通功能、交通量、控制条件及工程建设性质等因素综合确定。

各级城市道路设计速度　　表 6-1

道路等级	快速路			主干路			次干路			支路		
设计速度（km/h）	100	80	60	60	50	40	50	40	30	40	30	20

我国城市快速路和部分以交通功能为主的主干路通常在主路一侧或两侧设置辅路系统，并通过进出口与主路交通进行转换。辅路在路段上一般与主路并行，通常情况下线形设计能满足主路的设计速度要求，但是考虑到其运行的特征，以及为建成后交通管理的限速提供依据，因此有必要规定辅路与主路设计速度的关系。快速路和主干路的辅路设计速度宜为主路的辅路设计速度的 0.4 ~ 0.6 倍。

立体交叉范围内为了保证全线运行的安全性、连续性和畅通性，其主线设计速度应与路段设计速度保持一致；匝道及集散车道的取值考虑其交通运行特点，应低于主线的设计速度，而且应与主路设计速度取值有关联性,匝道及集散车道设计速度宜为主线车道设计速度的 0.4~0.7 倍。

城市道路中的平面交叉口多受信号控制及行人、非机动车的干扰,为保证行车安全,应考虑降速行驶。平面交叉口内的设计速度宜为路段设计速度的 0.5~0.7 倍;直行机动车在绿灯信号期间除受左转车(机动车、非机动车)干扰外,较为通畅,可取高值;左转机动车受转弯半径及对向直行机动车与非机动车的干扰,车速降低较多,可取低值;右转机动车受交叉口缘石半径的控制,另外不论是否设置右转专用车道,都受非机动车及行人过街等干扰,需要降速甚至停车,可取低值。

6.1.3 城市道路的车辆折算系数

城市道路交通量换算采用小客车为标准车型,各种车辆的折算系数见表 6-2。城市道路路段及交叉口的车辆折算系数统一按一个标准考虑。

城市道路车辆折算系数　　　　表 6-2

车辆类型	小型车	大型客车	大型货车	铰接车
折算系数	1.0	2.0	2.5	3.0

6.2　快速路基本路段通行能力与服务水平

在快速路设计时,不仅要对路段通行能力与服务水平进行分析、评价,还必须对分合流区及交织区进行分析、评价,避免产生"瓶颈"地段,确保整条道路的通行能力和服务水平保持一致。关于快速路分合流区以及交织区的通行能力分析、评价,由于目前国内尚未有成熟的研究成果,《城市道路工程设计规范》(CJJ 37—2012)中只提出了设计要求,未给出具体的分析方法和内容,可参阅公路资料的相关内容。

6.2.1　快速路基本路段通行能力

1)基准通行能力

快速路基本路段一条车道的基准通行能力见表 6-3。

快速路基本路段一条车道的基准通行能力　　　　表 6-3

设计速度(km/h)	100	80	60
基准通行能力[pcu/(h·ln)]	2200	2100	1800

2)实际通行能力

《城市道路工程设计规范》(CJJ 37—2012)并未就快速路基本路段实际通行能力给予规定,可参考高速公路基本路段实际通行能力计算方法。

6.2.2　快速路基本路段服务水平

1)服务水平划分

城市快速路基本路路段服务水平根据密度、平均行程车速、饱和度分为四级:一级服务水平时,交通处于自由流状态;二级服务水平时,交通处于稳定流中间范围;三级服务水平时,交通处于稳定流下限;四级服务水平时,交通处于不稳定流状态。快速路基本路段服务水平分级见表6-4。四级服务水平(饱和流)对应的最大服务交通量即为快速路基本路段的基准通行能力。

快速路基本路段服务水平分级　　　　表6-4

设计速度 (km/h)	服务水平等级		密度 [pcu/(km·ln)]	平均速度 (km/h)	饱和度 V/C	最大服务交通量 [pcu/(h·ln)]
100	一级(自由流)		≤10	≥88	0.40	880
	二级(稳定流上段)		(10,20]	[76,88)	0.69	1520
	三级(稳定流)		(20,32]	[62,76)	0.91	2000
	四级	(饱和流)	(32,42]	[53,62)	接近1.00	2200
		(强制流)	>42	<53	不稳定状态	—
80	一级(自由流)		≤10	≥72	0.34	720
	二级(稳定流上段)		(10,20]	[64,72)	0.61	1280
	三级(稳定流)		(20,32]	[55,64)	0.83	1750
	四级	(饱和流)	(32,5]	[40,55)	接近1.00	2100
		(强制流)	>50	<40	不稳定状态	—
60	一级(自由流)		≤10	≥55	0.30	590
	二级(稳定流上段)		(10,20]	[50,55)	0.55	990
	三级(稳定流)		(20,32]	[44,50)	0.77	1400
	四级	(饱和流)	(32,57]	[30,44)	接近1.00	1800
		(强制流)	>57	<30	不稳定状态	—

城市道路规划、设计既要保证道路服务质量,还要兼顾道路建设的成本与效益。设计时采用的服务水平不必过高,但也不能以四级服务水平作为设计标准,否则将会有更多时段的交通流处于不稳定的强制运行状态,并因此导致更多时段内发生经常性拥堵。因此,规定新建城市道路路段采用三级服务水平。

2)适应交通量

目前,国内各大中城市均在建设或拟建城市快速路,规范规定了不同规模快速路的适应交通量范围供参考,以避免不合理的建设。设计适应交通量范围应根据设计速度及不同服务水平下的设计交通量确定。

双向四车道、六车道快速路的适应交通量低限采用60km/h设计速度时二级服务水平情况下的最大服务交通量,预留一定的交通量增长空间;双向八车道快速路考虑断面规模较大,标准太低会导致性价比较差,适应交通量低限采用80km/h设计速度时二级服务水平情况下的最大服务交通量;高限均为100km/h设计速度时三级服务水平情况下的最大服务交通量,与设计服务水平一致。

适应交通量采用年平均日交通量,按下式计算:

$$AADT = \frac{C_D N}{K} \tag{6-1}$$

式中:C_D——快速路基本路段设计通行能力,即采用的设计服务水平对应的最大服务交通量[pcu/(h·ln)];

N——快速路基本路段双向车道数;

K——设计小时交通量系数:设计高峰小时交通量与年平均日交通量的比值。当不能取得年平均日交通量时,可用代表性的平均日交通量代替;新建道路可参照性质相近的同类型道路的数值选用,参考范围取值0.07~0.12。

按公式(6-1)计算后,快速路能适应的年平均日交通量见表6-5。

快速路能适应的年平均日交通量　　　　　表6-5

设计速度 (km/h)	设计通行能力 [pcu/(h·ln)]	年平均日交通量(pcu/d)		
		四车道	六车道	八车道
100	2000(三级服务水平)	80000	120000	160000
80	1280(二级服务水平)	—	—	102400
60	990(二级服务水平)	39600	59400	—

综上,快速路设计时采用的适应交通量应符合下列规定:

(1)双向四车道快速路折合成当量小客车的年平均日交通量为40000~80000pcu/d;

(2)双向六车道快速路折合成当量小客车的年平均日交通量为60000~120000pcu/d;

(3)双向八车道快速路折合成当量小客车的年平均日交通量为100000~160000pcu/d。

6.3 其他等级城市道路路段通行能力与服务水平

关于其他等级城市道路通行能力和服务水平的分析、评价,由于目前国内尚未有成熟的研究成果,《城市道路工程设计规范》(CJJ 37—2012)中只提出了设计要求,未给出具体的分析方法和内容,可参阅美国《道路通行能力手册》中的相关内容。

6.3.1 其他等级城市道路通行能力

1)基准通行能力与设计通行能力

其他等级城市道路路段的基准通行能力和设计通行能力见表6-6,《城市道路设计规范》

(CJJ 37—2012)中规定:基准通行能力乘以折减系数 0.8 后取整得到设计通行能力。

其他等级城市道路路段的基准通行能力与设计通行能力 表6-6

设计速度(km/h)	60	50	40	30	20
基准通行能力[pcu/(h·ln)]	1800	1700	1650	1600	1400
设计通行能力[pcu/(h·ln)]	1400	1350	1300	1300	1100

2)实际通行能力

其他等级城市道路路段的实际通行能力受车道宽度、交叉口、车道数、路侧干扰(如路边停车、自行车、公交车、过街行人)等的影响,应综合考虑上述因素,在基准通行能力的基础上进行修正计算得到。

目前,由于国内尚未有成熟的研究成果,在相关规范中也未有相关规定。

6.3.2 其他等级城市道路服务水平

1)服务水平评价指标

我国《城市道路工程设计规范(2016 年版)》(CJJ 37—2012)对其他等级城市道路路段服务水平尚未有明确规定。《城市交通运行状况评价规范》(GB/T 33171—2016)中采用平均行程车速与自由流速度之比作为评价城市道路路段服务水平的指标。

2)服务水平评价标准

《城市交通运行状况评价规范》(GB/T 33171—2016)规定:路段交通运行状况按照路段平均行程车速与自由流速度的关系分为畅通、基本畅通、轻度拥堵、中度拥堵和严重拥堵五个等级,如表 6-7 所示。

城市道路路段服务水平分级 表6-7

服务水平等级	畅通	基本畅通	轻度拥堵	中度拥堵	严重拥堵
v_{kj}/v_f	>70%	(50%,70%]	(40%,50%]	(30%,40%]	≤30%

注:v_{kj} 为时间间隔 k 内路段 j 的平均行程车速,单位为 km/h;v_f 为自由流速度,单位为 km/h。

思考题与习题

1.城市快速路基本路段服务水平的评价指标有哪些?如何划分?各级服务水平所代表的交通流状态是什么?

2.如何确定不同车道数的城市快速路基本路段适应交通量?

3.城市主干路、次干路和支路路段的基准通行能力与设计通行能力如何确定?二者之间的关系是什么?

4. 城市主干路、次干路和支路路段的实际通行能力应如何计算？

5. 若参照《城市交通运行状况评价规范》(GB/T 33171—2016)，城市主干路、次干路和支路路段的服务水平评价指标是什么？如何划分？

第 7 章
公共交通通行能力与服务水平

公共交通是城市客运交通系统的主体,是对国民经济和社会发展具有全局性、先导性影响的基础产业,是国家在基本建设领域中重点支持发展的基础产业之一。公共交通占用道路空间小,客运能力大,因此为改善城市交通状况,世界各大城市都在研究大力发展公共交通的政策措施和途径,提倡"以人为本""公交优先"的原则。

本章主要对公共交通、公共交通线路的通行能力和轨道交通客运能力进行介绍。

7.1 概　　述

城市公共交通是指在城市地区供公共乘用的各种公共交通方式的总称(也可简称公共交通或公交),城市公共交通系统是由若干个公共交通方式的线路、站场、交通工具及运营组织等组成的客运有机整体。

7.1.1 公共交通的运营服务方式

城市公共交通的运营服务方式从总体上可分为定线定站服务、定线不定站服务和不定线不定站服务 3 种类型。

(1)定线定站服务

车辆按固定线路运行,沿线设有固定的站点。行车班次按调度计划执行。在线路上车辆的行驶方式可分为全程车、区间车、站站停靠的慢车、跨站停靠的大站快车等。

(2)定线不定站服务

车辆按固定线路运营服务但不设固定站点或仅设临时性站点,乘客可以在沿线任意地点要求上下车,乘用比较方便。

(3)不定线不定站服务

主要指出租汽车服务,其运行线路与乘客上下车地点均不固定,除电话叫车、营业站点要车外,还可在街道上扬手招车。

公共交通在不同的国家受其本国经济水平和科技水平的影响很大,故发展的规模与水平差异亦很大。即使在同一个国家,由于各城市的政治、经济地位或地理条件不同,公共交通的结构也各有特色。比如工业发达国家的大城市往往以地铁、快速有轨电车为骨干,同时积极研制新型交通系统,大力发展多种公共交通方式相互配套、干线交通与支线交通相互衔接的公共交通系统。

7.1.2 公共交通的分类及其特性

1)分类

根据客运系统的运行线路环境条件、载客工具技术特征、客运能力的层次,将公共交通分为常规公共汽车、快速公共汽车系统、无轨电车、出租汽车、客轮渡交通、索道与缆车系统、地铁系统、轻轨系统、单轨系统、有轨电车、磁悬浮系统、自动导向轨道系统、市域快速轨道系统等类型。上述公共交通系统可归为"城市道路公共交通""城市轨道公共交通""城市水上公共交通"和"城市其他公共交通"四大基本类型。

(1)城市道路公共交通

包括常规公共汽车、快速公共汽、无轨电车、出租汽车。

(2)城市轨道公共交通

包括地铁系统、轻轨系统、单轨系统、有轨电车系统、磁浮系统、自动导向轨道系统、市域快速轨道系统。

(3)城市水上公共交通

包括城市客渡和城市车渡。

(4)城市其他公共交通

包括客运索道、客运缆车、客运扶梯、客运电梯。

2)典型公共交通系统特性

(1)城市道路公共交通

①常规公共汽车

公共汽车系统:具有固定的行车线路和车站,按照班次运行,并且由具有商业运营条件的适当类型公共汽车及其他辅助设施配置而成。我国公共汽车车辆类型甚多。按载客量分类,有小型、中型和大型铰接车三种。铰接车在我国城市交通发展中曾经起到一定的作用,特别是对解决上下班客运高峰时间的乘客拥挤情况起了很大的作用。随着城市交通的快速发展,其速度慢、转弯半径大、安全性和灵活性差的特点越来越明显,因此在许多城市如广州等已逐渐被淘汰而退出公交历史舞台。

②快速公共汽车交通(Bus Rapid Transit,简称 BRT)

快速公共汽车交通是由公共汽车专用线路或通道、服务设施较完善的车站、高新技术装备的车辆和各种智能交通技术措施组成的客运系统,具有快速、舒适的服务水平,是新兴的大容量快速公共汽车系统。快速公共汽车交通具有车辆容量大、运送速度快、准时性好、客运能力强、乘车候车条件好、性能安全可靠、能耗低污染小等特点。目前,北京、广州、杭州、济南、成都、合肥、昆明、厦门、重庆、大连、郑州、乌鲁木齐、银川、兰州、连云港、常州、常德、枣庄、盐城、济宁、金华、绍兴等 20 多个城市建成运营 BRT 线路。

③无轨电车

无轨电车有固定的行车线路和车站,通常由外界架空输电线供电(目前先进技术可采用车载大电容供电),是无专用轨道的电动公交客运车辆。无轨电车的特点是噪声低,无废气产生,起动加速快,变速方便,适用于市区交通。它以直流电为动力,行驶时因受架空触线的限制,机动性较公共汽车差,但实际行驶时也可偏移触线两侧 4.5m 左右,还可以靠人行道边停靠。传统无轨电车的客运能力及运营速度基本与公共汽车的客运能力及运营速度相同。

④出租汽车

出租汽车是按照旅客的意愿提供直接的、个性化的客运服务,并且按照行驶里程和时间收费的客车。其服务方式分为三种:在不妨碍交通时可扬手招车;电话约车;在客流集散点或者交通管理需要之处,设置出租车候车或者上、下客站(点)。

(2)城市轨道公共交通

城市轨道交通是采用轨道结构进行承重和导向的车辆运输系统,设置全封闭或者半封闭的专用轨道线路,以列车或单车形式运送相当规模的客流量的公共交通方式。包括地铁系统、轻轨系统、单轨系统、有轨电车、磁悬浮系统、自动导向轨道系统和市域快速轨道系统。

①地铁系统

地铁是一种大运量的轨道运输系统,采用钢轮钢轨体系,主要在大城市地下空间修筑的隧道中运行,条件容许的情况下,也可以穿出地面,在地面或者高架桥上运行。按照选取车型不同,分为小断面地铁和大断面地铁。按照线路客运规模,分为高运量地铁和大运量地铁。地铁车辆的基本车型分为 A 型车、B 型车、L_B 型车,平均运行速度(旅行速度)大于 35km/h。其优点是运量大,速度快,安全准点,不受天气变化的影响,对环境影响较小。目前,世界上已有 100 多个城市的地铁在运行或建设中。但同时也要看到,地铁基建费用高,营运亏损大,因此对于经济欠发达国家和地区的城市应持慎重态度。

②轻轨系统

轻轨系统是一种中运量的轨道运输系统,采用钢轮钢轨体系,主要在城市的地面或者高架桥上运行,线路可采用地面专用轨道或高架轨道,遇到繁华地区,也可进入地下或与地铁接轨。轻轨车辆分为 C 型车和 L_C 型车(直线电机)。平均运行速度在 25~35km/h。其特点是对线路实行了隔离,在市中心繁忙地段进入地下,从而提高了运行速度,基建费用也较低,约为地铁的 1/3,建设工期短,建成后运行费用低,因此受到人们的青睐。近年来,在西欧、北美等国家发展较快。

③单轨系统

单轨系统是一种车辆和特种轨道梁组合成一体运行的中运量轨道运输系统,轨道梁不仅是车辆的承重结构,而且是车辆的导向轨道。单轨系统分为跨座式和悬挂式两种类型。单轨系统适用于单向高峰小时最大断面客流量1万~3万人次的交通走廊,因其占地面积很少,与其他交通方式完全隔离,适用于城市道路高差较大、道路转弯半径较小、地形条件较差的地区。

④有轨电车

有轨电车具有运载能力大、客运成本低的特点,车辆与其他地面交通混合运行,根据街道条件可分为混合车道、半封闭专用车道、全封闭专用车道三类。适用于单向小时客流量6000~12000人的干道线路,运送速度一般在16km/h左右。在公交发展初期,曾风靡一时,成为大都市一道亮丽的城市风景线。但其缺点也非常明显,机动性差,噪声大,对路面的破坏力也较大。因此,在现代化大都市有轨电车已不能适应市区干道交通混杂的情况,取而代之的是快速有轨电车。

⑤磁悬浮系统

磁悬浮系统在常温下,利用电导磁力悬浮技术使列车上浮,车厢不需要车轮、车轴、齿轮传动装置和架空输电线网,列车运行状态为悬浮状态,采用直线电机驱动行驶,主要在高架上运行,特殊地段也可在地面和地下隧道中运行。目前磁悬浮有两种基本类型:高速磁悬浮和中低速磁悬浮。

⑥自动导向轨道系统

自动导向轨道系统是一种车辆采用橡胶轮胎在专用轨道上运行的中运量旅客运输系统,其列车按照特制的导向装置行驶,车辆运行和车站管理采用计算机控制,可实现全自动化和无人驾驶技术,通常在城市繁华地区采用地下隧道,市郊区和郊外采用高架结构。

⑦市域快速轨道系统

市域快速轨道系统是一种大运量的轨道交通运输系统,客运量可达到20万~45万人次/d,主要在地面或者高架桥上运行,必要时可采用隧道。

(3)城市水上公共交通

城市水上公共交通是航行在城市及周边地区范围水域的公共交通方式,是城市公共交通的重要组成部分,运行方式主要有连接水域阻断的两岸接驳交通、固定码头航行、观光交通三种方式。除了快速轮渡的航速大于或者等于35km/h外,其余均小于35km/h。不少城市还开办了被称为"水上巴士"的游览轮(艇),以丰富人民的文化娱乐生活。有的城市还办起了"水上的士",以适应乘客的应急需要,并可以到达航线以外的地点。

(4)城市其他公共交通

①客运索道

客运索道由驱动电机和钢索牵引的吊箱,组成以架空钢索为轨道交通运行的客运方式,主要用于短途客运,一般长度小于2km。

②客运缆车

客运缆车在城市不同高度之间,沿着坡面敷设钢轨和牵引钢索,车厢以钢轨承重和导向,并以钢索牵引运行。

③客运扶梯

客运扶梯由驱动电机和齿链牵引的扶手带组成,用于沿着坡面连续运送旅客。如果长度大于100m,应该分段设置。

④客运电梯

客运电梯由驱动电机和钢索牵引的轿箱组成,线路一般为直达,必要时也可设置中途站。

7.1.3 公共交通通行能力的概念及影响因素

公共交通服务着眼于将人从一个地点转移到另一个地点,公共交通的通行能力更多地强调规定时间内可以服务的人数(而不是通过的车辆数)。不考虑外界因素影响,公共交通的通行能力是公交车辆的通行能力(辆/h)和单位车辆载客人数(人/辆)的乘积。

1)公共交通通行能力的概念

(1)客运通行能力

公交线路或者特定设施的客运通行能力定义为:在规定时间内,可控运营条件下,通过特定地点所能够运送的最大人数。

相关解释说明如下:

"可控运营条件":包括公交车数量和类型、没有异常延误(合理的发车间隔)、乘客感受、合理的超载等因素。

"特定地点":通行能力是在某一个特定地点确定的,通常是线路或者设施通过旅客数量最大的断面。

(2)车辆通行能力

公交线路或者特定设施的车辆通行能力定义为:在规定时间内,通过特定地点的最大公交车辆数。

根本上来讲,车辆通行能力取决于各公交车辆间的最小车头时距(时间间隔),依赖于控制系统、站点上客下客量和其他车辆的相互影响。一般情况下,实际运营中公交线路不可能达到车辆通行能力。

2)公共交通通行能力的影响因素

(1)停靠时间

停靠时间是指公交车辆为了乘客上下车,在站点和车站停留的时间,是影响公交通行能力最重要的因素之一。特定停靠站的停靠时间与下列因素有关:上下客量、付费方式、车辆类型和尺寸、车内移动空间。此外,考虑到小间距车站对客流的分散吸引作用,停靠时间和站间距分布存在间接关系。

(2)路权特征

路权专用型越强,公共交通的通行能力越大。

(3)车辆特性

车辆特性决定了车辆载运旅客的人数。外部尺寸相同的车辆通行能力可能存在较大差异,取决于座位数量和座位的排列方式。

(4)乘客差异性

乘客的需求在时间和空间上存在差异性。

(5)经济约束

经济因素经常把通行能力限制在技术上可行、乘客需求量决定的通行能力水平之下,通常表现为特定公共交通线路的配车辆不足,导致乘客无法上车或者过度拥挤,进而减少潜在乘客。

(6) 机构政策

为了提供较高水平的服务能力,公交政策通常按照服务运行低于通行能力的条件制定,表现为更高的服务频率或者高容量客车的使用。

7.2 常规公交通行能力

为改善城市交通状况,世界各大城市都在研究大力发展公共交通的政策措施和途径,提倡"公交优先"的原则。本节主要介绍公交停靠站的停靠能力、公共交通线路的通行能力和公交网络容量,为公交规划的制定奠定基础。

7.2.1 停靠站通行能力

所谓公交停靠站的通行能力是指对于某一个公交车停靠站而言,在一定的道路交通条件下,单位时间内所能服务的最多的车辆数;是反映公交车中途停靠站提供给公交车停靠的服务能力大小的指标。公交停靠站作为公交运行的一个节点,是公交专用道系统实施成功与否的重要一环。

1) 停靠站位置选择

公交停靠站可以设置在交叉口上游、交叉口下游以及路段三个位置,有各自的优缺点。

(1) 影响因素分析

影响公交站点位置选择的因素很多,主要包括公交乘客、公交车辆及其他车辆等因素的影响。

① 乘客乘车的方便性。公交停靠站应为尽可能多的乘客提供尽可能多的便利搭载公共汽车的机会,这不仅有利于乘客出行的方便,还有助于增加客源。而公交停靠站设置位置的不同在很大程度上将直接影响到搭载公共汽车的乘客数和乘客到达(离开)站点的行走距离。因此,在选择站点位置时要充分考虑乘客乘车的方便性。一般情况下,交叉口往往是各个方向乘客汇集和分散最为便捷的地方,因而交叉口附近往往是布设公交站点的理想位置。当交叉口之间的路段特别长,或公共交通乘客上下班、居住集中而距交叉口又相当远的地段,在路段设置公共汽车停靠站则是非常合适的。

② 乘客的安全性。乘客在到达和离开站台的过程中,很多情况下都需要穿越道路,这就牵涉到乘客穿越道路的安全性问题,在同样都是以人行横道线为过街设施的情况下,在交叉口会比路段更安全,在公交站台后穿越比公交站点前穿越更安全。公交站点布设的位置,将关系到与人行横道线的相对位置,即乘客到达(离开)站台的安全性。由以上的分析可知,站点布设在路段,乘客行动安全性最差,布设在交叉口下游乘客行动最安全。

③ 对公交车辆的影响。对公交车辆而言,公交站点和交叉口进口道往往是专用道系统中的瓶颈之所在。在进行停靠站位置选择时,应尽量使矛盾分化,防止两个瓶颈的叠加。从这个意义上说,站点布设在路段和交叉口下游效果较好(当交叉口下游交通量较大时除外)。此外,公交停靠站布设在交叉口上游,公交车辆停靠时,给转弯车辆带来困难和危险。转弯车辆要多次摆动方向盘绕过公交车辆才能实现转弯,这就首先与其他交通发生干扰,然后与驶离停

靠站的公交车辆又发生干扰。由以上分析可知,停靠站布设在交叉口上游对公交车辆运行影响最大,为最不利的选择。

④对其他车辆的影响。因公交站台的布设,将在一定程度上对其他车辆造成一定的影响,主要表现在交叉口处公交车辆可能会阻挡转弯车辆的视野,而站台布设在交叉口下游则可避免这一不足。

(2)位置选择

根据以上对公交停靠站位置选择影响因素的分析,总结公交站台位置选择的标准,见表7-1。

公交站点位置选择标准　　　　　　　　　　　表7-1

参考标准	选择方案		
	交叉口上游	交叉口下游	路段
乘客乘车的方便性	√	√	
乘客行动的安全性		√	
对公交车辆的影响		√	√
对其他车辆的影响		√	√

由表7-1可知,公交停靠站布置在交叉口下游为最佳形式,但交叉口下游交通量较大时停靠站设在交叉口上游将是比较合适的;而当相交道路之间的路段特别长,或在公共交通乘客上下班、居住集中而距交叉口又相当远的地段,在路段设置公共汽车停靠站则是非常必要的。

2)公交停靠站设置形式

公交停靠站按几何形状可分为港湾式和非港湾式停靠站,其设置形式直接影响专用道的通行能力和乘客的安全性。公交停靠站设置形式选择时,需要考虑的因素包括专用道在道路横断面上的位置、道路断面形式及交通量等。

(1)港湾式停靠站

港湾式停靠站主要有四种形式,如图7-1所示。

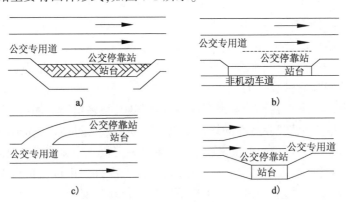

图7-1　港湾式停靠站

图7-1a)适用于专用道沿路侧车道设置,道路断面形式为两块板或一块板,非机动车流量较小的情况。避免了公交车停靠时与非机动车的冲突,且符合多数公交车停靠于最外侧车道的情况,是较为理想的停靠站形式。对于非机动车较少的路段,在停靠站处可以让少量非机动车上人行道行驶。但非机动车道较窄时,停靠站处的道路断面需拓宽。非机动车流量较大时,

会给乘客上下车造成不便。

图 7-1b)适用于专用道沿路侧车道设置,道路断面形式为三块板或四块板的情况。为保证行人安全,停靠站的站台宽度需大于或等于 1.5m,加上公交车车身宽度,这就要求绿化带的宽度大于或等于 4.0m,使得公交车进站时干扰小,不会与其他车流产生交织。在绿化带较窄的路段,可考虑占用部分非机动车道设立港湾式停靠站,为维持非机动车道宽度,可向人行道一侧拓宽。相对于设置在人行道上的停靠站,乘客上下车较为不便。

图 7-1c)适用于专用道设置于中央车道,道路断面形式为四块板或两块板的情况。是专门配合公交专用道设置的停靠站形式,解决了专用道在中间时车门右开的问题,可设置于路段上,也可设置于交叉口处。设置于交叉口出口道处,停靠车辆较多时,容易排队溢出,堵住交叉口;设置于进口道虽可解决排队溢出的问题,但停靠站占用了一条进口道,对交叉口通行能力有一定影响。设置于交叉口进口道时,因乘客上下车需要利用交叉口的人行横道进入停靠站,相对于路侧的停靠站,乘客较不方便。

图 7-1d)较好地体现了公交优先,在隔离带宽度不足,但道路断面又有足够的宽度时,该方式较好地解决了公交车后面的车辆变换车道时的交织问题,便于超车,而且在实施时工程量小,前两种停靠站均可视实际情况作类似设计,要求停靠站前后的车道较宽,车道数足够,以便在停靠站处压缩出一个外凸式港湾。

(2)非港湾式停靠站

非港湾式停靠站主要有四种形式,如图 7-2 所示。

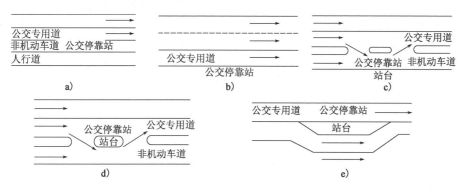

图 7-2 非港湾式停靠站

图 7-2a)是比较常见的非港湾式停靠站,设置较为方便,可较容易地根据需要调整停靠站的位置,但公交车进站时与非机动车辆交织较为严重。适用于专用道沿外侧车道设置、非机动车较少的路段。

图 7-2b)的设置也较为方便,适用于专用道沿外侧车道设置、车道数较多(单向不少于 2~3 条机动车道),且车流量相对于通行能力水平较低的情况。当车流量较大时,会影响后续车辆的通行。

图 7-2c)适用于专用道沿外侧车道设置、停靠线路不多,非机动车流量不大的情况。可以避免公交占道停靠时对后面车辆造成堵塞,避免路段通行能力的降低。缺点是公交进站时需变换车道,而且与非机动车有交织。

图 7-2d)适用于专用道沿外侧车道设置、停靠线路不多,非机动车流量不大的情况。公交车进站时不必变换车道,后面的车辆可以疏散到较宽的非机动车道或相邻的机动车道上,对非

机动车干扰较小。但停靠的公交车较多,且相邻车道饱和度较大时,后面的车辆有可能被堵住,从而导致专用道通行能力的降低。

图 7-2e)适用于专用道沿内侧车道设置,道路横断面宽度有限的情况,是专门配合公交专用道设置的停靠站形式,解决了专用道在中间时车门右开的问题,可设置于路段上,也可设置于交叉口处。但由于停靠站处没有公交车辆的超车道,将导致专用道通行能力的降低。

3)停靠站停靠能力分析

公交停靠能力是指对于某一公共汽车停靠站而言,在一定的道路交通状况下,在同一时间内所能服务停靠的最多车辆数。停靠能力是一个反映公共汽车停靠站停靠能力的量,是公交设施提供公交车停靠需求的供应量。其计算公式如下:

$$C_{站} = \frac{3600}{T} = \frac{3600}{t_1 + t_2 + t_3 + t_4} \tag{7-1}$$

式中:$C_{站}$——公交停靠站的通行能力(veh/h);

T——公交停靠时间(s);

t_1——车辆进站停车所用时间(s),按公式(7-2)计算;

t_2——车辆开门和关门的时间(s),取4s;

t_3——乘客上下车占用时间(s),按公式(7-3)计算;

t_4——车辆启动和离开车站的时间(s),按公式(7-4)计算。

$$t_1 = \sqrt{\frac{2l}{b}} \tag{7-2}$$

式中:l——车辆长度(m);

b——公交车进站时的减速度(m/s^2),取 $1.5m/s^2$。

$$t_3 = \frac{\Omega K t_0}{n_d} \tag{7-3}$$

式中:Ω——公交车容量(人);

K——上下车乘客占车容量的比例,一般取 0.25~0.35;

t_0——一个乘客上或下车所用时间(s/人),平均为2s/人;

n_d——乘客上下车用的车门数。

$$t_4 = \sqrt{\frac{2l}{a}} \tag{7-4}$$

式中:a——公交车离开停靠站时的加速度(m/s^2),取 $1m/s^2$。

7.2.2 线路通行能力

1)公共交通线路通行能力的计算方法

理想条件下,公共交通线路通行能力受沿线各站通行能力的制约,其中通行能力最小的停靠站,是控制线路通行能力的站点。停靠站的通行能力取决于车辆占用停靠站的时间长短。因此,公共交通线路的通行能力为:

$$C_{线} = \min[C_{站}] = \frac{3600}{T} \tag{7-5}$$

式中:$C_{线}$——公共交通线路的通行能力(辆公交车/h);

$C_{站}$——停靠站的通行能力(辆公交车/h);

T——车辆占用停靠站的总时间(s)。

将公式(7-2)~公式(7-4)代入公式(7-5),得:

$$C_{线} = \frac{3600}{T} = \frac{3600}{2.57\sqrt{l} + \dfrac{\Omega K t_0}{n_d} + 4} \tag{7-6}$$

公交线路的设计通行能力等于该计算值乘以0.8,公共交通的客运能力等于线路的通行能力乘以额定容量。

《城市道路公共交通站、场、厂工程设计规范》(CJJ/T 15—2011)规定:"几条公交线路重复经过同一路段时,其中途站合并;站点的停靠能力应与各条线路最大发车频率的总和相适应;共用同一停靠站点的线路不宜多于3条"。多条公交线路的总通行能力按下式计算:

$$C'_{线} = nkC \tag{7-7}$$

式中:$C'_{线}$——多条公交线路总通行能力(veh/h);

n——分开布设停靠站的个数,$n = 1 \sim 3$;

k——分开布设停靠站时,相邻站位互相干扰,使通行能力降低的系数;$n=1$时,$k=1$;$n=2$时,$k=0.8$;$n=3$时,$k=0.7$;

C——单条公交线路通行能力(veh/h)。

2)提高公共交通线路通行能力的措施

根据公共交通线路的计算公式,可知提高公共交通线路通行能力的措施主要包括:

(1)维持好站点乘车秩序,缩短乘客上下车时间;

(2)增加车门个数,加大车门宽度,降低车辆底盘高度,减少踏步阶数,缩短乘客上下车时间;

(3)改善车辆动力性能,提高驾驶人驾驶技术,缩短车辆进、出站时间;

(4)在一条较长的街道上,同时开设几条公交线路,在同一站点将公共汽车沿行车方向分开设置停靠站。

7.2.3 网络容量

上述公共交通线路通行能力的研究方法及其理论主要针对公共交通网络中的节点,即公交停靠站进行研究,不能够从整体上反映公交线路的布局以及各个公交线路的发车频率等因素对于公交容量的影响。

公共交通网络容量不仅仅是所有线路容量的简单相加,而应是公交网络有机组合下的一个整体指标。因此,有必要对所有线路容量之和进行调整,引入公共交通网络性能系数这一指标来描述公共交通网络布局造成的公共交通网络客运量的折减。由此得到了理想公共交通网络容量的计算模型如下:

$$C_{TN} = \frac{\alpha \sum_{i=1}^{n} R_i^{line}}{R_{person}} \tag{7-8}$$

$$R_i^{line} = F_i \times P_i \times S_i \tag{7-9}$$

$$S_i = \frac{L_i}{\sum_{j=1}^{m} t_{\text{stop}}^{ij} + \sum_{k=1}^{m-1} t_{\text{road}}^{ik}} \tag{7-10}$$

式中：C_{TN}——公共交通网络容量(人/h)；
  α——公共交通网络性能系数；
  R_i^{line}——第 i 条线路的时空资源(人·km/h²)；
  R_{person}——乘客乘坐公交车的小时平均出行距离(km/h)；
  F_i——第 i 条公交线路的发车频率(veh/h)；
  P_i——第 i 条公交线路车辆按额定座位数确定的乘坐人数(人/veh)；
  S_i——第 i 条公交线路的公交车辆运营车速(km/h)；
  L_i——第 i 条公交线路的运营里程(km)；
  t_{stop}^{ij}——第 i 条公交线路的公交车辆在第 j 个站点消耗的时间(h)；
  t_{road}^{ik}——公交车辆在第 i 条公交线路的第 k 对相邻站点之间的行程时间(h)；
  m——第 i 条公交线路的公交站点数(个)。

根据公式(7-8)~公式(7-10)，可以计算得到城市公共交通网络在 1h 内的理想容量，由此得到公共交通网络一个工作日的网络容量为：

$$C_{\text{TN}}^{\text{Day}} = \sum_{i=1}^{n} C_{\text{TN}}^{i} \times T_i \tag{7-11}$$

式中：$C_{\text{TN}}^{\text{Day}}$——公共交通网络一个工作日的理想网络容量(人/d)；
  C_{TN}^{i}——公共交通网络在第 i 时段的单位小时理想网络容量(人/h)；
  T_i——划分的第 i 时段的时间长度(h)；
  n——划分的时段数量。

在此将一个工作日划分为几个时段主要是基于以下几方面的考虑：
(1) 公交运营组织计划，可能在不同的时段采用不同的发车频率；
(2) 对于不同的线路，需要确定合理的满载率、方向不均匀系数，特别是高峰与平峰时段差别显著；
(3) 对于不同的时段确定是否为高峰小时，若是高峰小时，需要确定乘客所能够容忍的拥挤程度。

7.3 轨道交通通行能力与服务水平

在世界各大城市的轨道交通系统中，目前已建成的城市轨道交通系统基本类型有地铁、轻轨、独轨交通、市郊铁路等，其中以地铁和轻轨交通为主。轨道交通系统的首要技术指标是客运能力，即一条线路上单方向 1h 内所能运送的最大断面客流量，各种轨道交通系统的客运能力是不相同的。所以，根据规划年的预测客流量，选择相应客运能力的轨道交通系统，或让客运能力略大于预测客流量的轨道交通系统是比较经济合理的。

7.3.1 线路通行能力

轨道交通线路通行能力是指规定时间内(一般为 1h)轨道上运行的车辆数量。

轨道交通线路通行能力的主要影响因素如下：

(1) 列车控制和信号

列车信号控制分为固定闭塞、准移动闭塞、移动闭塞三类。信号控制模式决定了车辆之间的最小间隔。闭塞分区长度大、列车运行速度低、停靠时间长，将会引起列车发车间隔增加，线路的通行能力就越低。

(2) 停靠时间

停靠时间通常是确定列车最小时间间隔和线路通行能力的主要影响因素，停靠时间主要包括三个内容：列车开闭门时间以及列车等待出发时间、乘客上下车时间、乘客上下车后车门尚未关闭时间。三个因素之中，乘客的上下车时间最难控制，取决于乘客数量、列车车门数量、车门宽度、车内和站台乘客的拥挤水平、列车车门处乘客的拥挤程度等。

(3) 运营裕量

当轨道交通运营中接近通行能力时，无规律的服务将会导致延误，导致后续车辆无法进站，无规律服务产生的原因可能是车站停靠时间的差异、列车性能的差异、人工驾驶模式下不同驾驶人的差异等。在确定最小列车发车间隔时，需要考虑不确定性因素，与信号系统确定的最小时间间隔和临界停靠时间一同构成最小列车间隔。运营裕量时间是指一列车辆能够晚点于时刻表运行而不影响后行列车的有效时间量。

(4) 折返

通过能力主要受到折返站的配线形式及折返方式、列车停站时间、车站信号设备类型、车载设备反应时间、折返作业进路长度、调车速度和列车长度等因素影响。

7.3.2 客运通行能力

轨道交通客运通行能力是指在某种运营条件下（没有不合理的延误、危险或者限制）、给定时间内、给定线路区段、上行或者下行某一断面最大通过的乘客数量，也称作高峰断面客运量。

轨道交通线路在满负荷运行时，最大断面的客运通过能力由每节列车的最大设计负荷、小时列车数及每列车车辆数相乘确定，其计算公式为：

$$P = P_c N_c C_h \tag{7-12}$$

式中：P——轨道交通客运通行能力（人/h）；

P_c——每节列车的最大设计负荷（人/节）；

N_c——车辆编组（节/辆）；

C_h——每小时运营的车辆数（辆/h）。

我国轨道交通工程建设标准规定，每条线路的运能应该能够满足全线远期高峰小时、各车站间客流断面的预测值。每条设计正线远期的设计运能应根据列车编组长度、最高运行速度、追踪行车间隔、站停时分等因素，针对不同运量等级和服务水平，确定设计列车发车密度和运行交路。关于发车密度，要求运营初期高峰时段不应小于12对/h（5min间隔），平峰时段应该为6~10对/h（10~6min间隔），远期高峰时段不应小于30对/h（2min间隔），平峰时段不应小于10对/h（6min间隔）。

表7-2给出了轨道交通客运能力的参考值。

车辆编组、定员与运能（通行能力）参考表　　　　表 7-2

车型		列车编组（节/辆）					
		3	4	5	6	7	8
A	长度(m)	69.2	92.0	114.8	137.6	160.4	183.2
	定员(人/辆)	930	1240	1550	1860	2170	2480
	运能(人/h)	27900	37200	46500	55800	65100	74400
B	长度(m)	58.10	77.65	97.20	116.75	136.30	155.85
	定员(人/辆)	710	960	1210	1460	1710	1960
	运能(人/h)	21300	28200	36300	43800	51300	58800

注：车辆编组均按照两端车辆为驾驶室，中间车辆无驾驶室。运能按照30对/h计算。

7.3.3 服务水平

城市轨道交通服务水平应以交通需求特征为依据，研究确定不同空间层次轨道交通服务时效性、便捷性和舒适性等服务水平指标，并提出与之相适应的技术标准。

1）时效性

城市轨道交通线网规划应保障城市轨道交通出行效率，城市主要功能区之间轨道交通系统内部出行时间应符合下列规定：

（1）规划人口规模500万人及以上的城市，中心城区的市级中心与副中心之间出行时间不宜大于30min；150万人至500万人的城市，中心城区的市级中心与副中心之间出行时间不宜大于20min。

（2）中心城区市级中心与外围组团中心之间出行时间不宜大于30min，当两者之间为非通勤客流特征时，其出行时间指标不宜大于45min。

2）便捷性

城市轨道交通线路与线路之间的换乘应方便、快捷，不同线路站台之间乘客换乘的平均步行时间不宜大于3min，困难条件下平均步行时间不宜大于5min。

3）舒适性

城市轨道交通车厢舒适度由高到低可分为A、B、C、D、E五个等级，各等级车厢舒适度的技术特征指标宜符合表7-3的规定。普线平均车厢舒适度不宜低于C级，快线平均车厢舒适度不宜低于B级。当线路客流方向不均衡系数大于2.5时，平均车厢舒适度可适当降低。

城市轨道交通不同等级车厢舒适度技术特征指标　　　　表 7-3

舒适度等级	车厢站席密度(人/m²)	舒适度等级	车厢站席密度(人/m²)
A 非常舒适	≤3	D 拥挤	(5,6]
B 舒适	(3,4]	E 非常拥挤	>6
C 一般	(4,5]		

注：表中车厢站席密度指标范围不包含下限指标。

思考题与习题

1. 公共交通系统的运营服务方式分为哪几种?
2. 公共交通系统的分类及典型公共交通系统的特性是什么?
3. 如何计算公共交通线路的通行能力?
4. 试述提高公共交通线路通行能力的措施。

第8章
行人交通设施及自行车道通行能力与服务水平

行人交通设施和自行车道作为城市道路不可分割的一部分,在现代城市化进程中发挥着越来越大的作用,尤其是在人口众多、经济欠发达的地区,自行车出行尚是许多人日常生活中不可缺少的一部分,而步行则是所有出行方式中必不可少的组成部分。因此,在城市人口与日俱增和城市交通压力不断加大的今天,研究行人交通设施及自行车道通行能力,可以为城市道路规划,解决城市交通拥堵,合理利用城市资源等提供理论依据。

本章将分别对行人交通特性、行人交通设施通行能力与服务水平、自行车道设置标准及自行车交通特性、自行车道通行能力与服务水平进行详细阐述。

8.1 行人交通特性

在现代交通系统中,步行交通不仅是满足人们日常生活需要的一种基本交通方式,同时也是各种交通方式相互衔接的桥梁。行人活动是城市交通中的一个重要组成部分。行人特性是交通系统设计与运行中的一个主要考虑因素,其主要表现在行人的速度、行人空间要求、步行时的步幅等方面。只有准确分析行人交通特性,才能有效提高行人通行效率和安全性。

本节首先介绍行人交通的有关名词,然后介绍行人交通流基本特性,最后从微观和宏观两个方面介绍行人交通流特性。

8.1.1 行人交通有关术语

行人交通分析需要使用一些专用术语,为了不致使用者误解,特规定如下:
(1)步行速度:行人单位时间内行进的距离,单位一般为 m/s。
(2)行人流率:单位时间内通过某一点的行人数量,以人/15min、人/min 计。所谓点是指人行道横断面的某一垂直视线。
(3)单位宽度行人流量:人行道单位有效宽度上的平均行人流量,单位是人/(m·min)或人/(s·m)。
(4)行人群:一起步行的一组人,通常是由信号灯控制和其他因素的作用而形成。
(5)行人密度:人行道或排队区内单位面积上的行人数,单位为人/m²。
(6)行人空间:人行道或排队区内提供给每位行人的平均面积,它是行人密度的倒数,单位为 m²/人。

8.1.2 行人交通流微观特性

1)行人交通的基本特点
(1)步行是以步行者自身体力为动力的出行方式,一般只能作近距离和低速行走;
(2)步行者没有任何保护装置,是交通弱者,容易受到伤害;
(3)步行所占空间很少,通达性很高,几乎任何处所均可到达;
(4)步行受个人意志支配,可自由选择步行路线和步行位置;
(5)步行速度差值小。
2)步行速度特性

通常,根据人群的平均步行速度分析人流。在人群之间和人群内部,都会因出行目的、土地使用、人群类型、年龄和其他因素影响到行人流,其步行速度特性有很大不同。上下班(学)的行人,日复一日地使用同样的交通设施,步行速度要高于购物者,年老或年幼人群的步行速度比其他人群低。

(1)人行道步行速度

行人步行速度主要受人群中老年人(≥65 岁)所占比例的影响。如果行人中老年人的比例为 0%~20%,平均步行速度为 1.2m/s;如果老年人的比例超过 20% 时,平均步行速度会降低到 1.0m/s。人行道上行人的自由流速度约为 1.5m/s。还有一些因素可能降低平均步行速度,例如人群中步行速度慢的孩子较多。

(2)行人过街速度

行人过街步行速度决定了他们与车辆相冲突的概率。行人过街的时间知觉和运动知觉对行人过街来说很重要,行人过街时首先对道路上的交通状况进行观察,对道路上的车辆速度及自己的步行速度有一个直观认识,然后决定等待还是过街及如何过街。行人过街速度比人行道上的步行速度高,原因是行人想尽快穿过车行道的危险区。

表 8-1 是某交叉口行人过街速度的统计表,从表中可以看出,同一年龄段男性的行人过街

速度快于女性,随着年龄的增长,行人过街速度有所下降。

行人过街速度(单位:m/s)　　　　　　　　　　　　　　　　　　表8-1

性　别	青　年	中　年	老　年
男	1.32	1.28	1.10
女	1.21	1.28	1.01

3)行人步幅特性

步幅为步行者两脚先后着地,脚跟至脚跟或脚尖至脚尖之间的距离,通常用 m 来表示。步幅的分布区间因性别、年龄而稍有差别,95%的男性和94%的女性步幅在0.5~0.8m。一般来说,妇女、老年人和儿童的步幅较小,而男性、中青年人步幅较大。

大量的观测资料表明,一般身体高、下坡、精神愉快,则步幅大;身矮、上坡、精神不振,则步幅小。

此外,步幅受人行道铺装平整程度的影响,与步速快慢几乎无关,表8-2为行人步幅的平均值。由表8-2可以看出,步幅随年龄的增长呈波峰状,即中青年的步幅是所有年龄段中最大的。

行人步幅平均值(单位:m)　　　　　　　　　　　　　　　　　　表8-2

行人类型		步　幅	平均步幅
男	中青年	0.67	0.62
	老年	0.57	
女	中青年	0.62	0.58
	老年	0.53	
儿童		—	0.59
中青年		—	0.66
老年		—	0.55
全体		—	0.64

4)行人空间要求

行人空间要求可分为静态空间、动态空间和心理缓冲空间。

行人静态空间主要是指行人的身体在静止状态下所占的空间范围,两肩的宽度和厚度是人行道空间和有关设施设计所必需的基本尺寸,设计中肩宽、肩厚一般取为59.5cm和33cm。

行人动态空间需求可分为步幅区域、感应区域、行人视觉区域以及避让与反应区域等。观测所得步幅区域平均为64cm;感应区域主要受行人知觉、心理和安全等因素影响;通常情况下行人视觉区域为2.1m,在此距离下视觉感到舒服;正常速度下,步行者会在自己前面预留一个可见的区域,以保证有足够的反应时间采取避让行为,这个区域可通过反应时间和正常速度相乘得出,约为0.48~0.60m。

心理学家所做的人类心理缓冲区域测量试验,确定了个人空间的较低要求范围,约为0.22~0.26m^2。

5) 行人过街安全间隙与等待时间

(1) 可穿越空当

行人穿过无信号控制的人行横道时要利用车辆的安全可穿越空当通过,行人过街必须以最近到达车辆(先头车)的距离与车速来判断是否通过。可穿越空当是计算人行横道通行能力需要用的参数之一,行人在穿越车辆空当时的步速会随到达车辆的车速而改变。

行人过街的车间安全间隙与车速、车头时距有关,然而车辆的速度和车头时距是由驾驶人感知的,过街行人只能从自身的角度来判断该间隔时间内是否能通过。因此,行人过街的安全间隙需要从行人自身的判断能力出发。行人过街安全间隙的确定需要考虑行人穿越长度、行人群体穿越的特性、对向行人的干扰等因素。

行人过街的车间安全间隙应满足行人安全穿越一条车道的时间,穿越多车道时间需要加上行人穿越前面各条车道的时间。行人在穿越一条车道时一般不会受对向行人干扰,如果有对向行人干扰,则在判断间隙时会加以考虑。基于此,提出行人过街的安全间隙 τ 为:

$$\tau = \frac{D_0}{S_p} + R + L \tag{8-1}$$

式中:D_0——一条机动车道宽度(m),取 3.5m;

S_p——行人过街的步行速度(m/s),取 1.2m/s;

R——行人观察、判断时间(s),取 2s;

L——车身长度通过的时间(s),取标准车 0.72s。

由式(8-1),计算得 $\tau = 5.64s$。

(2) 可接受等待时间

行人过街时为了等候安全的间隙穿越,往往需要有一个等待时间,称为行人过街等待时间。通常情况下行人过街需等待车流中可穿越空当的出现。为等候车流中可穿越空当的出现,行人常需有一个等待时间,可接受等待时间分布范围很广,对于同样的道路宽度和车流状况,不同年龄及性别的行人具有不同的等待时间。

过长的等待时间,往往会使信号灯前的行人感到不耐烦,甚至有些人会闯入车行道。根据观测,行人过街等待时间若超过 40s,就有人冒险穿越街道。设置行人信号灯时,应尽力缩短行人等待时间。

6) 步行出行高峰小时特征

居民步行出行在一天的 24h 内出行量变化很大,因此形成的道路断面流量或交叉口的步行过街流量也是变化的。每个城市或街道路口在一天的 24h 内各有其自身的变化规律,根据每天 24h 或白天 12h(7:00—19:00)的观测统计,可以发现在早上、中午与晚上某 1~2h 或半小时出现最大的小时流量,称之为高峰小时流量。所谓步行出行高峰小时特征,是指高峰小时的出行时间、时长、高峰小时步行出行量占全天总的步行出行量的比重,这一特征对于行人通行能力分析、日常交通管理都具有重要的意义。

步行出行高峰小时的出现大致有以下几种类型。双峰型,即只有早高峰与晚高峰,中午峰值则不明显,如特大城市,上班路程远,中午往往回不了家,即早出晚归型,像北京市的早晚高峰就很突出;三峰型,即早、中、晚各有一个峰值,上午的下班和下午的上班时间交错相连,形成一个平峰,即早、晚峰值较高较陡,时间较短只有 1h,而中午时间却拉得很长,有 2~3h 的平缓

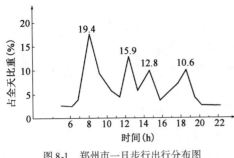

图 8-1 郑州市一日步行出行分布图

峰值,如徐州市的观测资料就呈现这种状况;四峰型,即除早、晚两高峰之外,上午下班和下午上班又各出现一次人流的小高峰,如南京、郑州、株洲的步行出行分布均呈这种形式,步行者早上上班、中午下班、下午上班、晚上回家形成四个人流峰值。另外,在一些风景区或旅游区行人出行还呈现一种单峰型分布,即全天的出行只有一个高峰。图 8-1 所示为郑州市一日的步行出行分布图。

8.1.3 行人交通流宏观特性

行人交通流的宏观特性是指行人交通流的步行速度、行人流量、行人密度及行人空间之间的关系特性,其基本关系与机动车流类似。可用下式表示:

$$V_P = S_P \times D_P = \frac{S_P}{A_P} \tag{8-2}$$

式中:V_P——行人交通量,即单位时间、单位宽度内通过人行道某一断面的行人数量[人/(h·m)、人/(min·m)或人/(s·m)];

D_P——行人密度,单位步行空间中的行人数量(人/m²);

S_P——行人流平均步行速度,某一时刻某一段步行道范围内,所有行人步速的平均值(m/min 或 m/s);

A_P——行人空间,即供给每位行人的平均面积(m²/人),为行人密度的倒数。

1)步行速度-行人密度关系

如图 8-2 所示,当行人密度增加时,行人空间减小,单个行人的机动性降低,因此,行人步行速度会随密度的增大和人均步行面积的减小而降低,其关系为:

$$S_p = a - bD_p = a - \frac{b}{A_p} \tag{8-3}$$

式中:a、b——待定系数,由影响步速的因素决定,其取值范围为 $a = 81 \sim 96$,$b = 27 \sim 32$。

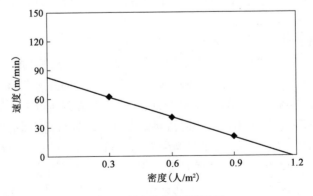

图 8-2 行人流速度-密度关系

当平均行人空间低于 1.5m²/人时,即使是速度最慢的行人也不能达到他们期望的速度。只有行人空间是 4.0m²/人或以上时,步行速度达到 1.8m/s 的快行者才能达到其期望速度。

2）行人流量-行人密度关系

如图 8-3 所示，行人流量的最大值即为行人设施的通行能力，而行人流量的最大值集中在人均面积为 $0.4 \sim 0.9 m^2$ 的高密度的很窄范围内。据观测，当行人空间小于 $0.4 m^2/$人时，行人流率骤减；在最小空间为 $0.2 \sim 0.3 m^2/$人时，所有行人都停止不前。二者的关系式如下：

$$V_p = \frac{a}{A_p} - \frac{b}{A_p^2} = \frac{aA_p - b}{A_p^2} \tag{8-4}$$

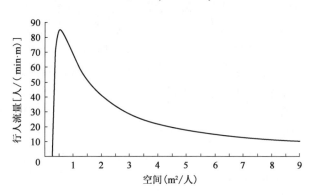

图 8-3 行人流量-空间关系

同分析机动车交通相类似，可以用服务水平来评价行人交通的质量。当行人交通量接近通行能力时，每个行人需要的行走空间平均为 $0.4 \sim 0.9 m^2$。然而，当流量达到这种状态，有限的空间限制了行人的速度和自由。

3）步行速度-行人流量关系

如图 8-4 所示，与机动车交通流曲线相似，当人行道上的行人较少时，有空间选用较高的步行速度。当行人流量增加时，由于行人之间的相互影响增大，步行速度下降。当拥挤度达到临界状态时，行走变得更加困难，流量和速度都会降低。

步行速度与行人流量的关系式如下：

$$S_p = \frac{a \pm \sqrt{a^2 - 4bV_p}}{2} \tag{8-5}$$

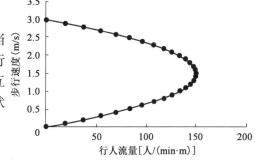

图 8-4 步行速度-行人流量关系

8.2 行人交通设施通行能力与服务水平

我国是一个人口大国，许多城市中心区房屋密集、人口集中，市中心区干道两侧的人行道经常被拥挤的人群站满，有不少路段连自行车道也经常被行人占用，以致自行车占用机动车道。因此，研究行人交通设施的通行能力对于解决城市的交通问题具有十分重要的意义，而且也是发展以人为本的现代化交通所必须考虑的因素之一。

8.2.1 行人交通设施通行能力

行人交通设施通行能力是用以分析行人设施达到或接近其通行能力时的通行质量状况，以及在规定的运行质量及服务水平要求下，交通设施所能适应的最大交通量。

行人交通设施通行能力常被定义为在良好气候与道路条件下，行人以某一速度匀速行走时，于单位时间内可能通过某一点或某一断面的最大行人数量，一般以1h通过1m宽道路的行人数[人/(h·m)]，或1min通过1m宽道路的行人数量[人/(min·m)]表示。在通行能力分析中，亦常用15min的流率作为稳定人流存在的最短时间间隔。

根据《城市道路工程设计规范》（CJJ 37—2012）的规定，行人交通设施包括：人行道、人行横道、人行天桥、人行地道及车站码头的人行天桥、人行地道等。其通行能力又分为基准通行能力、可能通行能力和设计通行能力三类；其计算步骤是首先确定步行速度、步行带宽度及前后行人间距，然后按照通行能力基本原理进行计算。

1）行人步行速度的确定

（1）人行道步行速度

行人步行速度取决于老年行人（65岁及65岁以上）的比例，行人在人行道上的步行速度平均值一般为0.55~1.7m/s，多数行人平均速度为0.9~1.2m/s，规范采用1.0m/s。

（2）行人过街速度

过街行人速度平均值一般为0.9~1.4m/s，规范采用1~1.2m/s。

（3）行人天桥、地道的步行速度

上台阶的步行速度与下台阶的步行速度有所不同，规范采用1.0m/s。

（4）车站、码头的人行天桥、地道

上台阶的步行速度与下台阶的步行速度有所不同，规范采用0.50~0.80m/s。

2）有效步行带宽度的确定

有效步行带宽度是行人交通设施可被行人有效使用的部分，其计算公式为：

$$W_E = W_T - W_O \tag{8-6}$$

式中：W_E——有效步行带宽度(m)；

W_T——行人交通设施总宽(m)；

W_O——行人交通设施上的障碍物的宽度和避让距离的总和(m)。

表8-3列出了典型障碍物占用人行道宽度，图8-5示出了除去路缘、建筑物和固定物体的人行道宽度。

障碍物占用人行道宽度　　　　　　　表8-3

障 碍 物	占用宽度(m)
街道装饰	
电线杆	0.8~1.1
交通信号杆和箱子	0.9~1.2
火警信号箱	0.8~1.1
消防栓	0.8~0.9

续上表

障 碍 物	占用宽度(m)
街道装饰	
交通标志	0.6~0.8
停车计时表	0.6
邮箱	1.0~1.1
电话亭	1.2
垃圾篮	0.9
长凳	1.5
公共地下通道	
地铁楼梯	1.7~2.1
地铁通风炉(升高的)	>1.8
变压器地下室通风炉(升高的)	>1.5
美化景观	
树	0.6~1.2
园丁箱	1.5
商业用途	
报亭	1.2~4.0
流动摊	易变
广告牌	易变
商店	易变
人行道咖啡馆(两排桌子)	2.1
建造物伸出	
地下通道门	1.5~2.1
调压管道接口	0.3
卡车码头	0.8
车库出入口	易变
行车道	易变

此外,在信号交叉口,如果由于右转车辆的影响使得人行横道重要部分没有被行人有效使用,那么有效人行横道宽度在计算时要减去右转车辆所占用的部分。

3)行人交通设施基准通行能力的确定

(1)人行道

人行道基准通行能力的计算公式如下:

$$C_{bs} = \frac{3600 S_p}{l_p b_p} \tag{8-7}$$

式中:C_{bs}——人行道的基准通行能力[人/(h·m)];

S_p——人行道行人步行速度(m/s),采用1m/s;

l_p——人行道行人行走时的纵向间距(m),采用1m;

b_p——人行道一队行人占用的横向宽度(m),采用0.75m。

将上述数值代入公式(8-7),得:C_{bs} = 4800 人/(h·m)。

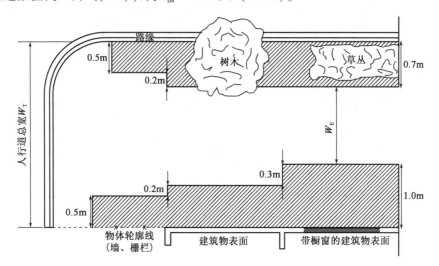

图 8-5 固定障碍物的宽度调整

(2)人行横道

人行横道基准通行能力的计算公式如下:

$$C_{bc} = \frac{3600 S_{pc}}{l_p b_p} \tag{8-8}$$

式中:C_{bc}——人行横道的基准通行能力[人/(hg·m)],hg 指允许行人过街的信号绿灯小时;

S_{pc}——行人过街步行速度(m/s),采用 1~1.2m/s。

将上述数值代入式(8-8)得:C_{bc} = 4800~5760 人/(hg·m),平均值为 5280 人/(hg·m)。

(3)人行天桥、人行地道

人行天桥、地道基准通行能力的计算公式如下:

$$C_{bou} = \frac{3600 S_{pou}}{l_p b_p} \tag{8-9}$$

式中:C_{bou}——人行天桥与人行地道的基准通行能力[人/(h·m)];

S_{pou}——人行天桥与地道的行人步行速度(m/s),采用 1m/s。

将上述数值代入公式(8-9),得:C_{bou} = 4800 人/(h·m)。

(4)车站码头的人行天桥与人行地道

$$C_{bs} = \frac{3600 S_{ps}}{l_p b_t} \tag{8-10}$$

式中:C_{bs}——车站码头人行天桥与地道的基准通行能力[人/(h·m)];

S_{ps}——车站码头行人步行速度(m/s),采用 0.5~0.8m/s;

b_t——车站码头天桥或地道上行人上、下台阶的横向宽度(m),采用 0.9m。

将上述数值代入公式(8-10)得:C_{bs} = 2000~3200 人/(h·m),取平均值为 2600 人/(h·m)。

4) 行人交通设施的可能通行能力

基准通行能力是按理想条件下计算所得,实际上人行道横向干扰不同,老年、中年、病残人员速度不同,携带重物不同,各地区季节气候不同,周围的环境、景物不同,商店橱窗吸引力不同,对行人步行速度均有很大的影响。同时作为规范也要留有余地,因此采用 0.5~0.7 的综合折减系数。由于车站码头的人行天桥、人行地道受外界干扰影响较少,采用 0.7,其余采用 0.5,基准通行能力乘以相应的综合折减系数即为可能通行能力数值。

5) 行人交通设施设计通行能力的确定

考虑到行人设施所处的地位和不同服务水平的要求,规范又作如下规定:

(1) 全市性车站、码头、商场、剧院、影院、体育场馆、公园、展览馆及市中心区行人集中的人行道、人行横道、人行天桥、人行地道等设计通行能力的折减系数采用 0.75。

(2) 大商场、商店、公共文化中心及区中心等行人较多的人行道、人行横道、人行天桥、人行地道等设计通行能力的折减系数采用 0.80。

(3) 区域性文化商业中心地带行人多的人行道、人行横道、人行天桥、人行地道等设计通行能力的折减系数采用 0.85。

(4) 支路、住宅区周围道路的人行道及人行横道设计通行能力的折减系数采用 0.90。

将上述人行道、人行横道、人行天桥(地道)的可能通行能力乘以上述相应折减系数得出其设计通行能力,列于表 8-4。

人行道、人行横道、人行天桥、人行地道设计通行能力　　　表 8-4

类　　别	折减系数			
	0.75	0.80	0.85	0.90
人行道	1800	1900	2000	2100
人行横道	2000	2100	2300	2400
人行天桥、人行地道	1800	1900	2000	
车站码头的人行天桥、人行地道	1400			

8.2.2　人行道服务水平

行人交通设施服务水平为描述行人步行所实际感受到的一种服务质量标准。《城市道路工程设计规范》(CJJ 37—2012)采用人均占用面积、人均纵向间距、人均横向间距、步行速度作为行人人行道服务水平评价指标,将人行道服务水平分为四级,见表 8-5。设计时宜采用三级服务水平。

行人交通服务水平划分　　　表 8-5

评价指标	服务水平等级			
	一级	二级	三级	四级
人均占用面积(m²)	>2.0	(1.2,2.0]	[0.5,1.2]	<0.5
人均纵向间距(m)	>2.5	(1.8,2.5]	[1.4,1.8]	<1.4
人均横向间距(m)	>1.0	(0.8,1.0]	[0.7,0.8]	<0.7
步行速度(m/s)	>1.1	(1.0,1.1]	[0.8,1.0]	<0.8
最大服务交通量[人/(h·m)]	1580	2500	2940	3600

8.3 自行车道设置

汽车、自行车、行人等各种交通方式均有各自的特性。从交通安全顺畅、行车与步行舒适要求等方面考虑,最好能各行其道,但往往由于经济或用地与工程方面的考虑,在交通量不大时,常常共同使用一个断面或一条车道,当某一方式达到一定数量之后,应采用标志、标线或设置隔离设施,将道路划分成几个部分。一部分用于行人,一部分用于骑自行车,一部分用于通行汽车,即将多种交通方式共同行驶的混合交通流予以合理分离,以保证各交通方式均能安全顺畅地通行。

本节主要介绍自行车道设置标准和自行车专用道的设置。

8.3.1 自行车道设置标准

国内外的研究人员均认为分离的基准应当以汽车和自行车流量的大小、速度的高低为依据,当然也要考虑城市的用地与经济等因素。

据现有的研究成果,分离的基准大致如下:

1) 自行车与汽车的分离

日本、欧美等国家和地区的自行车规划设计及有关标准中列出了一些条款,现将收集到的条款规定列于表8-6。从表中可见,各个国家的规定标准很不一致,且相差很大,甚至有些规定中所列数据常相互矛盾。

部分国家建立自行车道的标准水平　　　　　表8-6

国　家	设置自行车道的标准
荷兰	1. 自行车交通量大于500veh/d; 2. 汽车交通量170veh/d以上,自行车交通量400veh/d以上,宽度为6m的道路
丹麦	1. 主要道路自行车交通量超过300veh/d; 2. 一般道路自行车交通量500veh/d以上,汽车交通量300veh/d以上
瑞士	1. 汽车交通量700veh/d以上并有一定的自行车交通量; 2. 汽车流量每小时为400~700veh,自行车每日流量50veh以上; 3. 汽车交通量不大,但每日自行车流量大于500veh
挪威	1. 自行车日通行800veh以上; 2. 汽车交通量大于300veh/d,自行车交通量大于500veh/d
德国	1. 日通行汽车2000辆以上和自行车交通量达200辆的路段; 2. 每小时自行车通过量大于100veh
日本	1. 自行车行驶平均时速17~18km,日通车量达500~700veh,汽车时速达50km/h以上的路段; 2. 汽车日交通量2000veh以上,自行车日交通量700veh以上
美国	1. 最外侧车道线的汽车交通量5000veh/d以上; 2. 外侧车道线的汽车交通量1000veh/d以上且有85%百分位速度在65km/h以上,其中大型车混入率5%以上

建议自行车交通量超过 1000veh/d,汽车交通量超过 2000veh/d,或自行车机动车混合交通量大于 2200pcu/d(自行车按 0.2 折算为小汽车)时,即应设置专门的自行车道。

2) 自行车与行人的分离

我国的交通习惯是将自行车道与汽车道放在同一断面上考虑,而不像日本欧美等国将自行车道与行人道放在一起,所以这个问题并不突出,但随着自行车道上的拥挤,已有些城市利用人行道通行自行车,特别是早晚的两个高峰时间。如南京、杭州、郑州、沈阳、长春等城市已将部分人行道准许自行车通行,因此也必然要产生一个自行车与行人的分离和混合行驶条件问题。

日本自行车道规范中认为自行车交通与行人交通的总和超过 3000veh·人/d 时,就应将行人与自行车分开。我们在未研究出合适的数据之前,也可参考此数值。

8.3.2 自行车专用道的设置

1) 自行车专用道的类型、特点

目前,自行车专用道路的类型多为以下两种:独立的自行车专用道和自行车专用道。

(1) 独立的自行车专用道

不允许机动车进入,专供自行车通行。这种自行车道可消除自行车与其他车辆的冲突,多用于自行车干道和各个交通区之间的主要通道。设计时,应将城市各级中心、大型游览设施及交通枢纽等端点连接。

(2) 自行车专用道

①实物分隔的自行车专用道:用绿化带或护栏与机动车道分开,不允许机动车进入,专供非机动车通行。这种自行车道在路段上消除了自行车与其他车辆的冲突,但在交叉口,自行车无法与机动车分开,多用于自行车干道和各交通区之间的主要联系通道。

②划线分隔的自行车专用道:与机动车道用划线分隔,布置于机动车道两侧的自行车道。较为经济,但由于自行车与机动车未完全分开,安全性较差,相互干扰也较大,适用于交通量较小的各交通区之间及交通区内部的自行车道。

2) 国外经验

(1) 哥本哈根

哥本哈根因为长期以来一直保持着使用自行车的传统,而成为远近闻名的"自行车城市"。很久以来,沿道路修建的自行车道是哥本哈根市自行车交通的主要设施,其建设原则如下:

①在还没有自行车行驶空间的地方,尽可能设置自行车道;

②在受空间制约的地方,尽可能建设自行车道;

③在缺少自行车道的地区,优先建设联络线与自行车道网相连;

④在相同条件下,自行车交通量大的地区优先;

⑤重视对自行车道的维护与清洁,保证自行车出行的舒适性。

(2) 荷兰

荷兰是享誉全球的自行车王国,其实施自行车专用道的经验如下:

①自行车、行人、汽车各行其道;

②无论是在路段上还是在交叉口处,自行车专用道标志显著;

③交通法规严格严密,违者重罚;
④立法确保骑车者的安全;
⑤无论是在城市内还是城市间都形成了快速网络;
⑥自行车专用道两旁相关服务设施完善。

3) 我国目前存在的问题

长期以来,由于我国道路系统功能不分明,交通性和生活性道路功能合一,不同动力性能的车辆混行成为我国城市交通的普遍问题。建立自行车专用道系统,目的是实行机非分流,提供安全、舒适、高效的自行车通行环境,然而自行车专用道的设置中还有很多问题值得我们去思考。目前,我国有一些大城市也设置了自行车专用道,然而存在一些问题,使得其在实际的使用中很难达到预期的效果。其原因很多,主要归为以下几种:

(1) 自行车专用道与人行道、机动车道隔离不够彻底,机动车和行人很容易就可以占用自行车专用道;

(2) 缺乏醒目明确的标志标线,不能充分体现自行车在专用道上行驶的优先性;

(3) 在路段上有建筑物出入口的地方和路口处交通组织不合理的地方,仍然是机非混行;

(4) 交通管理力度不够;

(5) 自行车专用道的设置缺乏连续性。

8.4 自行车交通特性

自行车交通特性包括自行车的行车速度特性、自行车交通流的密度特性、自行车的爬坡特性、自行车的延误特性及其他特性。

8.4.1 自行车流速度特性

自行车的行驶速度与骑车人的体力、心情和意志的控制有关,也与线路纵坡度、平面线形的车道宽度、车道划分、路面状况、交通条件有关,同有无与机动车道的分隔设施、分隔方式、行人干扰情况及交通管理条件有关,也同车型、动力装置、风向、风速等有关。

美国规定的自行车道设计速度为 20 英里/h(相当于 32.18km/h),大于 7% 的下坡路段推荐采用 30 英里/h(相当于 48km/h),大于 3% 的上坡路段采用 15 英里/h(相当于 24km/h)。

澳大利亚规定街道上自行车的正常行驶速度为 ±7.0km/h,并依此速度确定转弯半径和车道宽度。

目前我国对自行车道设计速度尚无明确规定,《交通工程手册》建议独立的自行车专用道和有分隔带的专用自行车道设计速度采用 30km/h,划线分隔的自行车道采用 15km/h,完全混行的自行车道则采用 10km/h。

北京市对有分隔带的主干道上行驶的 8678 辆自行车进行了观测,其平均车速为 16.28km/h,对主要街道无分隔设施的 20918 辆自行车观测的平均速度为 14.21km/h,对于通过交叉路口停车线的自行车,其平均速度为 4.06km/h。密度最大时车速很低,有时仅为 2~3km/h。南京市的观测数据表明,自行车的速度变化范围在 5~40km/h 之间,在街道上多为 5~25km/h。

随着骑车人年龄、性别不同,路段上自行车的骑行速度存在差异,总体而言女性骑行者的速度低于男性骑行者的速度,随着年龄的增长骑行速度呈下降趋势,但差异不大。路口内个体自行车的骑行速度主要受车流总体影响。

8.4.2 自行车流密度特性

自行车的外廓最大尺寸为:长 1.9m,宽 0.6m,骑车时高为 2.5m,自行车静态停车面积为 $1.2\sim1.8m^2$。则横向净空(B_0)应为横向安全间隔(0.6m)加车辆运行时两侧摆动值各 0.2m,$B_0=0.6+2\times0.2=1m$。纵向净空($L_{净}$)应为纵向车头之间间隔加上车长。一般自行车在路段上占用道路面积约为 $4\sim10m^2/veh$,但在交叉口停车线前拥挤堵塞时其密度很大,根据对北京市 8 个交叉口观测资料的分析研究表明,自行车的密度高达 $0.56veh/m^2$。

据摆动计算与国外的试验资料,不同自行车速度下自行车占用道路面积见表 8-7。

不同自行车速度下自行车占用道路面积表 表 8-7

速度(km/h)	5	10	12	15	20	25	30
占用道路面积(m^2)	4.1	5.2	6.2	8.1	10	12	16

与公交车运行时每人所占道路面积相比,自行车占用道路面积约为公交车占用道路面积的 5~10 倍。

8.4.3 自行车流交通量特性

1)交叉口自行车交通量日变化特征

分析信号交叉口自行车在全天各时段的出行分布对于城市交通规划、交叉口设计,特别是自行车道路的规划设计具有重要的指导意义。

根据对天津市信号交叉口的调查发现,交叉口自行车交通量全天呈现出明显的多峰性。以天津市六纬路-大直沽路交叉口为例,如图 8-6 所示,该交叉口全天自行车流量具有明显的四个峰值,自行车的高峰时段主要集中在早高峰,由此也可以看出现阶段自行车出行主要是用于居民上班和上学等通勤出行交通,而不像国外仅作为一种游览健身之用。故自行车流量的时间分布与居民的出行目的密切相关。

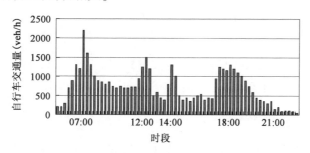

图 8-6 天津市六纬路-大直沽路交叉口自行车交通量分布图

2)信号周期内自行车释放流量变化特征

根据对自行车释放过程的观测,发现自行车通过信号交叉口的过程一般是:红灯期间自行车在停车线排队等待;绿灯启亮后,排队自行车迅速起动、加速,以集群形式通过停车线;随着起动波向后传播,排队自行车继续增加,在某一时刻起动波追上停车波,排队自行车完全释放;

此后到达的自行车可以不受阻碍的通过停车线,而通过停车线的自行车流密度逐渐减少,车速逐渐提高,最终密度趋向于与路段一致。

8.4.4 自行车爬坡特性

影响自行车爬坡能力的主要因素是骑车人的体力和耐力,当然,还与车辆特性等有关。日本资料认为骑无变速挡的普通自行车上坡时可爬7%~8%的坡度,有三个变速挡的自行车可爬坡度12%的坡,自行车赛车选手可爬坡度25%的坡。

据观测,纵坡坡度小于2.5%时,对骑车者影响甚微。纵坡坡度为1%时,青、壮年骑车者上坡速度约为10~15km/h;纵坡坡度为2%时,上坡速度约为7~12km/h;纵坡度为3%时,上坡速度约为5km/h。

《城市道路工程设计规范》(CJJ 37—2012)规定:非机动车道的纵坡坡度宜小于2.5%,当超过2.5%,纵坡坡长应满足最大坡长规定,见表8-8。

非机动车道最大坡长　　　　　　　　　表8-8

纵坡坡度(%)		3.5	3.0	2.5
最大坡长(m)	自行车	150	200	300
	三轮车	—	100	150

8.4.5 自行车流侧向膨胀特性

高峰期间自行车流在交叉口排队时常会形成密度较大的集群,排队自行车的横向间距一般很小,根据对调查数据的处理,每辆自行车排队时横向占用宽度在0.6m左右。当绿灯启亮后,排队车辆依次启动加速驶出停车线。自行车起动后,尤其是在加速过程中,横向间距会增大,这就是自行车流释放时的侧向膨胀现象。当膨胀宽度过大时,容易出现绿初先驶出停车线的自行车流挤占机动车道的现象,对机动车流产生较大的横向干扰。研究自行车的膨胀现象,建立膨胀关系模型,可以作为交通设计的依据,以降低自行车侧向膨胀对机动车的干扰。

自行车交通流的侧向膨胀现象可以用膨胀度 K_p 的概念来描述,即用自行车起动膨胀后的横向车流密度与自行车静态停车时的横向密度的比值来表征自行车的侧向膨胀程度。

$$K_p = \frac{\overline{D}_s}{\overline{D}_0} \tag{8-11}$$

式中:$\overline{D}_s$——自行车起动后侧向膨胀时单车占用道路的横向平均宽度(m);

$\overline{D}_0$——自行车静态停车时单车占用道路的横向平均宽度(m),一般取0.6m。

8.4.6 自行车延误特性

发生在交叉口处的自行车延误,其数值大小不仅同交叉口的流量大小、流向分布有关,而且同信号周期、相位、绿信比及管理水平有关。自行车延误包括停车线前的延误与过停车线后在路口内滞留的延迟,停车线前的延误由红灯信号所造成,路口滞留由各种车辆和行人相互干扰所造成。

调查数据显示,自行车通过停车线的平均反应时间为2.08s(反应时间是指排除交通协管和其他车辆的影响,本向绿灯开始到第一辆自行车起动为止的时间)。

8.4.7 其他特性

(1)摇摆性

自行车车体小,转向灵活,无固定行驶轨道,易造成蛇行骑行。而偏离原骑行车道线,特别是青少年,年轻气盛,骑车的摇摆幅度更大。

(2)成群性

有些骑车者喜欢成群结队而行,一边骑行,一边聊天。因此,自行车交通流往往不像机动车流那样严格保持有规则的队列行驶,这是自行车流的一个显著特点。

(3)单行性

与成群性相反,有些骑车者不愿在陌生人群中骑行,也不愿紧随别人之后,往往冲到前面个人单行,或滞后一段单行,女性尤为显著。

(4)多变性

自行车机动灵活,易于加减速,特别是对于放学的学生或上下班职工的人群等自行车流更容易出现互相竞逐,你追我赶等现象。

(5)遵章性差

自行车骑行人的心理是省力、抄近路和从众行为,在通过交叉口时易出现闯红灯和争道抢行等违章现象。

(6)机动车与自行车的不对等性

自行车的速度和强度与机动车有着明显的区别。在交叉口内部不同方向的机动车车流与自行车车流相遇时,通常是自行车寻找机动车车流的可插车间隙通过,即自行车车流经常被隔断。

8.5 自行车道通行能力与服务水平

我国现阶段道路上的非机动车主要是自行车,在许多城市,自行车已成为主要交通工具,且随着城市体制改革、经济的发展,城市交通将进一步发展,自行车交通在一定时期内也将有所增长。但是自行车已成为一些城市交通拥挤和混乱的重要原因之一。所以,研究自行车的通行能力和服务水平,可以为城市规划、街道网规划和设计提供理论数据和计算方法,在自行车专用道系统的规划设计和城市交通管理等方面都有着重要的作用。

8.5.1 自行车道通行能力

1)自行车道的理论通行能力

(1)按自行车行驶原理计算自行车道通行能力

根据交通流原理,一条自行车道的最大通行能力可由前后车辆之间的安全净空计算。

$$L = \frac{St}{3.6} + \frac{S^2}{254(\phi \pm i)} + l + l_0 = \frac{St}{3.6} + \beta S^2 + l + l_0 \tag{8-12}$$

式中:L——安全净空;

S——自行车车速(km/h),大多在 10~20km/h;

t ——反应时间(s),一般为 $0.5 \sim 1.0\text{s}$,取平均值为 0.7s,则 $\dfrac{St}{3.6} = 0.194S$;

ϕ ——轮胎与路面之间的附着系数,多在 $0.3 \sim 0.6$,取 0.5;

i ——道路纵坡(°),在平原区城市可取 0;

l_0 ——安全间距(m),一般在 $0 \sim 1\text{m}$;

l ——自行车的车身长度(m),常用 1.9m。

则其理论通行能力计算值 C 为:

$$C = \frac{1000S}{l_0 + 1.9 + 0.194S + 0.0079S^2} = \frac{1000S}{L} \tag{8-13}$$

求最大值,令 $x = 1000S$,$y = l_0 + 1.9 + 0.194S + 0.0079S^2$,则:

$$\frac{\mathrm{d}C}{\mathrm{d}S} = \frac{y\left(\dfrac{\mathrm{d}x}{\mathrm{d}S}\right) - x\left(\dfrac{\mathrm{d}y}{\mathrm{d}S}\right)}{y^2} = \frac{1000y - x(0.194 + 0.0158S)}{y^2}$$

令 $\dfrac{\mathrm{d}C}{\mathrm{d}S} = 0$,求得 S 的最大值,即:

$$1000y - x(0.194 + 0.0158S) = l_0 + 1.9 - 0.0079S^2 = 0$$

当 $l_0 = 0.5$ 时,通行能力最大的车速 $S = \left(\dfrac{2.4}{0.0079}\right)^{\frac{1}{2}} = 17.43(\text{km/h})$,通行能力 $C = 2119\text{veh/h}$。

当 $l_0 = 1.0$ 时,通行能力最大的车速 $S = \left(\dfrac{2.9}{0.0079}\right)^{\frac{1}{2}} = 19.16(\text{km/h})$,通行能力 $C = 2012\text{veh/h}$。

当 $l_0 = 0$ 时,通行能力最大的车速 $S = \left(\dfrac{1.9}{0.0079}\right)^{\frac{1}{2}} = 15.51(\text{km/h})$,通行能力 $C = 2280\text{veh/h}$。

一条自行车道的理论通行能力的计算结果汇于表 8-9。

一条自行车道的理论通行能力 表 8-9

S (km/h)	$\dfrac{St}{3.6}$	$\beta = \dfrac{1}{254 \times 0.5}$	βS^2	$L = l_0 + 1.9 +$ $0.194S + 0.0079S^2$			$C = 1000S/L$		
				$l_0 = 0$	$l_0 = 0.5$	$l_0 = 1$	$l_0 = 0$	$l_0 = 0.5$	$l_0 = 1$
5	0.97	0.0079	0.20	3.07	3.57	4.07	1629	1400	1229
10	1.94	0.0079	0.79	4.63	5.13	5.63	2160	1949	1776
15	2.91	0.0079	1.78	6.59	7.09	7.59	2276	2116	1976
20	3.88	0.0079	3.16	8.94	9.44	9.94	2237	2119	2012
25	4.85	0.0079	4.93	11.68	12.18	12.68	2140	2052	1972
30	5.82	0.0079	7.11	14.83	15.33	15.83	2023	1957	1895

注:取 $\phi = 0.5$;$l = 1.9$;$t = 0.7$;$i = 0$。

【算例 8-1】 已知某平原地区城市的一条自行车道上,自行车平均车速为 15m/s,求其理论通行能力。(反应时间 t 取平均值为 0.7s,轮胎与路面之间的黏着系数 ϕ 取 0.5)

解：在平原区城市道路纵坡坡度 $i=0$；安全间距 l_0 取 0.7m，自行车的车身长度 l 取 1.9m。则其安全净空 L 为：

$$L = \frac{St}{3.6} + \frac{S^2}{254(\phi \pm i)} + l + l_0 = 0.194 \times 15 + \frac{15^2}{254 \times 0.5} + 1.9 + 0.7 = 7.28(\text{m})。$$

则其理论通行能力为：$C = \dfrac{1000 \times 15}{7.28} = 2060(\text{veh/h})$。

（2）按车头时距原理计算自行车道的通行能力

按此原理，只要测得正常条件下连续行驶的自行车流中前后两车的最小车头时间间隔 t_i 值，即可用下式计算其通行能力：

$$C = \frac{3600}{t_i} \tag{8-14}$$

式中：t_i——连续行驶车流中两自行车的纵向最小时间间隔(s)。

根据实际观测资料，t_i 最小值分别为 1.24s 和 1.2s，平均最大值分别为 2.41s 和 2.37s，总的平均值为 1.8s，将最小、最大及平均的 t_i 值分别代入上式得 $C = 1500 \sim 3000\text{veh/h}$，平均为 2000veh/h。

2）自行车道的可能通行能力

（1）高峰小时饱和流率

高峰小时饱和流率是选择路段高峰时期某一短时间内车流密集通过断面的最大交通量，可按下式计算：

$$N_{\max} = \frac{N'_t}{B - 0.5} \times \frac{3600}{t'} \tag{8-15}$$

式中：$N_{\max}$——自行车单车道最大通过量(veh/h)；
　　　B——自行车道的宽度(m)；
　　　t'——密集车流通过观测断面的某一短时段(s)；
　　　N'_t——t' 时段内通过观测断面的自行车数量(veh)。

每条自行车道宽度定为 1m，但考虑到路线两侧为进水口，需保留一定的安全间隙，每侧应减去 0.25m，即 $B-0.5\text{m}$。

（2）平均通过量

实际有可能采用的不是高峰小时行车最为密集的短时间通过量，而是较长时间车辆连续通过断面的自行车数量（此时车流不过分密集和拥挤）除以统计时间，再换算为单车道的通过量，称之为路段平均通过量，以下式表示：

$$N_p = \frac{N_t}{B - 0.5} \times \frac{3600}{t} \tag{8-16}$$

式中：N_p——每米宽度自行车道 1h 内连续车流的平均通过量[veh/(h·m)]；
　　　B——自行车道的宽度(m)；
　　　t——连续车流的通过时间(s)；
　　　N_t——t 时段内通过观测断面的自行车数量(veh)，有条件的城市或设计单位应自行测定，并选择符合实际的值。

3)设计通行能力的计算

(1)长路段设计通行能力

其计算公式为:

$$N_L = N_P C_1 \tag{8-17}$$

式中:N_L——长路段(一般认为5km左右)每 m 宽度自行车道(一条车道)的设计通行能力(veh/h),它不考虑交叉口或其他纵横向干扰的影响;

C_1——考虑到街道的性质、重要性和使用要求而规定的街道等级系数,快速路、主干路的 C_1 取 0.8,次干路和支路的 C_1 取 0.9。

(2)短路段设计通行能力

考虑到城市道路路段通行能力与交叉口间距、行人过街及红绿灯周期的关系很大,路口的通行能力往往控制了路段的通行能力,故城市道路路段自行车车道设计通行能力应考虑路口信号灯等影响因素。北京等地的观测分析认为交叉路口等综合影响的折减系数 C_2 的平均值约为0.55,故得出有交叉口路段自行车道设计通行能力 N_d 的计算公式为:

$$N_d = C_1 C_2 N_P = C_1 C_2 \frac{N_t}{B - 0.5} \times \frac{3600}{t} \tag{8-18}$$

对于不受平面交叉路口影响路段、受平面交叉路口影响路段的自行车道设计通行能力,《城市道路工程设计规范》(CJJ 37—2012)的规定值列于表8-10。

自行车道设计通行能力[单位:veh/(h·ln)]　　　　表8-10

路段分离情况	不受平面交叉口影响路段	受平面交叉路口影响路段
有机非分隔设施	1600~1800	1000~1200
无机非分隔设施	1400~1600	800~1000

(3)信号交叉口设计通行能力

信号交叉口停车断面自行车通过量的研究表明,绿灯后放行的前一段时间车辆比较密集,之后会逐渐减少,以5s为单位进行大量观测,V_1 为全部放行时间(绿灯时间)通过量,V_2 为每次放行前20s的通过量,V_3 为每次放行时间段内最密集的5s的通过量,将此三项数值汇总列于表8-11。

交叉口自行车放行特征交通量统计表　　　　表8-11

交 叉 口	观测断面宽度 (m)	放行时间平均通过量 V_1 [veh/(5s·m)]	放行的前20s通过量 V_2 [veh/(5s·m)]	放行最大5s通过量 V_3 [veh/(5s·m)]
西单	8.00	2.214	3.285	3.630
东单	3.75	2.006	3.210	3.400
崇文门	6.50	2.282	2.880	3.150
东四	5.00	1.907	2.780	3.270
双井	6.00	2.990	3.360	3.730
甘家口	4.50	2.332	2.803	3.330
地安门	3.20	2.264	3.073	3.800
珠市口	3.80	2.796	3.138	3.320
平均值		2.336	3.066	3.459

采用整个放行时间的平均通过量 V_1 作为路口设计通行能力似乎偏低,因为有时 20s 以后的车辆很少,甚至没有什么车辆通过。采用最为密集的 5s 的通过量 V_3,则过于密集、拥挤,可能给行车安全造成不利,故亦不宜选作设计通行能力。而前 20s 的通过量虽前半段较密集,后半段比较稀,平均来看还属正常,故以此时段的通过量作为交叉口的设计通行能力,较为安全、适中。

从表 8-11 可知,8 个路口 V_2 的数值在 2.8~3.3,平均值为 3.066veh/(5s·m),换算为单条自行车道为 $\frac{3.066 \times 3600}{5} = 2208[\text{veh}/(\text{h·m})]$,可取 2200veh/(h·m)。对于具体路口引道来说必须乘以绿信比,例如信号周期为 60s,而绿灯时间为 30s,则其通行能力为 $2200 \times \frac{30}{60} = 1100[\text{veh}/(\text{h·m})]$。

《城市道路工程设计规范》(CJJ 37—2012)规定:信号交叉口进口道一条自行车道的设计通行能力可取为 800~1000veh/h。

8.5.2 提高自行车道通行能力的措施

按照城市自行车交通规划应遵循的原则,科学组织、合理限制、均衡调控,充分挖掘道路交叉口、路段、网络的交通容量潜力,提高自行车道通行能力和服务水平的措施大体有如下几种:

(1)路口的改善

为提高自行车道路交叉口通行能力,可以实行针对自行车交通组织、交叉口局部改善的方案:

①在交叉口进口道停车线与人行横道线间,设自行车待转区,绿灯亮后,自行车优先通过交叉口,以减少机动车和非机动车相互间的干扰;

②左转自行车 2 次过交叉口,即左转自行车在绿灯时只能直行,经过 2 次绿灯直行完成左转。

(2)路段的改善

城市主干道上,车道实施机动车专用,非机动车和行人共用人行道的办法来提高主干道机动车通行能力,减少机非干扰。自行车、行人共用一条道路的方案虽然目的在于提高机动车的通行能力,但是也界定了自行车与行人的专用通行空间,有利于提高自行车道的通行能力。值得注意的是这种方案要求:

①自行车与行人交通量均很小,例如通行的城市主干路(两侧无大型公共建筑)、大型工业区内部道路等;

②对于人流量较大而自行车极少的路段,自行车必须在人行道上行驶。

(3)路网的改善

由于未来城市的主要出行方式仍以自行车为主,因此在道路网的建设上重视开辟自行车道路网,尤其是要完善城市次干路及支路网系统,为逐步实现机非分流创造条件,将非机动车交通逐步从机动车交通走廊上分离出来。

8.5.3 自行车道服务水平

1)服务水平评价指标

根据我国自行车流的实际情况和交通流特性,自行车道服务水平标准,如级别分得太多,各指标的定性定量难以掌握,太少又不能反映自行车交通运行现实状况的差异。因此建议按4级划分,对路段和交叉口分别考虑,指标也有所不同。

对路段的服务水平建议用骑行速度、占用道路面积、交通量负荷与车流状况指标。对交叉口服务水平标准增加了停车延误时间和路口停车率两个指标。通常我们用以下指标来描述自行车道的服务水平:

(1)负荷度 X

其定义为所评定路段高峰小时自行车交通量与该路段通行能力的比值。

$$X = \frac{N}{C} \tag{8-19}$$

式中:N——路段上高峰小时自行车交通量(veh/h);

C——路段上自行车的通行能力(veh/h)。

此值越大表明道路负荷越重,越小负荷越轻,运行条件越好。

(2)停车延误时间

主要是指车辆在通过路口处于红灯受阻情况下等待绿灯开放的时间延误,还包括过停车线后在路口内的二次延误。

对于自行车,根据北京8个交叉口高峰小时的观测资料,延误时间平均为18.8~25.2s。南京市珠江路口与大行宫早上高峰小时的观测资料表明,延误时间长达3个周期,更多的是1~2个周期内将停车放完,即平均时间约为70s左右。在确定此项指标时下限采用30s,而最大值采用90s,即一个半周期的时间。

(3)路口停车率

这项指标主要说明通过路口时停车等候的车辆数占全部车流量的百分率。停车率大表示路口通过困难,停车率小表示易于通过。根据北京10多个路口高峰小时的观测,平均停车率为35.9%~52.4%,即不停车通过交叉口的不到一半,这个数值比较高,但在南京观测的资料表明,高峰拥挤时停车率高达50%。所以将这个指标定为20%~50%。

2)服务水平划分标准

路段与交叉口自行车道服务水平分级标准列于表8-12、表8-13。

路段自行车道服务水平分级标准 表8-12

指 标	等 级			
	一	二	三	四
骑行速度(km/h)	>20	20~15	15~10	10~5
占用道路面积(m^2/veh)	>7	7~5	5~3	<3
负荷度 X	<0.55	0.55~0.70	0.70~0.85	>0.85

交叉口自行车道服务水平分级标准 表8-13

指 标	等 级			
	一	二	三	四
过交叉口骑行速度(km/h)	>13	13~9	9~6	6~4
停车延误时间(s)	<40	40~60	60~90	>90
负荷度 X	<0.7	0.7~0.8	0.8~0.9	>0.9
路口停车率(%)	<30	30~40	40~50	>50
占用道路面积(m^2/veh)	8~6	6~4	4~2	<2

思考题与习题

1. 行人交通流宏观特性的基本参数有哪些？它们之间的关系如何？
2. 如何计算人行道、人行横道、人行天桥与地道的设计通行能力？
3. 人行道的服务水平的评价指标有哪些？如何分级？设计服务水平为哪一级？
4. 如何确定自行车道的基准通行能力、可能通行能力和设计通行能力？
5. 自行车道服务水平的评价指标有哪些？如何分级？设计服务水平为哪一级？
6. 已知某大型商场附近，行人行走时的纵向间距为 1m，每个行人占用的宽度为 0.75m；人行道上行人步行速度为 1m/s；行人过街设施包括人行横道与人行天桥，人行横道处均设有过街信号，步行速度为 1.2m/s；人行天桥处步行速度为 0.8m/s。试求该地区人行道、人行横道及人行天桥的设计通行能力。
7. 已知某城市的一条自行车道，自行车轮胎与路面间附着系数为 0.5，纵坡坡度 $i=3\%$；根据实地观测，自行车的车身长度为 1.9m，平均速度为 18km/h，15min 内通过观测断面的自行车数量为 150veh，自行车道宽度为 1.0m。试求其理论通行能力与可能通行能力。（安全间距取 1.0m）

第 9 章
无信号交叉口通行能力与服务水平

当两条或两条以上道路在同一平面相交时称为平面交叉,平面交叉口是道路网络的基本节点之一,也是网络交通流的瓶颈所在。在平面交叉口有限的空间内,汇集着不同流向的交通流,这不仅影响整个道路网络的安全和畅通,而且严重影响整个道路网络的通行能力和运输效益。因此,道路平面交叉口通行能力的分析在道路网规划与评价及交叉口类型选择、规划与设计中占有举足轻重的地位。从有无交通控制方式来分,平面交叉口包括无信号交叉口和信号交叉口。相对于路段而言,无信号交叉口由于车流之间的冲突、合流等车流运行行为,使交叉口的交通特性趋于复杂,因此其通行能力的确定比路段更为困难。

本章主要讨论具有明显主路优先特征的无信号交叉口通行能力与服务水平分析方法,对于等级相当道路相交、无主路优先特征的无信号交叉口通行能力分析方法只进行简单介绍。

9.1 概 述

9.1.1 无信号交叉口几何特征

无信号交叉口具有以下几何特征：

(1) 大部分无信号交叉口的相交道路车道数均为 2 条(2/2 相交)。其中，公路主路宽度为 9~15m，次要道路宽度为 9~12m；城市道路主路宽度为 13~19m，次要道路宽度为 13~16m。

(2) 一部分无信号交叉口的相交道路车道数分别为 4 条和 2 条(4/2 相交)。其中，公路主路宽度为 15~17m，次要道路宽度为 9~12m；城市道路主路宽度为 19~21m，次要道路宽度为 13~16m。

(3) 少部分无信号交叉口的相交道路车道数均为 4 条(4/4 相交)。其主路较宽，一般设有中间带，且机动车和非机动车分道行驶，次要道路也较宽，一般设有中间带。

9.1.2 无信号交叉口车辆组成和速度特征

无信号交叉口具有如下交通特征：

(1) 大部分交叉口具有明显的主路优先特征，主路交通量明显大于次要道路，车速也要高于次要道路；

(2) 大部分交叉口交通量都不大；

(3) 交通流中小型车所占比例较大；

(4) 2/2 相交无信号交叉口，各向车速较低，一般主路车速为 20~40km/h，次要道路车速为 20~30km/h；

(5) 4/2 相交无信号交叉口，主路车流的速度与支路车流的速度有一定的差别，一般主路车流速度为 40~50km/h，次要道路车流速度为 20~35km/h；

(6) 4/4 相交无信号交叉口，主路车流的速度与支路车流的速度有较大差别，一般主路车流速度为 50~70km/h，次要道路车流速度为 30~40km/h。

9.1.3 无信号交叉口的控制方式

对于有明显主路优先特征的无信号交叉口一般有两种控制方式：停车标志控制和让路标志控制，统称为主路优先控制。在我国，无信号交叉口过去均未采取任何交通管理措施，只是按照惯例，主要道路上的车辆优先通行，通过路口不用停车；次要道路行驶的车辆，应让主要道路上的车辆先行，再寻找机会，穿越主要道路上车流的空当，通过路口。随着国人对交通安全重视程度的提高，交通管理观念和意识的更新，以及交通管理条例的规范和完善，越来越多的无信号交叉口均采用上述两种交通控制方式。

减速让行标志表示车辆应减速让行(图 9-1)，告示车辆驾驶人必须慢行，观察主要道路行车情况，在确保主要道路车辆优先的前提下，认为安全时方可续行。此标志设在次要道路进入交叉口前 200~300m。

停车让行标志表示车辆必须在次要道路停止线以外停车瞭望(图9-2),确认安全后,才准许通行。此标志设在次要道路进入交叉口前200~300m,对驶入无信号交叉口的驾驶人进行提示,进入交叉口前应先停车。

图9-1　减速让行标志　　　　　图9-2　停车让行标志

9.1.4　无信号交叉口通行能力影响因素

无信号交叉口的通行能力应为主要道路上的交通量加上次要道路上车辆穿越空当所能通过的最大车辆数,主要道路上的车辆通过量按路段计算。

次要道路的最大通过量(即通行能力)受下列因素影响:主要道路上车流的车头间隔分布、次要道路上车辆穿越主要道路所需时间、次要道路上车辆跟驰的车头时距大小、主要道路上车辆的流向分布、交叉口类型、大中型车混入率、主要道路车流速度等。若主要道路上的车流已经饱和,则次要道路上的车辆一辆也通不过。因此,无信号交叉口的最大通行能力等于主要道路路段的通行能力。事实上,在无信号交叉口,主要道路上的交通量不大,车辆呈随机到达,有一定空当供次要道路的车辆穿越,相交车流无过大阻滞。否则,需加设信号灯,分配行驶权。

无信号平面交叉的基准条件包括道路基准条件、交通基准条件和其他基准条件。

(1)道路基准条件包括交叉口入口车道坡度小于2%,交叉口视线良好、无遮挡,交叉口范围内无停靠站和停车位,路面平整、无破损;

(2)交通基准条件是指交通组成全部为小客车,无路侧干扰;

(3)其他基准条件包括良好的天气条件、无交通事故等突发情况。

9.2　无信号交叉口交通特性

9.2.1　交通流向分析

在无信号交叉口,次要道路上的车流,每一流向都面临与其他流向的交通流发生冲突的可能性。如图9-3所示,次要道路上的右转车流与主路右侧车道的直行车流合流;直行车流与主路直行车流、左转车流冲突,与主路左转车流、右转车流合流;左转车流与主路左转车流、直行车流有冲突,与主路直行车流有合流。

9.2.2　车流运行特性

无信号交叉口的车流运行特性受无信号交叉口的类别影响较大。根据交叉口相交道路的等级，无信号交叉口包括主、次道路相交及两条等级相当的道路相交两种类型交叉口。对于主次两条道路相交的交叉口，不管是在次要道路进口道上采用停、让车标志，还是采用全无控制形式，主要道路上的车流一般都不太受影响，即多车道车流的车头时距分布符合负指数分布规律，而次要道路上的车流遵循停、让车次序，并利用主路的车头间隙穿过交叉口。如图9-4所示，如果一个无信号交叉口的主次路上都有左、右转车流，则一般各向车流遵循以下的优先规则通过交叉口，即：

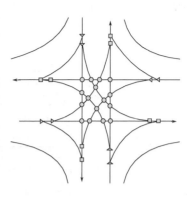

(1) 主路直行和右转交通流优先等级为1级，交通流向2、3、5、6；

图9-3 无信号交叉口的交通流向图

(2) 主路左转、次路右转交通流优先等级为2级，交通流向1、4、9、12；
(3) 次路的直行交通流优先等级为3级，交通流向8、11；
(4) 次路的左转交通流优先等级为4级，交通流向7、10。

在上述的四个优先等级中，1级最高，4级最低，低等级交通流必须让行高等级交通流。

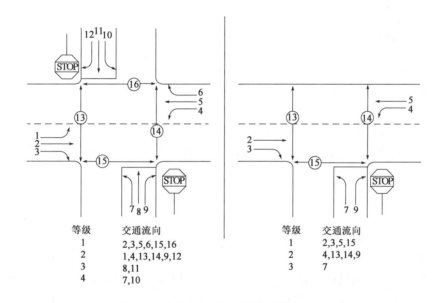

图9-4 无信号交叉口交通流向优先等级示意图

下面以实例分析进一步说明其车流运行特性。图9-5为代表性的T形交叉口平面示意图。表9-1和表9-2为该T形交叉口的交通状况。

T形交叉口主要道路交通量（单位：veh/h） 表9-1

方 向	车 型					
	摩托车	小型车	中型车	大型车	拖挂车	当量小型车
A 至 B	550	187	210	97	4	1117
B 至 A	450	160	210	154	6	1112

139

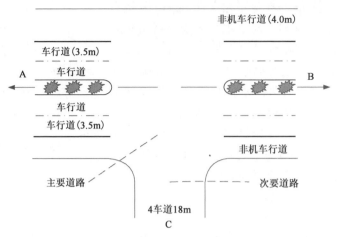

图 9-5 某 T 形交叉口平面示意图

T 形交叉口次要道路交通量(单位:veh/h)　　　　表 9-2

方　向	车　型					
	摩托车	小型车	中型车	大型车	拖挂车	当量小型车
主线方向至 C	无记录	40	25	17	0	106
C 至主线方向	无记录	40	31	15	0	112

通过对此交叉口的车辆运行状况观测发现:

(1)次要道路的车辆左转穿过主要道路车队时,一般发生两次停车。第一次是与主要道路上车队交叉时,第二次是越过中间带与主要道路上车队合流时;

(2)当主要道路上交通量较大时,次要道路上车辆在此交叉口冲突点处排队,数量一般不超过 3 辆;

(3)次要道路上右转车辆一般不发生停车现象,但车速降低较大;

(4)主要道路上左转车辆通过交叉口一般仅发生一次停车;

(5)主要道路上右转车辆通过交叉口车速降低较少。

分析主次路的交通量可知:

(1)主要道路上交通量较大是造成次要道路上车辆停车的主要原因,而主要道路上有中间带使得次要道路穿越车辆在与主路车队合流前有足够的安全地带可以停车。

(2)次要道路上交通量较少及次要道路车道数多使得主路右转车流能自由进入次要道路。

对于两条等级相当的公路相交而成的交叉口,有的国家采用设置四路停车标志的方式进行管理。该方式是所有到达交叉口的车辆都要停车,若驾驶人不遵章就会造成交叉口混乱。

9.2.3　车头时距及其分布形式

车头时距是交通流的重要参数。它是进行交通流模拟、通行能力分析及交通控制方法选择的基本参数。常用的车头时距分布模型包括:负指数分布、移位负指数分布、爱尔朗分布、M3 分布和改进的 M3 分布。

1)负指数分布

负指数分布模型是经典的车头时距分布模型,其概率密度函数为:

$$f(t) = \lambda e^{-\lambda t} \tag{9-1}$$

式中:t——车头时距(s);

λ——车流量(veh/s)。

负指数分布模型特点:车头时距越接近零其出现的概率越大,适用于自由流,车辆可以自由超车;对于车流量较大,运行受到一定限制的车流不太适合。

2)移位负指数分布

鉴于负指数分布不适用于交通量较大的情况,需对车头时距模型进行修正,负指数分布通常被修正为移位负指数分布,其概率密度函数如下:

$$f(t) = \begin{cases} \dfrac{1}{T-\Delta} e^{-\frac{t-\Delta}{T-\Delta}} & (t \geq \Delta) \\ 0 & (t < \Delta) \end{cases} \tag{9-2}$$

式中:Δ——最小车头时距(s);

T——平均车头时距(s)。

移位负指数分布的特点:假设车头时距不能小于一个最小值,解决了车头时距越接近零出现概率越大的问题;令 $\Delta = 0$,即为负指数分布。

3)爱尔朗分布

负指数分布另一种修正形式为爱尔朗(Erlang)分布。当爱尔朗的阶数为一时,即为负指数分布,因此爱尔朗分布是负指数分布的更一般的表达形式,其概率密度函数如下:

$$f(t) = \frac{\lambda(\lambda t)^{r-1}}{(r-1)!} e^{-\lambda t} \quad (r = 1,2,3\cdots) \tag{9-3}$$

式中:r——爱尔朗分布的阶数。

4)M3 分布

1975 年科恩(Cowan)在移位负指数分布的基础上进一步提出了 M3 分布。M3 分布假定车流是由两部分组成的,一部分车辆以车队状态行驶,另一部分按自由流状态行驶。其概率密度函数如下:

$$f(t) = \begin{cases} \alpha e^{-\lambda(t-\Delta)} & (t \geq \Delta) \\ 0 & (t < \Delta) \end{cases} \tag{9-4}$$

式中:α——排队车流的概率。

M3 分布较为客观地描述了公路上运行车辆的状态,其特点是:当车辆按车队状态行驶时,车辆之间保持均一的车头时距 Δ;当车辆以自由流状态行驶时,其车头时距大于 Δ;对于不允许超车的单车道情况比较适合。

5)改进的 M3 分布

实际上,道路上运行车辆由于性能不同,经常出现超车现象,因此 M3 分布也不能完全描述车辆的运动行为。根据单车道车辆的实际运行情况,在 M3 的基础上进行改进,又有学者提出了改进的 M3 分布,使其数学表达式对车头时距的描述更趋合理。其概率密度如下:

$$f(t) = \begin{cases} \alpha_1 & (0 \leqslant t < \Delta_1) \\ \alpha_2 & (\Delta_1 \leqslant t < \Delta_2) \\ \alpha_3 \lambda e^{-\lambda(T-\Delta_2)} & (t \geqslant \Delta_2) \end{cases} \qquad (9\text{-}5)$$

式中：Δ_1——最小车头时距，当车辆处于超车状态时，车头时距服从$[0,\Delta_1]$上的均匀分布，分布密度为α_1；当车辆处于车队行驶状态时，车头时距服从$[\Delta_1,\Delta_2]$上的均匀分布，分布密度为α_2；当车辆以自由流状态行驶时，其车头时距大于Δ_2，其分布密度服从移位负指数分布。

上述几种分布有各自的优点：负指数、移位负指数分布形式简单、计算方便；爱尔朗分布更详细地描述不同车辆到达状态；M3分布以及改进的M3分布进一步将车辆实际运行状态用数学方式表达出来。同样它是负指数分布和移位负指数分布的更一般表达形式。

在交叉口处，由于安全原因、几何条件限制、车辆交汇等因素的影响，车辆一般不会超车，因而交叉口车辆到达分布采用M3分布描述更加合理。

9.2.4 临界间隙与跟车时距

1) 基本概念

不管是主次道路相交的交叉口，还是等级相当道路相交的交叉口，在无信号控制或仅用停、让车标志条件下确定这类交叉口的通行能力，都离不开交叉口各流向相互穿越的间隙（也称作临界间隙t_c）。临界间隙t_c(Critical Gap)是指交叉口一股车流需要穿越另一股车流时，等待的穿越车辆能够通过被穿越车流所需要的最小间隙。一般条件下，驾驶人会拒绝小于临界间隙的时间间隔而接受大于临界间隙的时间间隔。

跟车时距t_f是指穿越车流连续通过被穿越车流时前后两车之间的时间间隙，即次要道路车流在无其他车辆冲突影响下以饱和车流通过交叉口的车头时距。

就穿越间隙来说，它的大小与交叉口车流的流向及车型有关。如左转车流比直行车流需要更大的临界间隙。同时，临界间隙的大小还与被穿越车流的速度及穿越车流自身在进口道是否停车有关。一般来说，被穿越车流的速度越大，所需临界间隙就越大；穿越车流如需在进口道处停车，则所需的临界间隙比不停车的要大。

跟车时距与穿越车流的车型及车速有关，而与被穿越车流的速度无多大关系。一般来说，穿越车流的车型中大车比小车的跟车时距要大，穿越车流速度小比穿越车流速度大所需跟车时距要大。

临界间隙的大小对交叉口的通行能力影响很大。例如，当主要道路上的交通量为900veh/h时，次要道路上车辆的临界间隙为7s时，其通行能力为400veh/h；临界间隙若为5s，则其通行能力为620veh/h。也就是说，如果临界间隙应该是5s而错误地认为是7s时，次要道路的通行能力减小了35%，可见通行能力的准确性很大程度上依靠临界间隙的精度。

在负指数分布和M3分布中，引用位移值和最小车头时距，因此引入最小车头时距的概念t_m(Move-up Time)，它是指主路运行车流中两相邻车辆间的最小车头时距。

临界间隙t_c与车头时距t_f是间隙接受理论的两个重要参数，两个参数值的大小对通行能力的计算有很大影响，因此，在一定的几何、交通条件下，正确测量两个参数是非常重要的。20世纪80年代，美国采用了德国在通行能力研究中的临界间隙和跟车时距的成果，但美国研究人员发现,这些值对于美国交通条件并不适用,后来他们根据实际条件观测了交叉口处的临界间隙和跟车时距。中国的道路、车辆、交通状况与美国和德国有很大的不同,国外有关该方面的研究成果并不能完全适用于我国道路实际情况,必须进行基于中国国情的调查、观测,才能得出适用于我国的公路交叉口处临界间隙和跟车时距的参考值。

2)临界间隙的估算方法

(1)Greenshields 方法

作出在相应间隙大小的次路车流接受或拒绝频数分布直方图,接受频数和拒绝频数相等时所对应的间隙值即为所求。

此方法适于大样本观测。

(2)Raff 方法

Raff 方法也就是通常所说的"临界值"法。认为临界间隙应该比接受的间隙要短且比拒绝的间隙要长。如果作出对应间隙与接受频数或拒绝频数的累计频率曲线,两线的交点即为所求。

此方法的主要缺点是容易遗漏许多有用的数据,从而造成统计上的浪费。

(3)Acceptance Curve 方法

作出驾驶人接受间隙大小与接受间隙的累计频率这样一个"S"形曲线,累计频率为 50%所对应的间隙值即为临界间隙。

此方法的主要缺点是对样本要求较高。

(4)Logit 方法

Logit 方法是对间隙与驾驶人接受间隙的频数作加权平均。其数学表达式为:

$$p = \frac{1}{1 + e^{-(\beta_0 + \beta_1 x)}} \tag{9-6}$$

式中:p——接受间隙的概率;

β_0、β_1——回归参数。

此方法的主要缺点是事先要求知道方差的大小或方差在某一定的区间内变化。

(5)Siegloch 方法

该方法认为排队交叉口的临界间隙与接受间隙呈线性关系:

$$t_c = t_0 + 0.5 t_a \tag{9-7}$$

式中:t_c——临界间隙(s);

t_a——接受间隙(s);

t_0——所作直线对应的截距。

此方法仅适于交通量很大的交叉口。

(6)Ashworth 方法

观测不饱和条件下的临界间隙是非常复杂的,这主要是因为临界间隙不能直接观测。在一般情况下,对于次要道路车辆驾驶人,可以假设其临界间隙是大于最大的拒绝间隙且小于接受间隙,这个假设与实际情况基本接近。

大量的接受间隙数据可以用一个统一函数来描述,因此,临界间隙必然定位于接受间隙分布曲线的左侧(图 9-6),即小于接受间隙。

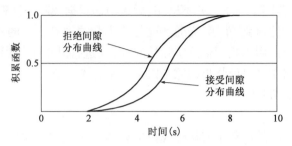

图 9-6 Ashworth 方法的基本原理

假定主路优先车流的车头时距服从指数分布,或服从正态分布。Ashworth 得出如下的结论:

$$t_c = \bar{t}_a - qS_a^2 \tag{9-8}$$

式中:$\bar{t}_a$——次路车流接受主路车流间隔的均值(s);

q——主路车流量(veh/s);

S_a^2——接受间隙的方差(s^2)。

此方法适用性较好,且简单易于操作,对样本数量的要求也不是很高。

3) 跟车时距的估算方法

跟车时距的获取不像临界间隙那样困难,它可以直接观测到。在一个连续排队的车流中,利用同一个间隙穿越交叉口车队的相邻两车之间的车头时距即为跟车时距。在实际的观测中,为保证数据的精度和可靠性,观测数据的样本量应满足最小值要求,根据数理统计原理可得到如下公式:

$$n_f = \alpha_f \frac{1}{r_f^2} \tag{9-9}$$

式中:n_f——观测样本量最小值;

r_f——相对误差,与置信水平有关;

α_f——置信概率的函数,可以参照表9-3确定。

相 对 误 差 表　　　　表9-3

置信水平(%)	90	95	99
α_f	0.4	0.6	1.0

若取误差为 $r_f = 0.10$,则 $\alpha_f = 0.4$,为保证此准确度,至少应有 $n_f = 40$ 个观测值。然后取40次观测的跟车时距的平均值即为跟车时距的估计值。

4) 临界间隙与跟车时距的关系

临界间隙与跟车时距存在着一定的关系。如前所述,跟车时距可以直接从现场观测得到,通过临界间隙与跟车时距的关系,研究人员可以很方便地将临界间隙计算出来,从而节省调查费用,节约调查时间,而且结果一样令人信服。

临界间隙与跟车时距的关系可以通过跟车时距与临界间隙之比来表达,两者的比值具有相当的稳定性。如表 9-4 所示,两者的比值在 0.4~0.9 之间,大部分都集中在 0.5~0.6 附近。从表 9-4 可以看出,车辆类型对其比值有一定的影响,小型车的比值相对较小,大型车的比值相对较大;不同转向对其比值也有影响,左转车的比值较小,右转车的比值较大,这说明不同转向车辆的临界间隙有一定的变化,左转、直行、右转的临界间隙依次增大。

跟车时距与临界时距之比的均值　　　　　　　　　　　　　　　　　　表 9-4

车辆类型	小客车	中型车	大型车	拖挂车
左转	0.45	0.46	0.50	0.60
直行	0.41	0.47	0.39	0.59
右转	0.55	0.60	0.65	0.67

如表 9-5 所示,从标准差来看,其数据同样具有相当的稳定性;其标准差的变化很小,最大幅度只有 0.19。

跟车时距与临界时距之比的标准差　　　　　　　　　　　　　　　　　表 9-5

车辆类型	小客车	中型车	大型车	拖挂车
左传	0.06	0.06	0.09	0.13
直行	0.14	0.13	0.10	0.08
右转	0.19	0.07	0.06	0.10

5)临界间隙与跟车时距的影响因素

影响临界间隙与跟车时距的主要因素包括:

(1)主路车流量和次要道路的车辆延误。随着主路车流量或次要道路车辆延误的增加,临界间隙和跟车时距趋于减小,但临界间隙不可能小于跟车时距或最小的可接受间隙值。

(2)交叉口的几何特征,主要包括主路车道数和交叉口的类型。随着主路车道数的增加及交叉口次要道路数的增加,临界间隙增大,因为它增加了穿越的难度。

(3)主路的右转车流量所占比例。由于右转车流量与直行车流量相比,前者的冲突量较少。因此,随着右转车流量增加,临界间隙变小。

(4)次要道路进口道的坡度。如果次要道路进口道有坡度,临界间隙会增大。

(5)车辆转向角度的大小。交叉口的相交角度也影响临界间隙值,同直角与大角度冲突相比,小角度下相交的车辆运动(可以认为是合流)更方便容易,在这种情况下,临界间隙会变小。

6)临界间隙与跟车时距的建议值

根据理论计算及其他方法得出的参考值,考虑工程的实际需要,将其数据经过整理后,临界间隙和跟车时距的推荐值见表 9-6 和表 9-7。这些数据适用于二车道与二车道相交的无信号交叉口。

t_c 的建议值(2/2 相交)(单位:s)　　　　　　　　　　　　　　　　表 9-6

车辆类型	小客车	中型车	大型车	拖挂车
主路左转	5.0	6.0	7.0	7.0
次要道路左转	5.5	6.5	7.5	8.0
次要道路直行	5.0	6.0	7.0	7.0
次要道路右转	3.0	3.5	4.0	4.5

t_f 的建议值(单位:s) 表9-7

车辆类型	小客车	中型车	大型车	拖挂车
主路左转	2.0	2.5	3.0	4.0
次要道路左转	2.5	3.0	3.5	4.0
次要道路直行	2.0	2.5	3.0	4.0
次要道路右转	1.6	2.5	2.5	3.0

对于两车道与四车道相交的交叉口,可以根据车辆穿越双车道的临界间隙值及车辆穿越交叉口时的速度来计算车辆穿越四车道的临界间隙值,即将原临界值加上增加道路宽度所消耗的时间。

一般情况下,车辆的穿越速度为20~25km/h,一个车道的标准宽度为3.5m,这样增加的时间近似取1s。对于两车道与四车道相交的交叉口,其临界间隙推荐值见表9-8。

t_c 的建议值(2/4相交)(单位:s) 表9-8

车辆类型	小客车	中型车	大型车	拖挂车
主路左转	6.0	7.0	8.0	8.0
次要道路左转	6.5	7.5	8.5	9.0
次要道路直行	6.0	7.0	8.5	8.0
次要道路右转	4.0	4.5	5.0	5.5

对于两车道与四车道相交情况,车辆穿越交叉口的跟车时距,由于车辆性能没有变化,其跟车时距值保持不变,见表9-7。

在通行能力的计算中,最小跟车时距 t_m 也是一个非常重要的参数,它与跟车时距一样,可以直接观测到,相应的推荐值见表9-9。

t_m 的建议值(单位:s) 表9-9

车辆类型	小客车	中型车	大型车	拖挂车
次要道路直行	2.0	2.5	3.0	3.0

下面以两个有代表性的无信号交叉口为例加以分析说明。一个无信号交叉口在广东顺德区容奇镇,为T形交叉口;另一个无信号交叉口在顺德区郊外,为十字形交叉口。表9-10为调查资料统计T形交叉口接受间隙汇总结果。

T形交叉口接受间隙调查表 表9-10

时间(s)	小型车(veh)		中型车(veh)		大型车(veh)	
	左转	右转	左转	右转	左转	右转
1—2	0	0	0	0	0	0
2—3	1	0	0	1	0	0
3—4	1	0	2	2	1	1
4—5	4	1	6	3	1	1
5—6	8	0	5	4	0	1
6—7	2	2	7	5	3	1

续上表

时间(s)	小型车(veh)		中型车(veh)		大型车(veh)	
	左转	右转	左转	右转	左转	右转
7—8	4	0	9	3	4	1
8—9	3	1	5	3	2	2
9—10	3	0	3	2	2	1
10—11	3	0	4	2	2	1
11—12	5	0	4	1	2	1
12—13	1	0	2	1	1	
13—14	2	0	1	1	0	
14—15	1	0	4	1	2	
15—16	2	0	1		0	

对调查数据进行重新分组统计,以 2s 作为组距,分别统计频数、累计频数与累计频率,作出它们相应的频数分布直方图、频数分布曲线图、累计频率分布曲线图。图9-7 为左转小型车可接受间隙分布直方图。

观测数据表明,次要道路车流通过交叉口接受间隙基本服从正态分布,而主要道路的车头时距分布服从负指数分布,所以观测结果符合 Ashworth 方法计算临界间隙值的计算条件。表 9-11 和表 9-12 为根据公式(9-8)计算得到的 T 形交叉口和十字形交叉口的临界间隙统计结果。

国内其他有关部门对主次路相交的无信号交叉口也进行了调查分析,得到了按车流流向和车型分类的临界间隙和跟车时距统计数据,见表 9-13~表 9-16。

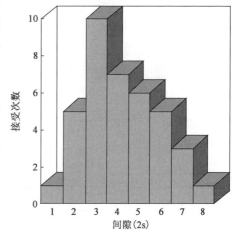

图9-7 左转小型车可接受间隙分布直方图

容奇镇 T 形交叉口观测统计结果 表9-11

运行方向	临界间隙(s)				跟车时距(s)			
	小型车	中型车	大型车	拖挂车	小型车	中型车	大型车	拖挂车
左转	6.34	6.92	7.42	—	3	3.75	4.31	—
直行	—	—	—	—	—	—	—	—
右转	5.88	6.28	6.49	—	1.95	2.13	2.79	—

顺德区十字形交叉口观测统计结果 表9-12

运行方向	临界间隙(s)				跟车时距(s)			
	小型车	中型车	大型车	拖挂车	小型车	中型车	大型车	拖挂车
左转	6.74	7.18	8.64	—	—	—	—	—
直行	6.30	7.09	8.11	—	2.15	2.92	3.11	—
右转	5.32	—	—	—	—	—	—	—

四川省的观测统计结果　　　　　　　　　　　　　　　　　表 9-13

运行方向	临界间隙(s)				跟车时距(s)			
	小型车	中型车	大型车	拖挂车	小型车	中型车	大型车	拖挂车
左转	6.05	6.84	7.26	8.14	2.70	2.87	3.02	3.64
直行	5.43	6.12	7.46	7.60	1.44	2.05	2.37	3.87
右转	3.24	4.10	4.26	4.87	1.46	2.12	2.50	2.68

河北省的观测统计结果　　　　　　　　　　　　　　　　　表 9-14

运行方向	临界间隙(s)				跟车时距(s)			
	小型车	中型车	大型车	拖挂车	小型车	中型车	大型车	拖挂车
左转	6.05	6.87	7.06	7.24	3.05	3.65	4.22	4.78
直行	4.99	4.78	6.07	5.75	2.07	2.87	3.04	3.52
右转	2.46	3.12	3.87	4.01	1.89	2.06	2.56	2.99

河南省的观测统计结果　　　　　　　　　　　　　　　　　表 9-15

运行方向	临界间隙(s)				跟车时距(s)			
	小型车	中型车	大型车	拖挂车	小型车	中型车	大型车	拖挂车
左转	5.20	7.02	8.12	8.76	2.00	3.00	4.00	6.00
直行	4.00	6.40	7.80	8.20	2.15	3.07	2.74	5.43
右转	3.12	3.86	4.32	4.98	1.33	2.42	3.00	3.30

辽宁省的观测统计结果　　　　　　　　　　　　　　　　　表 9-16

运行方向	临界间隙(s)				跟车时距(s)			
	小型车	中型车	大型车	拖挂车	小型车	中型车	大型车	拖挂车
左转	6.92	7.89	7.96	9.10	3.01	3.84	4.05	4.72
直行	6.41	7.24	7.40	8.90	2.20	3.64	3.89	4.45
右转	5.90	6.12	6.20	7.82	2.01	3.40	3.24	3.89

注：上述各表数据引自文献[18]。

9.2.5　无信号交叉口延误分析

1) 无信号交叉口延误的基本概念

延误是指运行车辆不能以期望的速度运行而产生的时间损失。由于交叉口的存在，使得过往车辆产生延误。按国际通常的研究方法，在具有明显主路优先条件下的无信号交叉口处，假定主路的优先权不受其他车辆的影响而不产生延误，只计算次要道路车辆的延误。事实上，由于交叉口的存在，所有的车辆都会受到交叉口的影响而产生一定的延误，考虑所有车辆延误与车流量的关系，构成了延误分析的基本思想。

2) 车辆延误的分析计算

交叉口延误有两种描述方法，一是所有进入交叉口车辆的延误，二是主路优先条件下次要道路车辆的延误。以下分两部分进行讨论。

车辆通过交叉口时,由于交叉口存在车辆交汇及行人、视距、坡度等因素的影响,会使驾驶人产生安全预防的心理反应,这直接影响车辆通过交叉口的速度。延误是指实际运行时间与理想条件下运行时间的差值。

交叉口的延误是由几何延误和交通延误组成的,几何延误是由交叉口的几何尺寸和交通控制条件引起的,即使车辆自由通过交叉口,也存在这个延误。交通延误则是由交叉口车辆之间相互影响引起的,它可导致车辆排队或在冲突区内降低速度。一般情况下,两种延误很难准确区分。

计算进入交叉口车辆延误的主要问题是确定车辆的理想通过时间,该数值因车、人、交叉口而异。在实际的计算过程中,设交叉口不存在时车辆通过此路段的时间为理想通过时间,通常采用下面两种方法计算车辆在交叉口的延误时间。

(1)全部车辆延误的分析计算

①单车运行时间计算法

单车运行时间计算法利用观测到的每辆车在进口和出口的速度来计算各辆车的理想运行时间TT_1:

$$TT_1 = \frac{L_{in}}{S_{in}} + \frac{L_{out}}{S_{out}} \tag{9-10}$$

式中:L_{in}——进口观测点距交叉口中心的距离(m);

S_{in}——在进口观测点测定的单车运行点速度(m/s);

L_{out}——出口观测点距交叉口中心的距离(m);

S_{out}——在出口观测点测定的单车运行点速度(m/s)。

单车延误D_1的计算公式如下:

$$D_1 = TT_i - TT_1 \tag{9-11}$$

式中:TT_i——第i辆车实际运行时间(s)。

②车型平均运动时间计算法

某车型的理想运行时间TT_2可通过进口、出口观测得到的每个时段内各车型的平均速度计算:

$$TT_2 = \frac{L_{in}}{\overline{S}_{in}} + \frac{L_{out}}{\overline{S}_{out}} \tag{9-12}$$

式中:$\overline{S}_{in}$——进口观测点观测到的某车型平均速度(m/s);

$\overline{S}_{out}$——出口断面观测点观测到的某车型平均速度(m/s)。

因此,延误D_2计算如下:

$$D_2 = TT_i - TT_2 \tag{9-13}$$

式中:TT_i——第i辆车实际运行时间(s)。

(2) 主路优先条件下的次要道路车辆延误

无信号交叉口中次要道路车辆通过交叉口的数量取决于具有优先等级车流的车头时距分布,若车头时距发生变化,其通行能力也会发生变化。

车辆被假定都是停在停车线前,随时都有加速和减速的可能。延误是由于车辆不能以正常的运行速度通过而造成的时间损失。排队延误包括排队等待和一些加速过程,如驾驶人的跟车过程,延误的其他部分是几何延误。几何延误和排队延误之和就是总延误。

Kimber 研究了延误规律和几何延误的情况。纯粹的几何延误是交叉口的几何条件引起的。几何延误主要包括以下三个方面:

① 纯几何延误;

② 由于出现其他车辆而产生的额外延误;

③ 由于停车或加减速造成的延误。

间隙理论中,若存在一个精确的可穿越间隙,则只有一辆且只能有一辆车在某一时刻进入交叉口。若此时刻定为 t_1 点,并且交叉口前没有排队,那么次要道路车辆在此刻到达并通过交叉口不引起延误,即次要道路车辆在 t_1 时刻到达交叉口停车线并以进入引道的速度驶入交叉口。如果到达的车辆是提前或迟后于 t_1 时刻,都将造成一定的延误。实际上,进入交叉口的驾驶人都会自动降低车速,由此产生三部分延误,减速延误 d_{dec}、低于正常行驶速度穿越交叉口的延误 d_{neg} 和加速延误 d_{acc}。

安全通过速度取决于运行方式和临界间隙,安全通过速度是在主路有一个较长的间隙时次要道路车辆通过交叉口的最大速度。若一个间隙等于临界间隙且驾驶人在特定的时刻到达,就会出现"减速-通过-加速"这种驾驶行为。

不同的车辆到达类型存在着不同的几何延误。排队延误是由于车辆在交叉口前的排队而产生的,可通过实地观测(摄像和测量)来测定。

(3) 交叉口的延误-流量曲线

交叉口延误-流量曲线的确定一般有下列三种方法:

① 现场观测法

通过交叉口现场观测获得各类交叉口的延误-流量曲线是一种最基本的方法。该方法通过在交叉口布设交通流数据采集仪及摄像机,采集车辆通过交叉口进口及出口时的通过时间、车速、车型及车牌号,经过车号配对识别及软件运算,可确定各类交叉口的延误-流量关系曲线及同类交叉口在不同交通条件与道路条件下的延误-流量曲线。

② 数学模型法

数学模型法是通过建立交叉口平均车辆延误与交通负荷的关系模型,来确定各类交叉口的延误-流量关系曲线。目前,用于信号交叉口及无信号交叉口延误分析的模型较多,如韦伯斯特模型、HCM 模型及同轴转换模型等,但这些数学模型中仍有许多参数需要通过实地观测来确定。

③ 计算机模拟法

计算机模拟法是通过计算机自动产生与交通流具有同样分布特征的伪随机数,并经过伪随机数的排序形成随机变量,通过数值计算及逻辑检验来模拟车辆在通过交叉口时的各种行驶行为及其产生的排队延误,由此形成延误-流量曲线。用计算机模拟法建立的延误-流量关系曲线比数学模型要"真实",但模拟模型中仍有许多参数需要通过现场观测来确定。

9.3 无信号交叉口通行能力计算方法

9.3.1 概述

无信号交叉口通行能力的计算方法从总体上分为两大类:一类是理论法;另一类是经验法。理论法是假设目标条件,从理论上推算交叉口通行能力的方法。而经验法则是完全利用实际观测数据,分类分析与各类因素的关系,进而确定修正系数。

理论法条理清晰,易于解析分解,可以很精确地进行定量分析,但可能过于理想,不太符合实际;经验法是从实际得出的结论,它使用更方便,但使用范围小,精度低,不太适合于精确分析。

理论法主要有间隙接受理论、车队分析法;经验法主要有延误分析法、综合计算法。一般情况下,间隙接受理论适用于主次分明的交叉口,车队分析法适用于主次不太分明的交叉口,此种交叉口类似于国外的四路停车交叉口。

9.3.2 间隙接受理论

间隙接受理论最早由 Drew 和 Harders 相继提出,它的基本思想是:主次两条相交的道路交叉口,假设主路车流通过交叉口时不受影响,而次路车流必须利用主路车流的间隙通过。在此假设下,若已知主路车流的流率及车流中车头间隙分布规律,则能求出次路直行车流在一定时段内通过交叉口的车辆数。研究表明,多车道车流中车头间隙的出现一般比较符合负指数分布规律:

$$P(h > t) = e^{-qt} \tag{9-14}$$

式中:q——主路车流的流率(veh/s);

t——车流的车头间隙(s)。

若设次要道路车流穿越主要道路车流的最小车头间隙(临界间隙)为 t_c(s),次要道路车流连续通过交叉口的跟车时距为 t_f(s),则能推导出次要道路车流的理论通行能力计算模型:

$$C = \frac{q e^{-q t_c}}{1 - e^{-q t_f}} \tag{9-15}$$

该模型是在假定次要道路只有直行车流,且车流中都是小客车车型的条件下得出的。实际上,次要道路上通过交叉口的车流,既有直行车,也有左、右转弯车;既有小客车,也有其他车型。下面着重分析次要道路上有左、右转车流、有不同车型及主要道路上车流速度变化时如何影响次要道路车流通过交叉口的通行能力。

1) 次要道路进口道通行能力

假设主次路相交交叉口的实际情况,次要道路进口道上最常见的形式是:一条在进口道拓宽的右转车道,一条直、左车共用的车道。

(1) 右转车道理论通行能力

因为次要道路右转车有固定的车道,它不影响直行车和左转车,而且右转车不需要通过整个主要车流,而仅仅是与主要道路右侧车道上的车流合流,所以次要道路上右转车所需的临界间隙小于直行车和左转车。则右转车可在下列两种情况下与主要道路右侧车道上的车流合流:

①主要道路上有可供次要道路直行、左转车穿越的空隙时,次要道路右转车可同时转弯而不影响次要道路直行、左转车穿越。

②主要道路右侧车道上的车流在间隙大于或等于t_{cr},但没有可供次要道路直行、左转车穿越的空隙时,次要道路上右转车可转弯合流。

若假定主路各车道交通量相同,上述两种情况下右转车总的转弯合流流率或通行能力由式(9-16)可得:

$$C_r = \frac{\frac{q}{n} e^{-\frac{q}{n} t_{cr}}}{1 - e^{-\frac{q}{n} t_{fr}}} \quad (9\text{-}16)$$

式中:n——主路车道数(条);

t_{cr}——右转车合流所需临界间隙(s);

t_{fr}——次要道路右转车的跟车时距(s)。

右转弯车流的通行能力 C_r 远大于次要道路进口道上右转车数,而根据次要道路进口道处车流实际到达情况,右转车所占比例一般远小于直行车,所以计算次要道路通行能力时,不必计算 C_r,而只需知道右转车的比例即可。

(2)直、左共行车道的理论通行能力

因为主次道路相交的无信号交叉口,次要道路进口道直行车与左转车常共用一条车道,而两条车流穿越主要道路车流时所需的临界间隙不同,所以计算该车道等待车辆的穿越流率时,应根据概率论原理按直行、左转车各占的比例来分析。

设该车道车流中左转车与直行车的比例分别为 β 和 $1-\beta$,则每一时刻左转车位于穿越车流对应的概率为 β,直行车对应的概率为 $1-\beta$。鉴于交叉口车流的实际情况,为了简化修正后的通行能力模型,在此假设下列四种情况时跟车时距相等:

①左转车在队首其后为直行车;
②左转车在队首其后为左转车;
③直行车在队首其后为直行车;
④直行车在队首其后为左转车。

则直、左共行车道的通行能力为:

$$C_{sl} = (1-\beta) q \frac{e^{-q t_{cs}}}{1 - e^{-q t_f}} + \beta \frac{q e^{-q t_{cl}}}{1 - e^{-q t_f}} = \frac{q}{1 - e^{-q t_f}} [(1-\beta) e^{-q t_{cs}} + \beta e^{-q t_{cl}}] \quad (9\text{-}17)$$

式中:C_{sl}——直、左共行车道的通行能力(veh/h);

t_{cs}、t_{cl}——直、左车的临界间隙(s)。

(3)进口道理论通行能力

设次要道路右转车流占次要道路进口道车流的比例为 β_r,又设单位时间(s)内右转车通过的车辆数为 X_r,则:

$$\beta_r = \frac{X_r}{C_{sl} + X_r} \quad (9\text{-}18)$$

即：

$$X_r = \frac{\beta_r C_{sl}}{1 - \beta_r} \tag{9-19}$$

所以次要道路进口道的通行能力 C 为：

$$C = X_r + C_{sl} = \frac{\beta_r C_{sl}}{1 - \beta_r} + C_{sl} = \frac{C_{sl}}{1 - \beta_r} = \frac{q}{(1-\beta_r)(1-e^{-qt_f})}[(1-\beta)e^{-qt_{cs}} + \beta e^{-qt_{cl}}] \tag{9-20}$$

2）混合车流修正

以上分析都是理想条件下（通过交叉口的车型均为小型车）得出的结论，但实际情况是通过交叉口的车流都是各种车型的混合车流。所以，有必要对无信号交叉口通行能力进行混合车流的修正。

假设次要道路上有 r 种车型，各车型的构成比例为 $p_1, p_2, \cdots, p_r$，且 $p_1 + p_2 + \cdots + p_r = 1$。驾驶同类车辆的驾驶人假设为一致的，其通过无信号交叉口冲突区时遵循可接受间隙理论，各型车的临界间隙为 $t_{c1}, t_{c2}, \cdots, t_{cr}$，且 $t_{c1}, t_{c2}, \cdots, t_{cr}$ 是递增的，跟车时距为 $t_{f1}, t_{f2}, \cdots, t_{fr}$ 且 $t_{f1}, t_{f2}, \cdots, t_{fr}$ 是递增的。不同类型车辆到达交叉口是随机的，次路有充分多的车辆在等待且可容纳无限多的车辆排队。由此通过对次路车辆可能出现的排队构形及其概率进行研究后，得出次路混合车流通过无信号交叉口的通行能力模型为：

$$C_n = \frac{q \sum_{k=1}^{r} p_k e^{-q t_{ck}}}{1 - \sum_{k=1}^{r} p_k e^{-q t_{fk}}} \tag{9-21}$$

式中：C_n——次路混合车流通过无信号控制交叉口的通行能力（veh/s）；

q——主路交通量（veh/s）。

3）主要道路车流速度修正

主要道路车流到达无信号交叉口时，因受次要道路排队等候穿越车流的影响，车流平均速度趋于降低。公式（9-20）中，q、t_{cs}、t_{cl} 三个参数受主要道路车流速度的影响，其他参数则与主要道路车流速度无多大关系。

首先分析 q。q 是交通流三参数之一，它与车流速度之间有着内在的联系，即 $q = f(v)$。从定性上分析，车流在稳定流范围内，v 越小，q 越大。要想得到 q 与 v 的定量关系式，可对交叉口所在路段的交通流进行观测，然后用统计回归方法得到 q、v 之间的关系式。如不能取得具体的交通流观测资料，也可套用相似道路已有的交通流三参数之间的关系式。例如比较通用的由美国 Greenshields 提出的速度-密度关系基础上推出的流量-速度关系式，即：

$$q = K_j \left(s - \frac{s^2}{s_f} \right) \tag{9-22}$$

式中：K_j——车流最大密度（veh/m）；

s_f——车流最大速度或自由流速度（m/s）。

再分析 t_{cs}、t_{cl}。t_{cs}、t_{cl} 是次要道路进口道上直行车、左转车穿越主要道路车流的临界间隙，它们随主要道路车流速度的降低而减少。根据国内外已有的研究结果，各种车型和流向的车辆穿越主要道路车流的临界间隙与主要道路车流的速度之间大致呈线性关系。具体的关系式可通过对所研究的交叉口调查后加以确定，也可应用相关的文献资料近似确定。

于是,如果考虑到受主要道路车流速度影响的因素后,则式(9-20)可修正为:

$$C = \frac{q(v)}{(1-\beta_r)(1-e^{-q(v)t_f(v)})}[(1-\beta)e^{-q(v)t_{cs}(v)} + \beta e^{-q(v)t_{cl}(v)}] \quad (9-23)$$

可接受间隙理论模型经过上述考虑次要道路车流流向、混合车流、主要道路车流速度影响因素修正后,用修正后的模型计算主次相交的无信号控制的交叉口的通行能力更符合交叉口车流的客观实际。

综合式(9-21)、式(9-23),得到修正后的无信号控制的交叉口的通行能力计算式:

$$C = \frac{q(v)(1+\beta_r)}{(1-\beta_r)(1-\sum_{k=1}^{r}e^{-q(v)t_{fk}})}[(1-\beta)\sum_{i=1}^{k}p_k e^{-q(v)t_{csk}(v)} + \beta \sum_{i=1}^{k}p_k e^{-q(v)t_{clk}(v)}] \quad (9-24)$$

式中:$q(v)$——主要道路交通量对速度的函数(veh/s);

$t_{csk}(v)$——第 k 种直行车型的临界间隙对速度的函数(s);

$t_{clk}(v)$——第 k 种左转车型的临界间隙对速度的函数(s)。

9.3.3 车队分析法

车队理论分析法主要用于两条等级相当的道路相交的无信号交叉口通行能力分析。

车队分析法认为,车流通过交叉口时具有车队特征,即当一路车流通行时,另一路到达车辆需要排队。当正在通行的一路车流中(设为 A 车流)出现可接受间隙时,另一路车流(设为 B 车流)便横穿,并通过一队车辆,直到 B 车队中出现可横穿的空当,A 路车流再横穿。这样循环往复,A、B 两车流以车队形式交替穿行。设 A、B 两车流分别通过一个车队所需时间为 T_A、T_B,把 A、B 两路各通过一个车队当作一个小"周期",则"周期"长度为 $T = T_A + T_B$。

这里的车队是广义的,它可以是以相同的车头时距或不同的车头时距通行的一组车辆,也可以是单辆车辆(此时车队长度为1)。车流要以车队形式通过交叉口,必须满足如下条件:

在一路车流通行期间(T_A 或 T_B),另一路上必须有一辆以上车辆到达,并等候通过。在通常的交通状况下,这个条件是能满足的。

通过交叉口的车队由两部分组成:先通过部分为受延误的排队车辆,以饱和流率通过,称之为饱和流部分;随之通过部分为不受延误的车辆,以非饱和率通过,称之为随机流部分。若已知饱和流、随机流车队车辆的期望值分别为 N_S、N_U 和相应的通行时间 T_S、T_U,则:

$$N_A = N_{SA} + N_{UA} \quad (9-25)$$

$$N_B = N_{SB} + N_{UB} \quad (9-26)$$

$$T_A = T_{SA} + T_{UA} \quad (9-27)$$

$$T_B = T_{SB} + T_{UB} \quad (9-28)$$

式中:N_A、N_B——A、B 路车流中一个周期内的车辆期望值(veh);

N_{SA}、N_{UA}——A 路饱和流、随机流车队一个周期内的期望值(veh);

N_{UB}、N_{SB}——分别是 B 路饱和流、随机流车队一个周期的内期望值(veh)。

当 A、B 两车流以车队形式通过时,两相交道路的通行能力可按每小时通行车队数计算,即:

$$Q_A = \frac{N_A 3600}{T} = \frac{3600 N_A}{T_A + T_B} \quad (9-29)$$

$$Q_B = \frac{3600 N_B}{T_A + T_B} \tag{9-30}$$

交叉口总的通行能力 C 为：

$$C = Q_A + Q_B = \frac{3600(N_A + N_B)}{T_A + T_B} \tag{9-31}$$

9.4 无信号交叉口通行能力

9.4.1 次级交通流向基准通行能力

根据间隙接受理论，无信号交叉口次级交通流向的通行能力应按公式(9-32)计算：

$$C_{bi} = Q_{ci} \times \frac{e^{-\frac{Q_{ci} \times T_{ci}}{3600}}}{1 - e^{-\frac{Q_{ci} \times T_{fi}}{3600}}} \tag{9-32}$$

式中：C_{bi}——次级交通流向 i 的基准通行能力(veh/h)；

Q_{ci}——次级交通流向 i 的冲突交通量，按表9-17与图9-4选取(veh/h)；

T_{ci}——次级交通流向 i 中的车辆在穿越其冲突交通流时所需的临界间隙(s)，按公式(9-33)计算；

T_{fi}——次级交通流向 i 中的车辆跟车时距(s)，按公式(9-34)计算。

无信号交叉口冲突交通量计算公式 表9-17

交通流向	冲突交通量计算公式	
主路左转	$Q_{c1} = q_5 + q_6$ ①	$Q_{c4} = q_2 + q_3$ ①
支路右转	$Q_{c9} = q_2/N$ ②	$Q_{c12} = q_5/N$ ②
支路直行	$Q_{c8} = q_1 + q_2 + q_4 + q_5 + q_6$	$Q_{c11} = q_4 + q_5 + q_1 + q_2 + q_3$
支路左转	$Q_{c7} = q_1 + q_2 + q_4 + q_5/N + q_{12}$ ③ $+ q_{11}$	
	$Q_{c10} = q_4 + q_5 + q_1 + q_2/N + q_9$ ③ $+ q_8$	

注：①当主路右转交通流向进入支路后被分流岛分开，可不考虑主路右转车辆的影响。

②当主路入口有 N 条直行车道时，与支路右转车冲突的交通量只有主路直行交通量 $1/N$，或者采用实测的外侧车道交通量比例来代替 $1/N$。

③当支路中右转车流被分流岛分开，忽略对向支路中右转车对支路左转车流的影响。

十字形或T形交叉口的临界间隙 T_{ci} 按公式(9-33)计算：

$$T_{ci} = T_{bci} + t_{cHV} \times P_{HVi} + t_{gi} \times g_i - t_{li} \tag{9-33}$$

式中：T_{bci}——基准条件下次级交通流向 i 中的车辆在穿越冲突交通流时所需的临界间隙(s)，可查表9-18获取；

t_{cHV}——交通组成对临界间隙的修正值(s)，当主路为双向2车道时，$t_{cHV} = 1s$，当主路为双向4车道时，$t_{cHV} = 2s$；

P_{HVi}——次级交通流向 i 中的非小客车比例；

t_{gi}——纵坡坡度对临界间隙的修正值，对主路左转、次路右转交通流向 $t_{gi} = 0.1s$，对次路直行车流和左转车流，$t_{gi} = 0.2s$；

g_i——交通流向 i 的纵坡坡度(%);

t_{li}——适用于 T 形交叉口次路左转交通流的左转车修正值,通常 $t_{li}=0.7s$,对于十字形交叉口,$t_{li}=0$。

基准条件下临界间隙 T_{bci} 的建议值　　　表 9-18

交通流向		主路左转	次路左转	次路直行	次路右转
临界间隙(s)	主路为双向二车道	5.0	5.5	5.0	3.0
	主路为双向四车道	6.0	6.5	6.0	4.0

次级交通流向 i 中的车辆跟车时距 T_{fi} 可按公式(9-34)计算:

$$T_{fi} = T_{bfi} + t_{fHV}P_{HVi} \tag{9-34}$$

式中:T_{bfi}——基准条件下交通流向 i 中的车辆跟车时距(s),可查表 9-19 获取;

t_{fHV}——交通组成对跟车时距的修正值,当主路为双向二车道时,$t_{fHV}=0.9s$,当主路为双向四车道时,$t_{fHV}=1.0s$。

基准条件下跟车时距 T_{bfi} 的建议值　　　表 9-19

交通流向	主路左转	次路左转	次路直行	次路右转
跟车时距(s)	2.0	2.5	2.0	1.6

9.4.2　次级交通流向实际通行能力

优先级高的交通流会对优先级低的交通流造成影响,路侧干扰也会影响无信号交叉口的通行能力,无信号交叉口次级交通流向的实际通行能力计算公式如下:

$$C_{pi} = C_{bi}f_{gi}f_{f} \tag{9-35}$$

式中:C_{pi}——次级流向 i 的实际通行能力(veh/h);

f_{gi}——次级流向 i 的阻抗系数;

f_{f}——路侧干扰修正系数。

1)阻抗系数

优先级高的交通流对优先级低的交通流造成的影响称为阻抗,而阻抗系数则综合反映了多个较高等级交通流对较低等级交通流造成影响的修正,各优先等级交通流阻抗系数应符合以下规定:

(1)优先等级为 1 级的交通流

优先等级为 1 级的交通流在通行过程中,不受其他车流的影响,因此,该等级车流不用修正,即 $f_{gi}=1$。

(2)优先等级为 2 级的交通流

优先等级为 2 级的交通流向只受到优先等级为 1 级的交通流向车辆通行的影响,优先等级为 1 级的交通流中出现的所有可穿越间隙均可被优先等级为 2 级的交通流向车辆利用,因此优先等级为 2 级的交通流阻抗系数 $f_{gi}=1$。

(3)优先等级为 3 级的交通流

优先等级为 3 级的交通流向车辆在通行过程中,需要寻找冲突流(优先等级为 1 级和 2 级的交通流)出现的可穿越间隙,该影响已在计算次级交通流向的基准通行能力时予以考虑。但是,当冲突交通流中出现可穿越间隙时,不仅优先等级为 3 级的交通流向车辆可以利用,优先等级为 2 级的交通流向车辆同样可以利用,从而导致优先等级为 3 级的交通流向车辆可利用的有效间隙减少。通常认为该有效间隙出现的概率与其冲突流中自由通过交叉口车辆出现的概率相等。

优先等级为 3 级的交通流阻抗系数按公式(9-36)计算:

$$f_{gk} = \prod_i P_{ki} = \prod_i \left(1 - \frac{q_i}{C_{bi}}\right) \quad (9\text{-}36)$$

式中:f_{gk}——优先等级为 3 级的交通流向 k 的阻抗系数;

P_{ki}——与优先等级为 3 级的交通流向 k 冲突的优先等级为 2 级的交通流向 i 中车辆自由通过交叉口的概率;

q_i——与优先等级为 3 级的交通流向 k 冲突的优先等级为 2 级的交通流向 i 的交通量 (veh/h);

C_{bi}——与优先等级为 3 级的交通流向 k 冲突的优先等级为 2 级的交通流向 i 的基准通行能力(veh/h)。

(4)优先等级为 4 级的交通流

只有在十字形交叉口才会有优先等级为 4 级的交通流,同优先等级为 3 级的交通流受到的影响一样,优先等级为 4 级的交通流在面对可穿越间隙时,必须优先等级为 2 级和 3 级的车辆先使用。因此,必须对优先等级为 4 级的车辆的有效间隙进行折减。

对优先等级为 4 级的车流来说,由于优先等级为 2 级和 3 级的车流具有相关性,很难直接将优先等级为 2 级和 3 级的车流中无排队车辆的概率计算出来。优先等级为 4 级的交通流阻抗系数按公式(9-37)至公式(9-39)计算。

$$f_{gm} = f'_{gm} \cdot P_{mn} = f'_{gm} \times \left(1 - \frac{q_n}{C_{bn}}\right) \quad (9\text{-}37)$$

$$f'_{gm} = 0.65 P_1 - \frac{P_1}{P_1 + 3} + 0.6 \sqrt{P_1} \quad (9\text{-}38)$$

$$P_1 = P_{mn} \cdot \prod_j P_{mj} = \left(1 - \frac{q_n}{C_{bn}}\right) \cdot \prod_j \left(1 - \frac{q_j}{C_{bj}}\right) \quad (9\text{-}39)$$

式中:f_{gm}——优先等级为 4 级的交通流向 m 的阻抗系数;

f'_{gm}——有效间隙的辅助修正系数,按公式(9-38)计算;

P_{mn}——与优先等级为 4 级的交通流向 m 冲突的优先等级为 3 级的交通流向 n 中车辆自由通过交叉口的概率;

q_n——与优先等级为 4 级的交通流向 m 冲突的优先等级为 3 级的交通流向 n 的交通量 (veh/h);

C_{bn}——与优先等级为 4 级的交通流向 m 冲突的优先等级为 3 级的交通流向 n 的基准通行能力(veh/h);

P_1——与交通流向 m 冲突、且存在有效间隙相互影响的第 2 级和第 3 节交通流的有效间隙概率,按公式(9-39)计算;

P_{mj}——优先等级为 4 级的交通流向 m 冲突的优先等级为 2 级的交通流向 j 中车辆自由通过交叉口的概率;

q_j——与优先等级为 4 级的交通流向 m 冲突的优先等级为 2 级的交通流向 j 的交通量 (veh/h);

C_{bj}——与优先等级为 4 级的交通流向 m 冲突的优先等级为 2 级的交通流向 j 的基准通行能力(veh/h)。

2) 路侧干扰修正系数

路侧干扰修正系数应主要考虑行人、非机动车和拖拉机等的影响,路侧干扰修正系数 f_F 宜按表 9-20 选取。

无信号交叉口通行能力的路侧干扰修正系数 f_F 表 9-20

路侧干扰等级	1	2	3	4
修正系数 f_F	0.95	0.85	0.75	0.65

9.5 无信号交叉口服务水平

9.5.1 服务水平评价指标

美国的《道路通行能力手册》确定无信号交叉口服务水平的评价指标是车辆平均延误,德国的《通行能力手册》规定无信号交叉口服务水平的评价指标为平均等待时间,其他国家也有使用车辆的平均延误来作为评价指标。

我国的《公路通行能力手册》采用车均延误和饱和度作为公路无信号交叉口服务水平评价标准;《建设项目交通影响评价技术标准》(CJJ/T 141—2010)采用主要道路双向高峰小时交通量、流量较大次要道路单向高峰小时交通量、行人过街双向高峰小时流量作为城市道路无信号交叉口服务水平评价指标。

9.5.2 服务水平分级标准

1) 国外标准

目前,国际上常用车辆在无信号交叉口处的延误来描述交叉口处交通设施对车辆的服务水平。表 9-21 和表 9-22 分别为美国、德国无信号控制交叉口服务水平分级标准。

美国无信号交叉口服务水平分级的标准   表 9-21

服务水平等级	A	B	C	D	E	F
车辆平均延误(s/veh)	≤10	(10,15]	(15,25]	(25,35]	(35,50]	>50

德国无信号交叉口服务水平分级的标准   表 9-22

服务水平等级	平均等待时间(s)	含 义
A	≤10	大多数车辆不需等待,没有多少延误通过交叉口
B	≤15	等待车流的行驶能力只受先行交通影响
C	≤25	等待时间间断地增加,并会产生排队
D	≤45	交叉口的交通流量增加到实际允许的交通量附近
E	>45	交通状况从稳定向不稳定过渡
F	—	交通运行不稳定

2)我国公路评价标准

我国的《公路通行能力手册》将无信号交叉口服务水平分为六级,见表9-23,可以发现,其车均延误的阈值与美国 HCM2010 相同,设计服务水平不应低于四级。

无信号交叉口服务水平分级的标准　　表9-23

服务水平等级	车均延误(s/veh)	饱 和 度
一	≤10	≤0.50
二	(10,15]	(0.50,0.60]
三	(15,25]	(0.60,0.71]
四	(25,35]	(0.71,0.77]
五	(35,50]	(0.77,0.83]
六	>50	>0.83

对于无信号平面交叉,采用延误指标可以直观反映交通运行质量,但延误指标较难观测与直接计算,可通过饱和度指标间接计算。延误与饱和度在一定范围内存在指数关系:

$$d_i = \begin{cases} 1.2 \times e^{2.28X_i} & (X_i \leq 0.77) \\ 2.04 \times e^{4.28X_i} - 20 & (X_i > 0.77) \end{cases} \quad (9\text{-}40)$$

式中:d_i——次级交通流向 i 的车均延误(s/veh);

X_i——次级交通流向 i 的饱和度。

无信号平面交叉口的延误是针对各个次级(2、3、4级)流向分别定义的,对于整个交叉口的延误可通过不同流向的延误求加权平均得到,如公式(9-41)所示:

$$d_a = \frac{\sum q_i d_i}{\sum q_i} \quad (9\text{-}41)$$

式中:d_a——交叉口的车均延误(s/veh);

q_i——次级交通流向 i 的交通量(pcu/h)。

3)我国城市道路评价标准

我国的《建设项目交通影响评价技术标准》(CJJ/T 141—2010)将无信号交叉口服务水平划分为三级,服务水平分级标准见表9-24,不同情况下无信号交叉口高峰小时流率见表9-25~表9-27。

我国无信号控制交叉口服务水平分级标准　　表9-24

服务水平等级	流　率
一	未达到增设停车控制标志与行人过街标线的流率要求,见表9-25 与表9-26
二	符合增设停车控制标志或行人过街标线的流率要求,见表9-25 和表9-26
三	符合增设信号灯的流率要求,见表9-27

需增设停车控制标志的无信号交叉口高峰小时流率　　表9-25

主要道路单向车道数 (条)	次要道路单向车道数 (条)	主要道路双向高峰小时流率 (pcu/h)	流量较大次要道路单向高峰 小时流率(pcu/h)
1	1	500	90
		1000	30

159

续上表

主要道路单向车道数（条）	次要道路单向车道数（条）	主要道路双向高峰小时流率（pcu/h）	流量较大次要道路单向高峰小时流率（pcu/h）
1	≥2	500	170
		1000	60
		1500	10
≥2	1	500	120
		1000	40
		1500	20
≥2	≥2	500	240
		1000	110
		1500	40

注：1. 主要道路指两条相交道路中交通量较大者，次要道路指两条相交道路中交通量较小者。
2. 双向停车控制标志应设置于次要道路进口道。
3. 流量较大次要道路单向高峰小时交通量为次要道路两个流向中高峰小时交通量较大者。

需增设行人过街标线的无信号交叉口高峰小时流率　　表 9-26

标线设置要求	道路双向机动车高峰小时流率（pcu/h）	行人过街双向高峰小时流率（人/h）
需要增设行人过街标线	≥300	≥50

需增设信号灯的无信号交叉口高峰小时流率　　表 9-27

主要道路单向车道数（条）	次要道路单向车道数（条）	主要道路双向高峰小时流率（pcu/h）	流量较大次要道路单向高峰小时流率（pcu/h）
1	1	750	300
		900	230
		1200	140
1	≥2	750	400
		900	340
		1200	220
≥2	1	900	340
		1050	280
		1400	160
≥2	≥2	900	420
		1050	350
		1400	200

9.5.3 服务水平评价流程

综上，无信号交叉口服务水平评价流程总结如下：

(1) 根据交叉口各流向交通量 q_i 与主路入口直行车道数 N，按表 9-17 与图 9-4 计算次级交通流向 i 的冲突交通量 Q_{ci}。

(2)查表 9-18,获取基准条件下各次级交通流向 i 中的车辆在穿越冲突交通流时所需的临界间隙 T_{bci}。

(3)根据主路车道数,确定交通组成对临界间隙的修正值 t_{cHV}。

(4)计算各次级交通流向 i 中的非小客车比例 P_{HVi}。

(5)确定纵坡坡度对临界间隙的修正值 t_{gi},以及交通流向 i 的纵坡坡度 g_i。

(6)若为 T 形交叉口,确定适用于 T 形交叉口次路左转交通流的左转车修正值 t_{li},若为十字形交叉口,则忽略此步骤,进行下一步骤。

(7)根据公式(9-33),计算次级交通流向 i 中的车辆在穿越其冲突交通流时所需的临界间隙 T_{ci}。

(8)查表 9-19,确定基准条件下交通流向 i 中的车辆跟车时距 T_{bfi}。

(9)根据主路车道数,确定交通组成对跟车时距的修正值 t_{fHV}。

(10)根据公式(9-34),计算各次级交通流向 i 中的车辆跟车时距 T_{fi}。

(11)根据公式(9-32),计算各次级交通流向 i 的基准通行能力 C_{bi}。

(12)确定与优先等级为 3 级的交通流向 k 冲突的优先等级为 2 级的各流向交通量 q_i、基准通行能力 C_{bi},根据公式(9-36),计算优先等级为 3 级的交通流向 k 的阻抗系数 f_{gk}。

(13)若为十字形交叉口,确定与优先等级为 4 级的交通流向 m 冲突的优先等级为 2 级和 3 级的各流向交通量 q_n、q_j 和基准通行能力 C_{bn}、C_{bj},根据公式(9-39),计算与交通流向 m 冲突、且存在有效间隙相互影响的第 2 级和第 3 级交通流的有效间隙概率 P_1,并进入下一步骤;若为 T 形交叉口,则忽略此步骤,直接进行第 16 步。

(14)根据公式(9-38),计算有效间隙的辅助修正系数 f'_{gm}。

(15)根据公式(9-37),计算优先等级为 4 级的交通流向 m 的阻抗系数 f_{gm}。

(16)查表 9-20,确定无信号交叉口通行能力的路侧干扰修正系数 f_F。

(17)根据公式(9-35),计算各次级流向 i 的实际通行能力 C_{pi}。

(18)根据高峰小时系数 PHF,计算各次级交通流向的高峰小时流率 $FL_i = q_i / PHF$。

(19)计算各次级交通流向的饱和度 $(V/C)_i = FL_i / C_{pi}$。

(20)根据公式(9-40),计算各次级交通流向 i 的车均延误 d_i。

(21)根据公式(9-41),计算交叉口的车均延误 d_a。

(22)查表 9-23,确定无信号交叉口的服务水平。

9.5.4 算例分析

【算例 9-1】 如图 9-8 所示,已知某公路无信号十字交叉口,相交道路的车道数主路为双向四车道,2 条入口车道分别为直左车道、直右车道,次路为双向 2 车道,纵坡坡度均为 0.5%。$q_1 = 33\text{veh/h}$,$q_2 = 250\text{veh/h}$,$q_3 = 50\text{veh/h}$,$q_4 = 66\text{veh/h}$,$q_5 = 300\text{veh/h}$,$q_6 = 100\text{veh/h}$,$q_7 = 44\text{veh/h}$,$q_8 = 132\text{veh/h}$,$q_9 = 55\text{veh/h}$,$q_{10} = 11\text{veh/h}$,$q_{11} = 110\text{veh/h}$,$q_{12} = 28\text{veh/h}$,各流向的小客车比例均为 90%,高峰小时系数为 0.95,路侧干扰等级为 1 级。试计算该交叉口的车均延误并评价其服务水平。

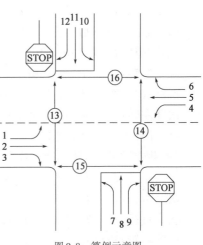

图 9-8 算例示意图

解:(1)主路入口直行车道数 $N=2$,根据交叉口各流向交通量 q_i,按表9-17与图9-8计算次级交通流向 i 的冲突交通量 Q_{ci}。

主路左转:$Q_{c1}=q_5+q_6=300+100=400(\text{veh/h})$;
$\qquad Q_{c4}=q_2+q_3=250+50=300(\text{veh/h})$。

次路右转:$Q_{c9}=q_2/N=250/2=125(\text{veh/h})$;
$\qquad Q_{c12}=q_5/N=300/2=150(\text{veh/h})$。

次路直行:$Q_{c8}=q_1+q_2+q_4+q_5+q_6=33+250+66+300+100=749(\text{veh/h})$;
$\qquad Q_{c11}=q_4+q_5+q_1+q_2+q_3=66+300+33+250+50=699(\text{veh/h})$。

次路左转:$Q_{c7}=q_1+q_2+q_4+q_5/N+q_{12}+q_{11}=33+250+66+300/2+28+110=637(\text{veh/h})$;
$\qquad Q_{c10}=q_4+q_5+q_1+q_2/N+q_9+q_8=66+300+33+250/2+55+132=711(\text{veh/h})$。

(2)查表9-18,获取基准条件下各次级交通流向 i 中的车辆在穿越冲突交通流时所需的临界间隙 T_{bci}。

主路左转:$T_{bc1}=T_{bc4}=6.0(\text{s})$;
次路右转:$T_{bc9}=T_{bc12}=4.0(\text{s})$;
次路直行:$T_{bc8}=T_{bc11}=6.0(\text{s})$;
次路左转:$T_{bc7}=T_{bc10}=6.5(\text{s})$。

(3)主路车道数为双向四车道,确定交通组成对临界间隙的修正值 $t_{cHV}=2\text{s}$。

(4)计算各次级交通流向 i 中的非小客车比例 $P_{HVi}=1-0.9=0.1$。

(5)确定纵坡坡度对临界间隙的修正值 t_{gi},以及交通流向 i 的纵坡坡度 g_i。

主路左转、次路右转:$t_{g1}=t_{g4}=t_{g9}=t_{g12}=0.1\text{s}$,次路直行、左转车流,$t_{g8}=t_{g11}=t_{g7}=t_{g10}=0.2\text{s}$;

各交通流向 i 的纵坡坡度 $g_i=0.5$。

(6)根据公式(9-33),计算次级交通流向 i 中的车辆在穿越其冲突交通流时所需的临界间隙 T_{ci}。

主路左转:$T_{c1}=T_{c4}=T_{bc1}+t_{cHV}\times P_{HVi}+t_{g1}\times g_i=6+2\times0.1+0.1\times0.5=6.25(\text{s})$;
次路右转:$T_{c9}=T_{c12}=T_{bc9}+t_{cHV}\times P_{HVi}+t_{g9}\times g_i=4+2\times0.1+0.1\times0.5=4.25(\text{s})$;
次路直行:$T_{c8}=T_{c11}=T_{bc8}+t_{cHV}\times P_{HVi}+t_{g8}\times g_i=6+2\times0.1+0.2\times0.5=6.30(\text{s})$;
次路左转:$T_{c7}=T_{c10}=T_{bc7}+t_{cHV}\times P_{HVi}+t_{g7}\times g_i=6.5+2\times0.1+0.2\times0.5=6.80(\text{s})$。

(7)查表9-19,确定基准条件下交通流向 i 中的车辆跟车时距 T_{bfi}。

主路左转:$T_{bf1}=T_{bf4}=2.0(\text{s})$;
次路右转:$T_{bf9}=T_{bf12}=1.6(\text{s})$;
次路直行:$T_{bf8}=T_{bf11}=2.0(\text{s})$;
次路左转:$T_{bf7}=T_{bf10}=2.5(\text{s})$。

(8)主路为双向四车道时,$t_{fHV}=1.0\text{s}$。

(9)根据公式(9-34),计算各次级交通流向 i 中的车辆跟车时距 T_{fi}。

主路左转:$T_{f1}=T_{f4}=T_{bf1}+t_{fHV}\times P_{HVi}=2.0+1\times0.1=2.1(\text{s})$;
次路右转:$T_{f9}=T_{f12}=T_{bf9}+t_{fHV}\times P_{HVi}=1.6\text{s}+1\times0.1=1.7(\text{s})$;
次路直行:$T_{f8}=T_{f11}=T_{bf8}+t_{fHV}\times P_{HVi}=2.0+1\times0.1=2.1(\text{s})$;
次路左转:$T_{f7}=T_{f10}=T_{bf7}+t_{fHV}\times P_{HVi}=2.5+1\times0.1=2.6(\text{s})$。

(10) 根据公式(9-32),计算各次级交通流向 i 的基准通行能力 C_{bi}。

主路左转:

$$C_{b1} = Q_{c1} \times \frac{e^{-\frac{Q_{c1} \times T_{c1}}{3600}}}{1 - e^{-\frac{Q_{c1} \times T_{f1}}{3600}}} = 400 \times \frac{e^{-\frac{400 \times 6.25}{3600}}}{1 - e^{-\frac{400 \times 2.1}{3600}}} = 960(\text{veh/h});$$

$$C_{b4} = Q_{c4} \times \frac{e^{-\frac{Q_{c4} \times T_{c4}}{3600}}}{1 - e^{-\frac{Q_{c4} \times T_{f4}}{3600}}} = 300 \times \frac{e^{-\frac{300 \times 6.25}{3600}}}{1 - e^{-\frac{300 \times 2.1}{3600}}} = 1110(\text{veh/h})。$$

次路右转:

$$C_{b9} = Q_{c9} \times \frac{e^{-\frac{Q_{c9} \times T_{c9}}{3600}}}{1 - e^{-\frac{Q_{c9} \times T_{f9}}{3600}}} = 125 \times \frac{e^{-\frac{125 \times 4.25}{3600}}}{1 - e^{-\frac{125 \times 1.7}{3600}}} = 1882(\text{veh/h});$$

$$C_{b12} = Q_{c12} \times \frac{e^{-\frac{Q_{c12} \times T_{c12}}{3600}}}{1 - e^{-\frac{Q_{c12} \times T_{f12}}{3600}}} = 150 \times \frac{e^{-\frac{150 \times 4.25}{3600}}}{1 - e^{-\frac{150 \times 1.7}{3600}}} = 1838(\text{veh/h})。$$

次路直行:

$$C_{b8} = Q_{c8} \times \frac{e^{-\frac{Q_{c8} \times T_{c8}}{3600}}}{1 - e^{-\frac{Q_{c8} \times T_{f8}}{3600}}} = 749 \times \frac{e^{-\frac{749 \times 6.3}{3600}}}{1 - e^{-\frac{749 \times 2.1}{3600}}} = 571(\text{veh/h});$$

$$C_{b11} = Q_{c11} \times \frac{e^{-\frac{Q_{c11} \times T_{c11}}{3600}}}{1 - e^{-\frac{Q_{c11} \times T_{f11}}{3600}}} = 699 \times \frac{e^{-\frac{699 \times 6.3}{3600}}}{1 - e^{-\frac{699 \times 2.1}{3600}}} = 614(\text{veh/h})。$$

次路左转:

$$C_{b7} = Q_{c7} \times \frac{e^{-\frac{Q_{c7} \times T_{c7}}{3600}}}{1 - e^{-\frac{Q_{c7} \times T_{f7}}{3600}}} = 637 \times \frac{e^{-\frac{637 \times 6.8}{3600}}}{1 - e^{-\frac{637 \times 2.6}{3600}}} = 519(\text{veh/h});$$

$$C_{b10} = Q_{c10} \times \frac{e^{-\frac{Q_{c10} \times T_{c10}}{3600}}}{1 - e^{-\frac{Q_{c10} \times T_{f10}}{3600}}} = 711 \times \frac{e^{-\frac{711 \times 6.8}{3600}}}{1 - e^{-\frac{711 \times 2.6}{3600}}} = 462(\text{veh/h})。$$

(11) 确定与优先等级为 3 级的交通流向、冲突的优先等级为 2 级的各流向交通量:$q_1 = 33\text{veh/h}$,$q_4 = 66\text{veh/h}$;基准通行能力 $C_{b1} = 960\text{veh/h}$,$C_{b4} = 1110\text{veh/h}$;根据公式(9-36),计算优先等级为 3 级的交通流向 k 的阻抗系数。

$$f_{g8} = f_{g11} = \left(1 - \frac{q_1}{C_{b1}}\right) \times \left(1 - \frac{q_4}{C_{b4}}\right) = \left(1 - \frac{33}{960}\right) \times \left(1 - \frac{66}{1110}\right) = 0.908。$$

(12) 与优先等级为 4 级的交通流向 7、10 冲突的优先等级为 2 级的各流向交通量 $q_1 = 33\text{veh/h}$、$q_4 = 66\text{veh/h}$、$q_{12} = 28\text{veh/h}$ 和基准通行能力 $C_{b1} = 960\text{veh/h}$、$C_{b4} = 1110\text{veh/h}$、$C_{b12} = 1838\text{veh/h}$;与优先等级为 4 级的交通流向 7、10 冲突的优先等级为 3 级的各流向交通量 $q_{11} = 110\text{veh/h}$ 和基准通行能力 $C_{b11} = 614\text{veh/h}$;根据公式(9-39),计算与交通流向 7 冲突、且存在有效间隙相互影响的第 2 级和第 3 节交通流的有效间隙概率。

$$P_1 = \left(1 - \frac{q_n}{C_{bn}}\right) \cdot \prod_j \left(1 - \frac{q_j}{C_{bj}}\right) = \left(1 - \frac{110}{614}\right) \times \left(1 - \frac{33}{960}\right) \times \left(1 - \frac{66}{1110}\right) \times \left(1 - \frac{28}{1838}\right) = 0.734。$$

与优先等级为 4 级的交通流向 10 冲突的优先等级为 2 级的各流向交通量 $q_1 = 33\text{veh/h}$、$q_4 = 66\text{veh/h}$、$q_9 = 55\text{veh/h}$ 和基准通行能力 $C_{b1} = 960\text{veh/h}$、$C_{b4} = 1110\text{veh/h}$、$C_{b9} = 1882\text{veh/h}$;

与优先等级为4级的交通流向10冲突的优先等级为3级的各流向交通量 $q_8 = 132\text{veh/h}$ 和基准通行能力 $C_{b8} = 571\text{veh/h}$;根据公式(9-39),计算与交通流向10冲突、且存在有效间隙相互影响的第2级和第3级交通流的有效间隙概率。

$$P_1 = \left(1 - \frac{q_n}{C_{bn}}\right) \cdot \prod_j \left(1 - \frac{q_j}{C_{bj}}\right) = \left(1 - \frac{132}{571}\right) \times \left(1 - \frac{33}{960}\right) \times \left(1 - \frac{66}{1110}\right) \times \left(1 - \frac{55}{1882}\right) = 0.678。$$

(13)根据公式(9-38),计算有效间隙的辅助修正系数。

流向7:

$$f'_{g7} = 0.65P_1 - \frac{P_1}{P_1 + 3} + 0.6\sqrt{P_1} = 0.65 \times 0.734 - \frac{0.734}{0.734 + 3} + 0.6\sqrt{0.734} = 0.795。$$

流向10:

$$f'_{g10} = 0.65P_1 - \frac{P_1}{P_1 + 3} + 0.6\sqrt{P_1} = 0.65 \times 0.678 - \frac{0.678}{0.678 + 3} + 0.6\sqrt{0.678} = 0.750。$$

(14)根据公式(9-37),计算优先等级为4级的交通流向的阻抗系数。

流向7:

$$f_{g7} = f'_{g7} \times \left(1 - \frac{q_n}{C_{bn}}\right) = 0.795 \times \left(1 - \frac{110}{614}\right) = 0.653。$$

流向10:

$$f_{g10} = f'_{g10} \times \left(1 - \frac{q_n}{C_{bn}}\right) = 0.750 \times \left(1 - \frac{132}{571}\right) = 0.577。$$

(15)查表9-20,确定无信号交叉口通行能力的路侧干扰修正系数 $f_F = 0.95$。

(16)根据公式(9-35),计算各次级流向 i 的实际通行能力。

$C_{p1} = 960 \times 1.0 \times 0.95 = 912(\text{veh/h})$,$C_{p4} = 1110 \times 1.0 \times 0.95 = 1055(\text{veh/h})$;
$C_{p9} = 1882 \times 1.0 \times 0.95 = 1788(\text{veh/h})$,$C_{p12} = 1838 \times 1.0 \times 0.95 = 1746(\text{veh/h})$;
$C_{p8} = 571 \times 0.908 \times 0.95 = 493(\text{veh/h})$,$C_{p11} = 614 \times 0.908 \times 0.95 = 530(\text{veh/h})$;
$C_{p7} = 519 \times 0.653 \times 0.95 = 322(\text{veh/h})$,$C_{p10} = 462 \times 0.577 \times 0.95 = 253(\text{veh/h})$。

(17)根据高峰小时系数 $PHF = 0.95$,计算各次级交通流向的高峰小时流率。

$FL_1 = q_1/PHF = 33/0.95 = 35(\text{veh/h})$,$FL_4 = q_4/PHF = 66/0.95 = 69(\text{veh/h})$;
$FL_9 = q_9/PHF = 55/0.95 = 58(\text{veh/h})$,$FL_{12} = q_{12}/PHF = 28/0.95 = 29(\text{veh/h})$;
$FL_8 = q_8/PHF = 132/0.95 = 139(\text{veh/h})$,$FL_{11} = q_{11}/PHF = 110/0.95 = 116(\text{veh/h})$;
$FL_7 = q_7/PHF = 44/0.95 = 46(\text{veh/h})$,$FL_{10} = q_{10}/PHF = 11/0.95 = 12(\text{veh/h})$。

(18)计算各次级交通流向的饱和度。

$(V/C)_1 = 35/912 = 0.04$,$(V/C)_4 = 69/1055 = 0.07$;
$(V/C)_9 = 58/1788 = 0.03$,$(V/C)_{12} = 29/1746 = 0.02$;
$(V/C)_8 = 139/493 = 0.28$,$(V/C)_{11} = 116/530 = 0.22$;
$(V/C)_7 = 46/322 = 0.14$,$(V/C)_{10} = 12/253 = 0.05$。

(19)根据公式(9-40),计算各次级交通流向 i 的车均延误。

$d_1 = 1.2 \times e^{2.28X_1} = 1.2 \times e^{2.28 \times 0.04} = 1.31(\text{s/veh})$;

$d_4 = 1.2 \times e^{2.28X_4} = 1.2 \times e^{2.28 \times 0.07} = 1.41(\text{s/veh})$;

$d_9 = 1.2 \times e^{2.28X_9} = 1.2 \times e^{2.28 \times 0.03} = 1.28(\text{s/veh})$;

$d_{12} = 1.2 \times e^{2.28X_{12}} = 1.2 \times e^{2.28 \times 0.02} = 1.26(\text{s/veh})$;

$d_8 = 1.2 \times e^{2.28X_8} = 1.2 \times e^{2.28 \times 0.28} = 2.27(\text{s/veh})$;

$d_{11} = 1.2 \times e^{2.28X_{11}} = 1.2 \times e^{2.28 \times 0.22} = 1.98(\text{s/veh})$;

$d_7 = 1.2 \times e^{2.28X_7} = 1.2 \times e^{2.28 \times 0.14} = 1.65(\text{s/veh})$;

$d_{10} = 1.2 \times e^{2.28X_{10}} = 1.2 \times e^{2.28 \times 0.05} = 1.35(\text{s/veh})$。

(20) 根据公式(9-41),计算交叉口的车均延误。

$$d_a = \frac{\sum q_i d_i}{\sum q_i} = 1.77(\text{s/veh})。$$

(21) 查表9-23,确定无信号交叉口的服务水平为一级。

思考题与习题

1. 无信号交叉口的交通控制方式有哪些?
2. 试述临界间隙、跟车时距的概念及估算方法。
3. 试述无信号交叉口延误的基本概念和计算方法。
4. 试述基于间隙接受理论计算无信号交叉口通行能力的方法。
5. 试述基于车队分析法计算无信号交叉口通行能力的方法。
6. 如何计算无信号交叉口实际通行能力?
7. 试述无信号交叉口服务水平的评价指标和评价标准。
8. 如图9-9,已知某公路无信号T形交叉口,相交道路的车道数主路为双向四车道(2条入口车道的直行车道数均为2),次路为双向二车道,纵坡坡度均为1%。$q_2 = 150\text{veh/h}$、$q_3 = 25\text{veh/h}$、$q_4 = 100\text{veh/h}$、$q_5 = 300\text{veh/h}$、$q_7 = 25\text{veh/h}$、$q_9 = 80\text{veh/h}$,各流向的小客车比例均为85%,高峰小时系数为0.92,路侧干扰等级为2级。试计算该交叉口的车均延误并评价其服务水平。

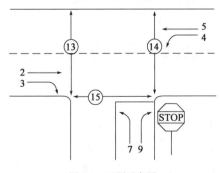

图9-9 习题示意图

第10章
信号交叉口通行能力与服务水平

当交叉口的交通流量不大时,交叉口的通行秩序可以由交通主体的自组织来维持,即无信号交叉口。但是,当交通量超过其一限度时,作为交叉口的另一种交通组织管理方式,可通过设置交通信号,使得交叉口能够正常运行,即信号交叉口。信号交叉口是交通系统中最为复杂的环节,对它的分析要考虑诸多因素,包括交通条件、几何尺寸和信号配时等。

本章将在描述交通信号控制的基本方式、设置的一般依据和方法及交叉口的几何特征的基础上,详细介绍国内外信号交叉口通行能力计算及服务水平分析方法。

10.1 交 通 信 号

10.1.1 交通信号灯

在道路上用来传递具有法定意义指挥交通流通行或停止的光、声、手势等都是交通信号。交通信号是在空间上无法实现分离原则的地方(主要在平面交叉口),用来在时间上给交通流分配通行权的一种交通指挥措施。道路上常用的交通信号有灯光信号和手势信号。灯光信号通过交通信号灯的灯色来指挥交通;手势信号则由交通管理人员通过法定的手势动作姿势或指挥棒的指向来指挥交通。交通信号灯通过轮流显示不同灯色来指挥交通,手势信号仅在交通信号灯出现故障或在无交通信号灯的地方使用。

1) 交通信号灯的种类

(1) 普通非闪灯

即常见的红、黄、绿三色信号灯。

(2) 箭头信号灯

在灯头上加上一个指示方向的箭头,可有左、右、直三个方向。它是专门为分离各种不同方向的交通流,并对其提供专门通行时间的信号灯。这种信号灯在设有专用车道的交叉口上使用才能有效。

(3) 闪烁灯

普通红、黄和绿色箭头灯在启亮时,按一定的频率闪烁,以补充其灯色所不能表达的交通指挥意义。此外,我国有些城市安装了随灯色显示时间倒计时的一种信号灯,可以告知驾驶人正在显示的色灯所余留的时间,以便驾驶人做出合理的判断。

2) 信号灯的含义

1968 年,联合国对各式各样交通信号灯含义做过一个基本统一的规定。在这一规定的基础上,1974 年,欧洲 18 个国家加上美国、加拿大、澳大利亚、日本等国召开联席会议,协议商订了《欧洲道路交通标志和信号协定》,并要求各国在协议生效后 10 年内,逐步统一使用上述信号规定。

国际上规定的各种信号灯的含义如下:

(1) 非闪灯

①绿灯表示车辆可以通行,在平面交叉口,面对绿灯的车辆可以直行、左转或右转。左右转弯车辆必须让合法通行的其他车辆和人行横道线内的行人先行。但是如果在该绿灯所允许的通行方向上,交通非常拥挤,以至进入进口的车辆在色灯改变之后还是通不过,这时,即使亮绿灯,车辆也不得通行。

②红灯表示不允许车辆通行,面对红灯的车辆不能超过停车线。

③黄灯表示即将亮红灯车辆应该停止,除非黄灯刚亮时,已经通过停车线、无法安全制动的车辆。

(2) 闪灯

①红灯闪表示警告车辆不能通行;

②黄灯闪或者两个黄灯交替闪表示所车辆可以通行,但必须特别小心。

(3) 箭头灯

①绿色箭头灯表示车辆只允许沿箭头所指的方向通行;

②红色或黄色箭头表示仅对箭头所指方向起红灯或黄灯的作用。

10.1.2 交通信号的控制方式

根据所采用的控制装置的不同,交通信号一般有两种控制方式:定时控制与感应控制。

1) 定时控制

这种控制方式信号的周期长、相位、绿灯时间及转换间隔等都是事先确定的。信号通过规定的周期长以不变的形式运行,每个周期的周期长和相位恒定不变。依靠所提供的设备,可用几种预定配时方案,每种方案都自动在一天规定的时间中交替使用。

2)感应控制

(1)半感应式信号

这种信号控制方式保证主要道路总保持绿灯,直至设在次要道路上的检测器探测出有车辆到达,这时信号经过一个适当的转换间隔后,为次要道路显示绿灯,该绿灯时间将维持到次要道路上车辆全部通过交叉口或持续到预定的最大绿灯时间为止。该系统的周期长和绿灯时间可根据需要随时进行调整;当次要道路没有车辆时,主要道路道总保持绿灯。事实上,分配到次要道路的绿灯时间可充分利用,所有"多余"的绿灯时间则都分配给主要道路。

(2)全感应式信号

该信号的所有相位全由检测器来控制,一般每个相位都规定最小与最大绿灯时间。这种控制方式的周期时长和绿灯时间可根据要求作很大的变动,周期中的某些相位可以任意选择使用,当检测器未测出交通量时,该时刻的相位可自动取消。

随着计算机技术的发展和普及应用,目前,国内许多城市,特别是大中型城市的信号系统基本都实现了计算机控制,其信号一般采用预定周期式控制,由计算机选择和控制相位方案及信号联动。

交叉口通行能力在很大程度上取决于信号配时,事实上,信号配时在很大程度上影响交叉口的实际通行能力。

10.1.3 交通信号设置的依据

一般地,当交通量发展到超过交叉口自行组织所能处理的能力时,才在该交叉口加设交通信号。由于停车或让路标志交叉口和采用信号灯控制的交叉口各有利弊,各有其适用的条件,所以,信号灯设置得合理、正确,就能够发挥交通信号灯的交通效益;设置不当时,非但浪费设备及安装费,还会对交通造成不良后果。实践表明,设置不当的信号控制,不但消除了原有停车让路标志交叉口的优点,而且使得交通事故和停车延误增加。

由于世界各国的交通条件各有差异,所以各国制定的交通信号设置依据各不相同,其中,美国所制定的依据较为详细。

1)美国设置信号灯的依据

(1)最小机动车交通量

主、次道路上同一日第8h机动车交通量(一天内小时交通量按从大到小排列的第8h交通量)达到表10-1中所列的数值时,即可设置信号灯。

最小机动车交通量依据(单位:pcu/h)　　　　　表10-1

进口车道数		主要道路车辆数(双向进口道的总和)		次要道路车辆数(单向进口道的总和)	
主要道路	次要道路	市区	郊区	市区	郊区
1	1	500	350	150	105
≥2	1	600	420	150	105
≥2	≥2	600	420	200	140
1	≥2	500	350	200	140

（2）中断主要道路连续车流的最小流量

对于主次道路交通量相差过大、造成次要道路阻车30s时，按中断道路交通流量的连续时间考虑，此时第8位小时流量达到表10-2的数值，即应设置信号灯。

中断主要通路连续车流的最小流量（单位：pcu/h）　　　　表10-2

进口车道数		主要道路车辆数（双向进口道的总和）		次要道路车辆数（单向进口道的总和）	
主要道路	次要道路	市区	郊区	市区	郊区
1	1	750	525	75	52
≥2	1	900	650	75	52
≥2	≥2	900	630	100	70
1	≥2	750	525	100	70

（3）最小过街行人流量

过街行人数量大时，为确保行人安全，应考虑设置人行横道信号灯。最小过街行人流量也以同一日第8h的车流量和过街行人流量为准。郊区按列表数字的70%计算，见表10-3。

最小过街行人流量依据（单位：人/h）　　　　表10-3

主要道路车辆数（双向进口道的总和）		人行道上行人的最高流量
有中央分隔带（pcu/h）	无中央分隔带（pcu/h）	
1000	600	150

（4）依据学生过街

学生往返学校通过主要道路的地方，特别是在学校附近的人行横道，要考虑装设行人过街信号灯。

（5）交通事故记录

一年中发生5次及以上人身伤害或财产损失在100美元以上的交通事故，这类事故可通过交通信号控制来避免，而且机动车交通量不少于第（1）、（2）、（3）条依据的80%，如果信号装置不至于严重干扰车流的连续通行，可以考虑设置信号灯。

（6）其他依据

在上述各条依据没有一条符合的情况下，但在第（1）、（2）、（3）条依据中有两条或更多条满足规定值的80%及以上时，也可考虑设置信号灯。

按此依据设置信号灯之前，应充分考虑可以减少延误和交通不便的其他弥补性措施。如上述几条流量数据，都与交叉口进口数量有关，通过迁移路边存车处或拓宽车道增加通车条数，可能比装信号灯更为实用。总之，在论证设置信号灯依据时，应考虑任何类似增加进口道的方案。

2）我国设置交通信号灯的依据

（1）机动车信号灯

我国《道路交通信号灯设置与安装规范》（GB 14886—2016）对设置信号灯的交通量条件包括：高峰小时流率、任意8h机动车平均小时流量。其中设置信号灯的高峰小时流率条件在第9章中已有所介绍，见表9-27。设置信号灯的交叉口任意连续8h机动车平均小时流量条件见表10-4。

设置信号灯的交叉口任意连续 8h 机动车平均小时流量 表 10-4

主要道路单向车道数（条）	次要道路单向车道数（条）	主要道路双向高峰小时流率（pcu/h）	次要道路流量较大方向高峰小时流率（pcu/h）
1	1	750	75
		500	150
1	≥2	750	100
		500	200
≥2	1	900	75
		600	150
≥2	≥2	900	100
		600	200

交叉口设置信号灯的事故条件：

①3年内平均每年发生5起以上交通事故的路口，从事故原因分析通过设置信号灯可避免发生事故；

②3年内平均每年发生1起以上死亡事故的交叉口。

交叉口设置信号灯的综合条件：

①上述条件中有2个或2个以上条件达到80%时，交叉口应设置信号灯；

②对不具备上述条件但有特殊要求的交叉口，如常用作警卫工作路线上的交叉口、交通信号控制系统协调控制范围内的交叉口等，可设置信号灯。

(2) 非机动车信号灯

对于机动车单行线上的交叉口，在与机动车交通流相对的进口应设置非机动车信号灯。

非机动车驾驶人在距停车线25m范围内不能清晰视认机动车信号灯的显示状态时，应设置非机动车信号灯。

其他特殊情况下，如通过交通组织仍无法解决机动车与非机动车冲突时，宜设置非机动车信号灯。

(3) 交叉口行人过街信号灯

在采用信号控制的交叉口，已施划人行横道标线的，应相应设置行人过街信号灯。

10.1.4 交通信号设计参数

交通信号配时有多种方法，从最简单的两相位定时周期式到多相位感应式。交通信号的各项配时参数对交叉口的通行能力有非常大的影响，比如，信号的周期过长会导致停车延误增加，过短又会导致一周期内的车辆不能完全通过，形成二次停车的恶性循环，两者都会使交叉口的实际通行能力减小。下面具体介绍信号配时的各项参数。

(1) 周期：信号显示的一个完整循环过程。

(2) 周期长度：信号完成一个周期所需总时间，它是决定定时单点控制信号交通效益的关键控制参数，是信号配时设计的主要对象，用 T_c 表示，单位 s。

(3) 间隔：所有信号显示持续不变的时间，单位 s。

(4) 绿灯间隔时间：一个相位绿灯结束到下一相位绿灯开始之间的时间，这是为了避免下一相位头车同上一相位尾车在交叉口内相撞所设,也称为交叉口清车时间,等于黄灯时间与全红时间之和,用 I 表示,单位 s。

(5) 绿灯时间:绿灯相位所持续时间,用 G_i 表示(第 i 相位),单位 s。

(6) 损失时间:未能供车辆有效利用的时间,它包括:转换间隔时间(当交叉口的车辆已清除时)、每次绿灯开始时前排车辆起动损失时间,单位 s。

(7) 有效绿灯时间:在给定的相位中,获得通行权的车流所能够有效利用的时间;它等于绿灯时间加上转换间隔时间再减去损失时间,用 g_i 表示(第 i 相位),单位 s。

(8) 绿信比:有效绿灯时间与周期长之比,用百分比表示,即一个周期内可用于车辆通行时间的比例,用 $\lambda_i = g_i/T_c$ 表示(第 i 相位)。

(9) 有效红灯时间:有效禁止车辆行驶所持续的时间,它等于周期长减去规定相位的有效绿灯时间,用 r_i 表示(第 i 相位),单位 s。

有些城市还应用全红时间,其全红时间约占周期长的 2%,用以清除交叉口内的车辆。

10.1.5 交通信号相位

信号相位方案,是对信号轮流给某些方向的车辆或行人分配通行权顺序。即相位是在一个周期内,安排了若干种控制状态(每一种控制状态对某一方向的车辆或者行人分配给通行权),并合理安排了这些控制状态的显示顺序。信号控制机按设定的显示方案,轮流对各方向的车流分配通行权。把每一种控制状态,即对各进口道不同方向所显示的不同色灯的组合,称为一个信号相位。

交通信号的相位一般分为:两相位、三相位及多相位。

1) 两相位

信号配时方案一般用信号配时图表达。如图 10-1 所示,是一种最基本的两相位信号配时图。

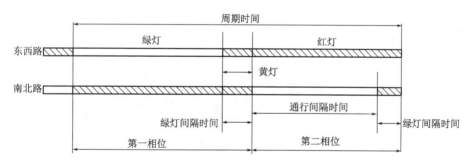

图 10-1 两相位信号配时图

图中第一相位对不同方向显示的色灯组合是:东西向道路为绿灯,南北向道路为红灯。控制状态是给东西向车流以通行权,南北向车流不准通行,但南北向右转车辆不受限制,在周期内任何时段均可通行。

第二相位改为东西向道路为红灯,南北向道路为绿灯,即给南北向车流以通行权,但东西向右转车辆不受限制,在任何时段均可通行。

2) 三相位

信号控制一般采用两相位配时方案。在东西两侧进口道左转车相当多、而交叉口进口道上又设有左转专用车道的情况下,可以考虑采用三相位信号配时方案,如图10-2所示。

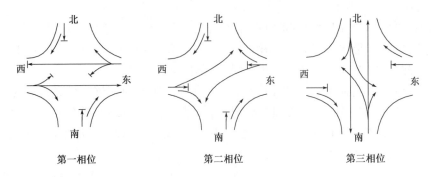

图10-2 三相位信号控制方案

三相位配时方案中,专用左转相位需要用绿色左转箭头。三相位配时方案各进口道不同方向的信号灯色组合为:对东向南和西向北左转车放绿色左转箭头灯,东、西及南、北直行车辆均放红灯;另外两个相位就是基本的两相位信号组合。这三个相位按照图10-2顺序排列就是一个三相位的配时控制方案。

若只是西侧进口道左转车辆较多,则可选用另一种单侧左转相位。这种相位的信号组合是对西侧进口道放绿灯,其他方向均放红灯。控制状态是西侧左、直、右转车辆有通行权,其他各向车辆均不准通行;再加上两个基本的两相位信号,就形成另一种三相位配时方案。若这个单侧左转相位放在东西通车相位之前,称之为前导左转相或早启左转相;若是在东西相之后,则称为延迟左转相或迟断左转相。也有人把这种相位看成单独的相位,而把它看成是东西相位的早启或迟断的一个附加信号时段。

3) 多相位

现代信号控制机配合箭头灯具,仅对机动车就可安排8个相位(图10-3)。如要加上为行人或自行车配的专用相位,那配时方案的形式则更多。根据交叉口交通流向流量的特征,视设计需要选择合适的相位,并作不同秩序的安排,就可形成多种多样的信号配时方案。合理选择与组合相位,是决定控制定时信号交叉口交通效率的主要因素之一。

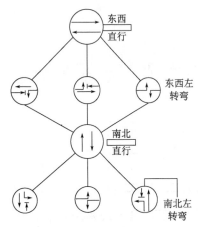

图10-3 八相位信号配时方案

10.1.6 交通信号的作用

交叉口是两条以上道路相交的区域。车流经过交叉口时,形成了合流点、冲突点和分流点(统称为交错点),以往的事故统计及交通管理经验表明:交错点是交通事故发生及影响交叉口通行能力的焦点所在。因此,在考虑了设置信号交叉口的依据后,满足条件的交叉口可设置交通控制信号,以减少交叉口交错点,达到改善交叉口通行条件、减少交通事故发生和提高交叉口通行能力的目的。图10-4和图10-5分别描述了车流在典型的十字形交叉口有、无信号灯的情况下行驶轨迹交错情况。通过比较可以看出,信号灯对于减少交叉口各种交错点(合流点、冲突点、分流点)的作用明显。

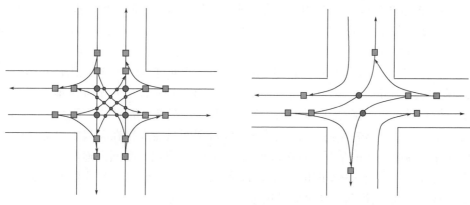

图 10-4　无信号十字形交叉口交错点情况　　　图 10-5　两相位信号控制十字形交叉口交错点情况

表 10-5 则具体列出了交叉口有、无信号条件下的交错点数目的对比情况,从表中可以看出:通过设置交通信号,可以大幅度减少交叉口的交错点数量。

交叉口有、无信号条件下的交错点数目的对比表　　　表 10-5

交错点类型	项　目					
	无信号控制			有信号控制		
	相交道路条数			相交道路条数		
	3 条	4 条	5 条	3 条	4 条	5 条
分叉点	3	8	15	2 或 1	4	6
汇流点	3	8	15	2 或 1	4	6
左转车冲突点	3	12	45	1 或 0	2	4
交错点总数	9	32	80	5 或 2	10	16

10.2　信号交叉口交通特性

10.2.1　信号交叉口车流运行特性

信号交叉口车流的运行特性及其通行能力,直接取决于信号配时的情况。为便于研究,主要分析采用固定式配时的单点信号交叉口。

1)饱和流率和有效绿灯时间

当一个交叉口的相位安排确定之后,车流通过交叉口时的基本运动特性如图 10-6 所示。这一基本模式是由克莱顿于 1940—1941 年提出的,后来沃德洛尔、韦伯斯特和柯布等学者沿用并发展了克莱顿的模式。这一模式一直作为研究信号交叉口车流运行特性的主要依据。

图 10-6 所示的车流运动图示表明,当信号灯转为绿灯显示时,原先等候在停车线后面的车流便开始向前运动。车辆鱼贯地越过停车线,其流率由零很快增至一个稳定的数值,即饱和流率 S(或称为饱和流率)。此后,越过停车线的后续车流将保持与饱和流率 S 相等,直到停车线后面积存的车辆全部放行完毕,或者虽未放行完毕,但绿灯时间已经截止。从图 10-6 可以看

出，在绿灯启亮的最初几秒，流率变化很快，车辆从原来的静止状态开始加速，速度逐步由零变为正常行驶速度。在此期间，车辆通过交叉口(停车线)的车流量要比饱和流率低些。同理，在绿灯结束后的黄灯时间(许多国家的交通法规允许车辆在黄灯时间越过停车线)或者在绿灯开始闪烁后，由于部分车辆因采取制动措施而已经停止前进，部分车辆虽未停止但也已经开始减速，因此通过交叉口(停车线)的流量便由原来保持的饱和流率水平逐渐地降下来。当然这里主要是指直行车流而言的，左转车流在黄灯期间通过交叉口的流量反而会变得更大一些，这是因为由于对向直行车的存在，使得左转车在绿灯期间只能聚集在路口中央等候区待机通行。这样在绿灯结束时便积存下一些左转车，它们只能利用黄灯时间迅速驶出路口。为了研究问题方便，在以后的讨论中仍采用图 10-6 的模式，只是对左转车流另作特殊考虑。右转车流若不受信号灯控制，其运动特性也应另做考虑。

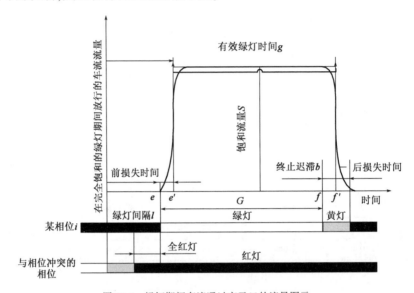

图 10-6　绿灯期间车流通过交叉口的流量图示

必须注意的是，只有当绿灯期间停车线后始终保持有连续的车队时，车流通过停车线的流率才能稳定在饱和流率的水平上。图 10-6 所示的正是一个完全饱和的实例，即在绿灯结束之前，始终都有车辆连续不断地通过停车线。

为便于研究起见，我们用虚折线取代图 10-6 中实曲线所代表的实际流量过程线。虚线与横坐标轴所包围的矩形面积与实曲线所包围的面积相等。这样矩形的高就代表饱和流率 S 的值，而矩形的宽则代表有效绿灯时间 g。而矩形的面积 Sg 恰好等于一个平均周期内实际通过交叉口的车辆数。

从图 10-6 可以看出，绿灯信号的实际显示时段与有效绿灯时段是错开的。有效绿灯时间的起点滞后于绿灯实际起点。我们将这一段滞后的时间差称为"绿灯前损失"。同样，有效绿灯时间的终止点也滞后于绿灯实际结束点(这当然指黄灯期间允许车辆继续通行的情况)，将这一段滞后时间差称作"绿灯的后补偿"。由此可得到有效绿灯时间的计算公式：

$$g = G + \text{ff}' - \text{ee}' \tag{10-1}$$

式中：g——有效绿灯显示时间(s)；

G——绿灯时间(s)；

ff′——绿灯后补偿时间(s),等于黄灯时间减去后损失时间；

ee′——绿灯前损失时间(s)。

2) 相位损失时间和关键相位

先介绍一下"起始迟滞"与"终止迟滞"的概念。有效绿灯的"起始迟滞"时间 a 等于该相位与上一相位的绿灯间隔时间与绿灯的前损失时间之和,有效绿灯的"终止迟滞"时间 b 恰好等于绿灯的后补偿时间,用公式表示如下：

$$a = I + ee' \tag{10-2}$$

$$b = ff' \tag{10-3}$$

式中：I——绿灯间隔时间(s),即交叉口清车时间。

根据起始迟滞和终止迟滞的概念,可以定义相位损失时间(l)为起始迟滞与终止迟滞之差,即：

$$l = a - b \tag{10-4}$$

由式(10-2)、式(10-3)得：

$$l = I + ee' - ff' \tag{10-5}$$

如果假定绿灯的前损失时间恰好等于后补偿时间,那么相位损失时间便等于绿灯间隔时间 I。因为绿灯间隔时间包含于损失时间之内,所以信号交叉口的通行能力和配时问题只与车流的运动特性有关。

根据绿灯损失时间的定义,可以得出实际绿灯显示时间 G 与相位有效绿灯时间 g 之间的如下关系：

$$g + l = G + I \tag{10-6}$$

信号周期时长 T_c 可以用有效绿灯时间和相位损失时间来表示：

$$T_c = \sum (g + l) \tag{10-7}$$

此式右边并不是对全部相位的有效绿灯时间和损失时间求和,而只是对"关键相位"求和。所谓关键相位,是指那些能够对整个交叉口的通行能力和信号配时起决定性作用的相位。一个交叉口可能有多个相位,但是对于整个交叉口的通行能力和信号配时而言,并不是所有相位都起决定性作用,只是其中的几个相位能起到这种作用,它们即被称作"关键相位"。在信号配时过程中,只要给予关键相位足够的绿灯时间、满足其在通行能力上的要求,那么所有其他相位的通行能力要求自然就都能满足。

3) 信号周期的总损失时间

信号交叉口的信号显示是周期性运行的,在一个信号周期内所有相位都要显示一次。由于每个相位都有确定的损失时间,那么对于整个交叉口而言,每一信号周期中都包含一个总的损失时间 L,也就是说,在信号周期的这部分时间里,所有相位均为非绿灯显示,这一部分时间被"浪费"掉了。这里的"浪费",并非是真正的浪费,因为周期损失时间并非真正无用,它对于信号显示的安全更迭、确保绿灯阶段通过停车线的尾车真正通过交叉口(潜在冲突点)是必不可少的。信号周期的总损失时间为各关键相位的损失时间之和：

$$L = \sum l \tag{10-8}$$

10.2.2 车辆在信号交叉口的延误

在分析了信号交叉口车流运动特性及一些相关参数后,本部分将具体分析信号交叉口对车流的阻滞过程。一般来说,车辆到达交叉口的时间间隔和单位时间内到达停车线的车辆数都是随机变化的,所以在每个周期内总有一部分车辆在到达停车线之前会受到红灯阻滞。即便有些车辆原本可以在绿灯期间到达停车线,但由于前面有上一次红灯阻滞而积存下来的车辆阻挡,也不得不减速甚至停车。实际上,这些车辆的延误也是红灯阻滞的结果,可以用图 10-7 来描述车辆的受阻过程。

图 10-7 中给出了某辆车在通过停车线前后一段时间内的"行驶距离-时间曲线"。图 10-7 中所示车辆由于受到红灯阻滞,在到达停车线之前就已制动减速,车速由原来的正常行驶速度降至 0。等候一段时间后,又重新起动,加速至原正常行驶速度。图 10-7 中所用符号含义如下:

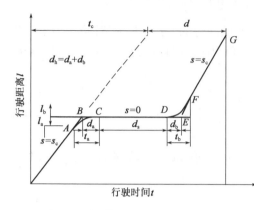

图 10-7　受阻滞车辆的行驶时间-距离曲线

s_c——正常行驶车速(m/s);

l——正常行驶距离(m);

t_c——若不受红灯阻滞,以正常行驶速度完成行程 l 所需要的时间(s),即:

$$t_c = \frac{l}{s_c} \tag{10-9}$$

d——车辆受阻的总延误时间(s);

t——实际完成行程 l 所花费的时间(s);

$$t = t_c + d \tag{10-10}$$

t_a、t_b——分别为车辆在减速阶段和加速阶段所花费的时间(s);

l_a、l_b——分别为车辆在减速阶段和加速阶段所驶过的距离(m);

d_s——车辆完全停车(怠速状态)的时间(s),即"停车延误";

d_a、d_b——分别为车辆在减速阶段和加速阶段的延误(s);

d_h——车辆在加速和减速两个阶段产生的延误时间之和,即:

$$d_h = d_a + d_b \tag{10-11}$$

由图 10-8 可以看出,车辆受阻延误时间就是车辆在受阻情况下通过交叉口所需时间 t 与正常行驶同样距离所需时间 t_c 之差。

1)"停车延误"与"减速-加速延误"

由图 10-8 可知,车辆在停车线处受阻总延误时间为 BE,而减速和加速阶段产生的延误时间为 d_h。因此,车辆真正处于停车(怠速)状态的时间 d_s 应为总延误时间 d 与 d_h 之差。相应地,我们把上述差值 d_s 称作"停车延误时间",而 d_h 称作"减速-加速延误时间"。车辆的总延误时间就是由这两部分构成的。

2)完全停车与不完全停车

观察交叉口的实际交通状况我们会发现,并非所有的车辆受到信号阻滞时都完全停车,而是有部分车辆仅仅减速,在车速尚未降到 0 之前又加速至原正常速度,图 10-8 表示了三种不同的行驶情况。

图 10-8a)中,车辆受阻后车速由正常速度 u_c 降至 0,然后立即加速,直至重新恢复原来车

速。此种情况下停车延误时间 $d_s = 0$，而总延误时间 $d = d_h$。图 10-8b）中，车辆行驶速度减至 0 后没有立即加速，而是有一段完全停驶的时间，即 $d_s \neq 0$，此时总延误时间 $d > d_h$。图 10-8c）中，速度由 s_c 降至 s'_c（$s'_c \neq 0$）后便立即加速，重新恢复至原速度 s_c，这种情况下总延误时间 d 虽然与减速-加速延误时间 d'_h 相等，但这时的 d'_h 显然小于 d_h。

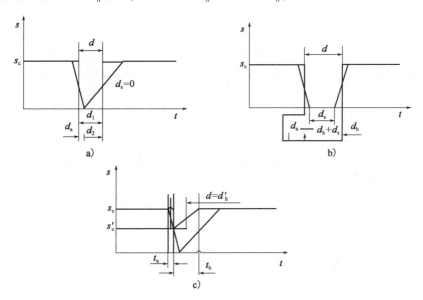

图 10-8 完全停车与不完全停车

图 10-8a）、图 10-8b）两种情况称作"完全停车"，而图 10-8c）所代表的情况称作"不完全停车"。显然，所谓"完全停车"，就是指车速一度减至 0，然后从 0 开始重新加速；而"不完全停车"是指减速阶段与加速阶段的转折点车速不为 0 的情况。

在图 10-8c）中，车辆受阻后车速由 s_c 降至 s'_c（$s'_c \neq 0$），然后再恢复至 s_c，这一过程所需的时间为：

$$t_a + t_b = (s_c - s'_c)\left(\frac{1}{a_1} + \frac{1}{a_2}\right) \tag{10-12}$$

式中：a_1——减速过程中的加速度（设为常数，取正值）；
a_2——加速过程中的加速度（设为常数，取正值）。

此间行行的距离为：

$$l = \frac{s_c^2 - s'^2_c}{2}\left(\frac{1}{a_1} + \frac{1}{a_2}\right) \tag{10-13}$$

如按正常速度行驶所需时间 t 为：

$$t = \frac{s_c^2 - s'^2_c}{2s_c}\left(\frac{1}{a_1} + \frac{1}{a_2}\right) \tag{10-14}$$

因此，此间的延误时间为：

$$d'_h = (t_a + t_b) - t = (s_c - s'_c)\left(\frac{1}{a_1} + \frac{1}{a_2}\right)\left(1 - \frac{s_c - s'_c}{2s_c}\right) \tag{10-15}$$

对于构成一次完全停车的情况，如图 10-8c）虚线所示，$s'_c = 0$，则：

$$d_h = \frac{s_c}{2}\left(\frac{1}{a_1} + \frac{1}{a_2}\right) \tag{10-16}$$

若 $a_1 = a_2 = a$(常数),则:

$$d_h = \frac{s_c}{a} \tag{10-17}$$

在式(10-17)中,若 s_c 值一定,则 d_h 为一定值。这就是说,只要原车速 s_c 相同,不管实际受阻情况属于图 10-8 中的哪一种,d_h 值都只有一个。于是,可以根据式(10-17)给出的 d_h 值与实际总延误时间 d 的比较来判断是否构成"完全停车",即只有满足:$d \geq d_h$ 才构成"完全停车"。

有了"完全停车"与"不完全停车"的概念之后,可以建立车辆延误时间与停车次数的相关关系。因为任何大小的延误时间都包含至少一次停车:"完全停车"或"不完全停车",视延误时间长短及原始车速而定。若用延误时间 d 和 d_h 的比值来反映这种关系,该比值称为停车率,记为 k,显然只要满足 $k = d/d_h \neq 0$ 就说明这当中包含着"一定程度"的停车。

根据停车率的概念,在研究整个交叉口某一时间段内通过的全部车辆,可以建立如下的关系式:

$$\bar{d} = \bar{d}_s + \bar{k}\,\bar{d}_h \tag{10-18}$$

式中:$\bar{d}$——一个周期内通过停车线的全部车辆平均延误时间(s);

$\bar{d}_s$——上述全部车辆的平均停车延误时间(怠速时间)(s);

$\bar{k}$——上述全部车辆的平均停车率;

$\bar{d}_h$——在上述车辆中有过一次完全停车的那部分车辆,它们减速—加速延误时间的平均值(s)。

3)车辆在信号交叉口的延误模型

(1)稳态延误模型

车辆在信号交叉口的延误时间和排队长度,主要取决于车辆的到达率和交叉口的通行能力。在一般情况下,车辆的到达率和交叉口的通行能力都是随时间而变化的。但在一个较长的时间段内,总的交通状况(车辆的平均到达率和各进口的通行能力)是基本稳定不变的。出现这种情况的前提是交叉口未达到饱和,即通行能力有足够的富余量。稳态延误模型就是基于上述这样一种分析,稳态延误模型的基本假定如下:

①信号配时为定时配时(或称定周期配时),且初始时刻车辆排队长度为 0;

②车辆平均到达率在所取的时间段内是稳定不变的;

③车辆受信号阻滞所产生的延误时间与车辆到达率的相关关系在所取的整个时间段内不变;

④交叉口进口断面的通行能力在所研究时段内为常数,且到达率不能超过通行能力;

⑤在考察的时间段内,各个信号周期车辆的到达率变化是随机的,因此在某些信号周期内可能会出现车辆的到达不平衡,产生过剩排队车辆,但若干周期后排队车辆将消失,即对整个时段而言,车辆到达和离去保持平衡。

信号交叉口的通行能力是指某一信号相位的车流通过交叉口的最大允许能力,这取决于饱和流率 S 及所能获得的有效绿灯时间占整个信号周期时间的比例(g/c)。

根据上述假定,用稳态理论计算车辆延误时间可简化为如下过程:

①将车流到达率视为常数,计算车辆的"均衡延误";
②计算由于各信号周期内车辆到达率不一致而产生的附加延误时间;
③将上述两部分叠加,得到车辆平均总延误时间。
根据上述假设和分析得出车辆在信号交叉口的稳态延误模型为:

$$d = \frac{T_c(1-g/T_c)^2}{2(1-q/S)} + \frac{x^2}{2q(1-x)} - 0.65\left(\frac{T_c}{q^2}\right)^{\frac{1}{3}} x^{2+5(g/T_c)} \tag{10-19}$$

式中:d——每辆车的平均延误(s/veh);

T_c——周期时长(s);

g——有效绿灯时间(s);

x——饱和度;

q——到达率(pcu/h)。

米勒也给出了类似的延误模型:

$$d = \frac{1-g/T_c}{2(1-q/S)}\left[T_c(1-g/T_c) + \frac{2Q_0}{q}\right] \tag{10-20}$$

式中:Q_0——平均过饱和排队车辆数(即在整个计算时间内由于个别周期过饱和以致绿灯时间结束时仍然滞留在停车线后的车辆数),可以由下面公式计算:

$$Q_0 = \frac{e^{-[1-1.33\sqrt{Sg(1-x)x}]}}{2(1-x)} \tag{10-21}$$

阿克赛立科给出的延误模型为:

$$d = \frac{T(1-g/T)^2}{2(1-q/S)} + \frac{Q_0 x}{q} \tag{10-22}$$

$$D = \frac{qT(1-g/T)^2}{2(1-q/S)} + Q_0 x \tag{10-23}$$

式中:D——全部车辆延误时间总和(s)。

其中,Q_0 的计算公式为:

$$Q_0 = \begin{cases} \dfrac{1.5(x-x_0)}{1-x} & (x > x_0) \\ 0 & (x \leq x_0) \end{cases} \tag{10-24}$$

其中,x_0 的计算公式为:

$$x_0 = 0.67 + \frac{Sg}{600} \tag{10-25}$$

式中:S——饱和流率(pcu/h)。

阿克赛立科比较了维伯斯特、米勒和他自己的公式,发现这些公式计算出来的结果相差甚微,最多相差1s左右;但是从形式来看,阿克赛立科的公式计算起来比较简单,应用也就更普遍一些。

(2)定数延误模型

稳态模型要求在一段长时间内有稳定的交通状况,这在流量比较小的情况下是可以满足的,此时模型的结果符合实际情况。但当交通量达到或超过通行能力时,稳态模型的假设条件不再满足。

为了解决这种情况,许多学者研究了过饱和交叉口车辆延误时间和排队长度的计算方法,其中有代表性的为 May 在《交通流理论》中提出的定数延误模型。定数延误模型的建立基于以下几条基本假定：

①车辆到达率在一段时间内为一恒定值，且大于交叉口通行能力；
②在绿灯初始时刻车辆排队长度为0；
③采用固定信号配时，故在观察时间段内通行能力为一常数；
④过饱和排队长度随着时间的增长而直线增加。

根据上述假设得出车辆在信号交叉口的定数延误模型为：

$$D = \frac{Crt}{2} + Q_0 t \tag{10-26}$$

式中：D——全部车辆延误时间总和(s)；
　　　r——红灯时长(s)；
　　　t——整个观测时段(h)；
　　　C——进口道通行能力(pcu/h)；
　　　Q_0——平均过饱和排队车辆数，即某进口道方向上所有车道排队车辆总和(veh)，其计算公式如下：

$$Q_0 = \frac{(q - C)t}{2} \tag{10-27}$$

　　　q——车辆到达率(pcu/h)，一般为一恒值。

每个车辆的平均延误时间为：

$$d = \frac{D}{qt} = \frac{Cr}{2q} + \frac{Q_0}{q} \tag{10-28}$$

10.3　信号交叉口通行能力计算

10.3.1　概述

信号交叉口的通行能力首先是对信号交叉口进口道规定的。它是在一定的交通、车行道和信号设计条件下，某一指定进口道单位时间内所能通过的最大交通流量。因为交叉口很少发生所有流向在同一天、同一时刻达到饱和的情况，所以交叉口单个流向的通行能力往往比整个交叉口的通行能力更重要。然而，我们在研究交叉口的通行能力时，特别在规划设计阶段，考虑的是整个交叉口的通行能力，以使其能够满足所有流向到来的车辆都能实现继续直行或转换方向的要求。因此规定，信号交叉口的通行能力等于各进口道通行能力之和。

在分析信号交叉口通行能力时，又可把它分为设计通行能力和实际通行能力。前者由于在规划设计阶段，不考虑信号设置的细节，只是概略性地评价交叉口通行能力。对于一组已知需求流量和几何设计的交叉口，能够提供通行能力是否足够的基本估计。这种分析是初步的和粗略的。后者是对正在运行的某一具体交叉口进行分析，要考虑交通、车行道和信号设计的诸多细节，而且一般和交叉口的服务水平一起考虑，以评价该交叉口的各项性能，提出治理或改造的建议。由于交通信号强制使车流由连续交通流变成间断流，并按照预定的相位和绿灯时间分配给不同方向车流通行权,这就使得各个方向车流的有效通行时间减少,因此各进口道通行能力也随之下降(与路段上车流连续运行做比较而言)。国内外有多种用来分析和计算信号交叉口通行能力的方法,本节将对几种典型的方法进行介绍。

10.3.2 信号交叉口通行能力影响因素

影响信号交叉口通行能力的主要因素有包括:几何条件,即交叉口的基本几何特征;信号条件,包括信号配时和信号相位;交通条件,即交叉口交通流的各项特性。

1) 几何条件

包括交叉口所处区域类型、交叉口形式及进口车道数、车道宽度、坡度和车道功能划分(包括停放车道)。

(1) 交叉口所处区域类型

根据它们所处位置不同分为:商业区交叉口、非商业区交叉口,在商业区交叉口内由于行人比较多,行人对交叉口车辆运行影响较大;在非商业区交叉口内由于行人比较少或者无行人通过(部分公路交叉口),行人对车辆运行影响较小或无影响。

(2) 交叉口形式

城市道路中,常见的信号交叉口为 T 字形交叉口和十字形交叉口。如图 10-9a)所示,T 字形交叉口一般出现在不同等级道路的衔接处,如城市主干路与次干路相交处。当城市路网结构为棋盘形时,会形成较多的十字形交叉口,如图 10-9b)所示。当交叉口相交道路大于两条时,一般用渠化交通或者立体交叉加以解决。

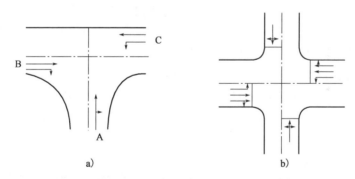

图 10-9 典型信号控制交叉口

(3) 进口的车道数及车道功能

交叉口通常进行拓宽处理,其车道数一般要比路段上多一条。为了分离各方向的车流,常进行车道功能的划分,设置左、右转专用车道。常见的交叉口进口横断面车道有下列几种布置方式:

①设两条直行车道和左、右转各一条专用车道;
②左、中、右方向车流均匀,各设一条专用车道;
③左转车多而右转车少时,设一条左转专用车道,直行和右转共用一条车道;
④右转车多而左转车少时,设一条右转专用车道,直行和左转共用一条车道;
⑤左右转车辆都很少时,分别与直行车共用一条车道;
⑥行车道宽度较窄,不设专用车道,只划机非分界线,机动车道不分直行,左转和右转,共

用一条车道;

⑦行车道很窄时,不施划机非分界线。

(4)入口车道宽度和坡度

标准的机动车道宽度为3.5m,当进口车道宽度小于此值时,会增加各种车流之间的摩阻,从而减小车道的通行能力,因此在计算信号交叉口通行能力时,应该根据实际车道宽度,进行折减。

入口车道纵坡度对交叉口通行能力也有较大影响,由于在进行平面交叉口规划设计时,对纵坡度已经有所限制,而且城市交叉口地势一般都较平坦,所以一般可认为纵坡度值为0,当纵坡度较大时,则应该对通行能力进行折减。

2)信号条件

交通信号在配时上有多种方法,从最简单的双相位预定周期式到多相位感应式。信号的各项配时参数,对交叉口的通行能力有非常大的影响:比如,信号的周期过长会导致停车延误增加,过短又会导致一个周期内车辆不能完全通过,形成二次停车的恶性循环,两者都会使交叉口的实际通行能力减小。信号配时条件包括:信号周期长、绿灯时间、绿信比、行人最小绿灯时间、相位等。

3)交通条件

交通条件包括每个进口的交通量、各流向(左转、直行、右转)车辆的分布,每一流向内的车型分布,在交叉口范围内公共汽车停靠、路侧停车、行人过街等情况。

(1)进口交通量

指高峰小时交通量。在规划设计阶段时,一般根据历史交通量预测一个值。对现状信号交叉口评价时,进口交通量则通过交通调查获取。交通量的大小决定了左转车辆可利用对向直行交通的可穿越间隙,从而影响左转通行能力。

(2)流向车辆的分布

指某一进口车流内各方向车流组成的百分比。如果各方向车流组成与信号灯各方向的时间分配存在较大矛盾,那么将使得某一方向的车流形成滞留,从而影响其他方向车流的通行,减小交叉口的通行能力。

(3)流向内的车型组成

由于各种车型的机动性能、几何尺寸的不同,导致它们的时空消耗存在差别。比如起动时间的不同影响了起动延误、车头时距等参数。在非机动车很多的情况下,机非混行严重,通行能力形成很大折减。在实际计算时,一般根据各种车型的机动性能和几何尺寸把各种车型折算为某一标准车型。

(4)交叉口范围内公共汽车停靠及路侧停车情况

一般在进行公交车停靠位置的选址时,应充分估计其对交叉口通行能力的影响。交叉口范围内的公共汽车停靠位置及其他停放车情况直接挤占了交叉口的空间,增加通行车辆的摩阻,从而减小信号交叉口的通行能力,在计算时要考虑折减。

(5)行人过街

城市道路交叉口若位于商业、娱乐中心或办公地点,吸引的行人流量会很大,过街行人对信号交叉口通行能力影响很大。据交通心理分析,交通信号对各种不同性格、教育背景的人群具有不同约束力,而且随其出行目的有较大改变。

10.3.3 国外信号交叉口通行能力计算方法

1)美国的 HCM(道路通行能力手册)方法

饱和流率是假定进口在全绿灯条件下,即绿信比 g/C 为 1.0 的情况下,所能通过的最大流率。在实际计算中,先选用理想的饱和流率,然后对该值做各种修正。其修正计算公式如下:

$$S = S_0 \cdot f_w \cdot f_{HV} \cdot f_g \cdot f_p \cdot f_{bb} \cdot f_a \cdot f_{LU} \cdot f_{RT} \cdot f_{LT} \cdot f_{Lpb} \cdot f_{Rpb} \tag{10-29}$$

式中:S——修正后的饱和流率(Adjusted saturation flow rate)[pcu/(h·ln)];

S_0——每车道理想条件下的饱和流率(Base saturation flow rate),根据实测确定;

f_w——车道宽度修正系数(Adjustment factor for lane width);

f_{HV}——交通流中重型车修正系数(Adjustment factor for heavy vehicles in traffic stream);

f_g——进口坡度修正系数(Adjustment factor for approach grade);

f_p——车道组停车及停车次数修正系数(Adjustment factor for existence of a parking lane and parking activity adjacent to lane group);

f_{bb}——公共交通阻塞系数(Adjustment factor for blocking effect of local buses that stop within intersection area);

f_a——地区类型修正系数(Adjustment factor for area type);

f_{LU}——车道利用修正系数(Adjustment factor for lane utilization);

f_{RT}——车道组中右转车的修正系数(Adjustment factor for right-turn vehicle presence in a lane group);

f_{LT}——车道组中左转车的修正系数(Adjustment factor for left-turn vehicle presence in a lane group);

f_{Lpb}——对于左转流向的行人、自行车修正系数(Pedestrian-bicycle adjustment factor for left-turn groups);

f_{Rpb}——对于右转流向的行人、自行车修正系数(Pedestrian-bicycle adjustment factor for right-turn groups)。

(1)车道宽度修正系数 f_w

说明狭窄的车道对饱和流率有不利影响,车道宽度修正系数见表10-6。

车道宽度修正系数   表10-6

平均车道宽度(英尺)	车道宽度修正系数
<10.0	0.96
[10.0,12.9]	1.00
>12.9	1.04

(2)重型车修正系数 f_{HV}

重型车占用更多的空间,且与中型车和小汽车相比在运行能力上有很大的区别,因此重型车对交叉口车辆运行有很大影响,重型车修正系数 f_{HV} 按以下公式计算:

$$f_{HV} = \frac{100}{100 + P_{HV}(E_T - 1)} \tag{10-30}$$

式中：E_T——重型车折算为直行小客车的系数，取 2.0（Equivalent number of through cars for each heavy vehicle = 2.0）；

P_{HV}——重型车交通量占总交通量的比例（%）（Percent heavy vehicles in the corresponding movement group）。

(3) 进口坡度修正系数 f_g

无论大型车还是小汽车，都会受到引道坡度的影响，因此坡度会对车辆运行有影响，进口坡度修正系数 f_g 按以下公式计算：

$$f_g = 1 - \frac{P_g}{200} \quad (10\text{-}31)$$

式中：P_g——进口道坡度（%）（The approach grade for the corresponding movement group）。

公式（10-31）的适用条件为纵坡坡度 -6% ~ +10%，下坡为负值，上坡为正值（This factor applies to grades ranging from -6.0% to +10.0%. An uphill grade has a positive value and a downhill grade has a negative value）。

(4) 车道组停车及停车次数修正系数 f_p

车道组停车及停车次数修正系数 f_p 说明了停车车道对附近车道的摩阻影响，以及由于车辆出入停放区偶尔会对相邻车道有阻塞的影响，其按以下公式计算：

$$f_p = \begin{cases} \dfrac{N - 0.1 - \dfrac{18 N_m}{3600}}{N} & (0 < N_m \leq 180) \\ 1 & (N_m = 0) \end{cases} \quad (10\text{-}32)$$

式中：N——车道组的车道数（条）（Number of lanes in lane group, ln）；

N_m——1h 内的停车次数（次/h）（Parking maneuver rate adjacent to lane group, maneuvers/h）。

(5) 公共交通阻塞系数 f_{bb}

说明了该地区公共交通车辆因乘客上下车而停靠在设置于靠近交叉口前后公交汽车站而对交叉口的影响。公共交通阻塞系数 f_{bb} 按以下公式计算：

$$F_{bb} = \frac{N - \dfrac{14.4 N_B}{3600}}{N} \quad (10\text{-}33)$$

式中：N_B——1h 内公共车辆的停车数，一般 $0 \leq N_B \leq 250$ veh/h（The bus stopping rate on the subject approach, buses/h）。

(6) 地区类型修正系数 f_a

商业区对交叉口的影响相对非商业区对交叉口影响大，这主要是商业区环境复杂和交通拥挤造成的，地区类型修正系数 f_a 按以下公式计算：

$$f_a = \begin{cases} 0.90 & (\text{商业区}) \\ 1.00 & (\text{其他}) \end{cases} \quad (10\text{-}34)$$

(7) 车道利用修正系数 f_{LU}

进口道的各车道交通量分布情况将影响信号交叉口进口通行能力，交通量分布越不均匀，其影响越大，如果进口道只有 1 条车道，则 $f_{LU} = 1.0$（The input lane utilization adjustment factor is used to estimate saturation flow rate for a lane group with more than one exclusive lane. If the lane group has one shared lane or one exclusive lane, then this factor is 1.0)。车道利用修正系数 f_{LU} 见表 10-7。

车道利用修正系数　　　　　表 10-7

车道类型	车道数(条)	大流量车道交通量比例(%)	车道利用修正系数
直行车道	1	100.0	1.000
	2	52.5	0.952
	3*	36.7	0.908
专用左转车道	1	100.0	1.000
	2*	51.5	0.971
专用右转车道	1	100.0	1.000
	2*	56.5	0.885

注：*若车道数大于表中所列数值，建议进行实地调查确定车道利用修正系数，或者采用表中所列最小值(If a lane group has more lanes than shown in this exhibit, it is recommended that field surveys be conducted or the smallest f_{LU} value shown for that type of lane group be used)。

(8) 车道组中右转车的修正系数 f_{RT}

车道组中右转车的修正系数取决于以下因素：

①右转车是来自专用道还是共用车道；

②共用车道上右转车的比例；

③信号相位类型(专用右转信号相位、许可信号相位或两者的结合)，专用右转信号相位不会产生车辆和行人冲突；

④专用右转信号和许可信号相位中专用右转信号的比例。

上面的 4 项应在现场确定，也可以根据配时来粗略估计，车道组中右转修正系数 f_{RT} 按以下公式计算：

$$f_{RT} = \begin{cases} 0.85 & (\text{专用右转车道}) \\ 1 - 0.15 P_{RT} & (\text{共用车道}) \\ 1 - 0.135 P_{RT} & (\text{进口道是单车道}) \end{cases} \quad (10\text{-}35)$$

式中：P_{RT}——左转车占进口道总交通量的比例。

(9) 车道组中左转车修正系数 f_{LT}

车道组中左转车修正系数取决于以下因素：

①左转车是来自左转专用道还是来自共用车道；

②共用车道上左转车的比例；

③信号相位类型(专用左转信号相位、许可信号相位或两者的结合)，专用左转信号相位不会产生车辆冲突；

④许可左转信号相位时的对向交通流率。

使用左转弯修正系数是考虑转弯车会占用更多的有效绿灯时间，因而降低了交叉口的通行能力。车道组中左转车修正系数 f_{LT} 按以下公式计算：

$$f_{LT} = \begin{cases} 0.95 & (\text{设有左转专用道}) \\ \dfrac{1}{1 + 0.05 P_{LT}} & (\text{共用车道}) \end{cases} \quad (10\text{-}36)$$

式中：P_{LT}——左转车占进口道总交通量的比例。

(10)左、右转流向的行人、自行车修正系数 f_{Lpb}、f_{Rpb}

交叉口进道口中由于行人或自行车对交叉口左、右转车辆运行会产生影响，左、右转流向的行人、自行车修正系数 f_{Lpb}、f_{Rpb} 按以下公式计算：

$$f_{Lpb} = 1 - P_{LT}(1 - A_{PBT})(1 - P_{LTA}) \qquad (10\text{-}37)$$

$$f_{Rpb} = 1 - P_{RT}(1 - A_{PBT})(1 - P_{RTA}) \qquad (10\text{-}38)$$

式中：f_{Lpb}——左转流向的行人、自行车修正系数；

P_{LT}——车道组中左转车的百分比；

A_{PBT}——许可相位行人和自行车转向修正系数，可参照美国 HCM 计算；

P_{LTA}——总的左转绿灯中，保护左转绿灯时间的百分比；

f_{Rpb}——右转流向的行人、自行车修正系数；

P_{RT}——车道组中右转交通量百分比；

P_{RTA}——总的右转绿灯中，保护右转绿灯时间的百分比。

信号交叉口的通行能力是以饱和流率为基础进行分析的。交叉口总通行能力通过对各进口车道组通行能力求和获得。每一个车道组通行能力按下式计算：

$$C_i = S_i \cdot \lambda_i \qquad (10\text{-}39)$$

$$\lambda_i = \left(\frac{g}{T_C}\right)_i \qquad (10\text{-}40)$$

式中：C_i——车道组 i 或进口 i 的通行能力(pcu/h)；

λ_i——车道组 i 或进口 i 的绿信比(有效绿灯时间/周期时间)；

S_i——车道组 i 或进口 i 的饱和流率(pcu/h)。

交叉口的实际通行能力等于每个进口道通行能力之和：

$$C_s = \sum_{i=1}^{n} C_i \qquad (10\text{-}41)$$

式中：C_s——交叉口的通行能力(veh/h)；

n——交叉口的进口道数。

2) 英国 TRRL 方法

英国 TRRL(Transport and Road Research Lab)方法对信号交叉口车辆延误进行过深入的调查分析和研究，并由韦伯斯特(Webster)建立了延误模型，提出了信号配时和通行能力计算方法。

(1) 饱和流率

TRRL 通过观测和试验得到不准停放车辆的进口道的饱和流率为：

$$S(\text{pcu/h}) = 525W \quad (W \geq 5.5\text{m}) \qquad (10\text{-}42)$$

式中：W——进口道宽度(m)。

(2) 延误计算

$$d = \frac{t_c(1-\lambda)^2}{2(1-\lambda x)} + \frac{x^2}{2q(1-x)} - 0.65\left(\frac{t_c}{q^2}\right)^{\frac{1}{3}} x^{(2+5x)} \qquad (10\text{-}43)$$

式中：d——每辆车的延误(s/veh)；

t_c——周期时间(s)；

λ——绿信比；

q——进口道实际到达的交通流量（pcu/s）；

x——饱和度。

(3) 最佳周期时间

当韦伯斯特(Webster)延误(式10-43)为最小时，可得到定时信号最佳周期时间：

$$t_{c0} = \frac{1.5 t_{CL} + 5}{1 - Y} \quad (10\text{-}44)$$

式中：t_{c0}——最佳周期时间(s)；

t_{CL}——每个周期的总损失时间(s)；

Y——组成周期的全部信号相的最大流量比 $y = q/S$ 值之和，即：

$$Y = \sum \max(y_1, y_2, \cdots, y_i, \cdots) \quad (10\text{-}45)$$

每个周期总损失时间按下式计算：

$$t_{CL} = \sum t_1 + \sum (t_i - t_y) \quad (10\text{-}46)$$

式中：t_1——起动损失时间(s)；

t_i——绿灯间隔时间(s)；

t_y——黄灯时间(s)。

(4) 信号配时

根据式(10-44)确定的周期时间，可得每周期的有效绿灯时间：

$$t_G = t_{c0} - t_{CL} \quad (10\text{-}47)$$

把有效绿灯时间 t_G 在所有信号相之间按各相位的 $y_{\max}$ 值之比进行分配，得各相位的有效绿灯时间 t_g，然后算得各相位的实际显示绿灯时间：

$$t_{g0} = t_g - t_y + t_1 \quad (10\text{-}48)$$

(5) 通行能力

在信号交叉口，车辆只能在有效绿灯时间内通过交叉口，因此信号灯交叉口进口道上的通行能力为：

$$C_s = \frac{S t_G}{t_c} = \lambda S \quad (10\text{-}49)$$

3) 澳大利亚 ARRB 方法

该方法是由澳大利亚 ARRB(Australia Road Research Board)的 Akcelik 对韦伯斯特延误公式进行了改进后提出的。

在韦伯斯特延误公式中，当饱和度 $x \to 1$ 时，延误 $d \to \infty$，即 x 越趋近于1，计算得到的延误越不准确，更无法计算超饱和交通情况下的延误。于是，Akcelik 在考虑了超饱和交通情况后，将延误公式改进为：

$$D = \frac{q t_c (1 - \lambda)^2}{2(1 - y)} + N_0 x \quad (10\text{-}50)$$

式中：D——总延误(s)；

N_0——平均溢流排队车辆数(veh)；

其余符号意义同前。

考虑停车等因素后，其最佳周期时间按下式计算：

$$t_{c0} = \frac{(1.4+k)t_{CL}+6}{1-Y} \tag{10-51}$$

式中：k——停车损失参数，可按不同优化要求，取不同的值，要求油耗最小时，$k=0.4$；费用最小时，$k=0.2$；仅要求延误最小时，$k=0$。

通行能力计算过程同英国 TRRL 方法。

10.3.4 国内信号交叉口通行能力计算方法

1)《公路通行能力手册》推荐方法

借鉴美国 HCM2010，我国《公路通行能力手册》给出了推荐方法，其基本思想与 HCM2010 一致，即：实际饱和流率与绿信比的乘积为信号交叉口一条车道的实际通行能力，实际饱和流率等基准饱和流率与各修正系数的乘积。实际饱和流率的计算公式如下：

$$S_p = S_b f_w f_G f_{HV} f_{LT} f_{RT} \tag{10-52}$$

式中：S_p——信号交叉口进口道一条车道的实际饱和流率[pcu/(h·ln)]；

S_b——信号交叉口进口道一条车道的基准饱和流率[pcu/(h·ln)]；

f_w——进口车道宽度修正系数；

f_G——进口车道纵坡坡度修正系数；

f_{HV}——进口车道交通组成修正系数；

f_{LT}——左转车修正系数；

f_{RT}——右转车修正系数。

（1）基准饱和流率 S_b

信号交叉口通行能力计算的基准条件包括道路基准条件、交通基准条件和其他基准条件。其中，道路基准条件为：车道宽度3.75m，入口道纵坡不大于2%，视线良好，距交叉口50m范围内无支路和停靠站，以及路面平整无破损等；交通基准条件为交通组成是100%的小客车、无行人和非机动车过街干扰等；其他基准条件包括天气状况良好、无交通事故等。

基准饱和流率是交叉口进口车道在基准条件下，连续1h绿灯信号时间内能通过的期望流率。在实际条件下，交叉口按照绿灯对应的方向放行车辆，因此应按照车道组（同一相位同一车道的组合）分组分析通行能力。

信号交叉基准饱和流率宜采用实测数据，当无实测数据时，可按《公路通行能力手册》给出的信号交叉口进口道一条车道的基准饱和流率推荐值选取，见表10-8，表中的车道类型分为直行车道、左转车道、右转车道。其中，直行车道包括专用直行车道、直左混行车道、直右混行车道、直左右混行车道，左转车道是指专用左转车道，右转车道是指专用右转车道。

信号交叉口进口道一条车道的基准饱和流率推荐值　　　表10-8

车道类型	基准饱和流率[pcu/(h·ln)]
直行车道	1800
左转车道	1600
右转车道	1600

（2）进口车道宽度修正系数 f_w

当交叉口进口车道宽度不足3.75m时，进口车道宽度修正系数 f_w 按下式计算：

$$f_w = 1.0 + 0.1 \times (w - 3.75) \tag{10-53}$$

式中：w——交叉口进口车道宽度(m)。

(3)进口车道纵坡坡度修正系数f_G

进口车道纵坡修正系数f_G按表10-9确定。

进口车道纵坡修正系数　　　　　　　表10-9

坡度(%)	−5	−4	−3	−2	−1	0	1	2	3	4	5
修正系数	0.96	0.97	0.98	1.00	1.00	1.00	1.00	1.00	0.90	0.85	0.80

(4)进口车道交通组成修正系数f_{HV}

进口车道交通组成修正系数f_{HV}按公式(10-30)计算，信号交叉口的车辆折算系数按表10-10确定。

信号交叉口车辆折算系数　　　　　　　表10-10

车型	小客车	中型车	大型车	汽车列车
车辆折算系数	1.0	1.5	2.5	3.5

(5)左转车修正系数f_{LT}

当不设置专用左转专用车道时，左转车修正系数f_{LT}按表10-11确定。

左转车修正系数　　　　　　　表10-11

左转车流量(veh/h)	0	50	100	150	200	250	300	350
左转车修正系数f_{LT}	1.00	0.93	0.87	0.81	0.76	0.70	0.64	0.50

当设置专用左转专用车道时，取左转车修正系数$f_{LT}=0.95$。

(6)右转车修正系数f_{RT}

当不设置专用右转专用车道时，右转车修正系数f_{RT}按公式(10-54)计算确定：

$$f_{RT} = 1.0 - 0.15 \times P_{RT} \tag{10-54}$$

式中：P_{RT}——右转车比例。

当设置专用右转专用车道时，取左转车修正系数$f_{RT}=0.85$。

2)《城市道路工程设计规范》(CJJ 37—2012)推荐方法

对于十字形信号控制交叉口，其设计通行能力等于各进口道设计通行能力之和，而各进口道的设计通行能力为各车道设计通行能力之和。

(1)各车道设计通行能力

①直行车道的设计通行能力

$$C_s = \frac{3600}{T_C}\left(\frac{t_g - t_1}{t_i} + 1\right)\delta \tag{10-55}$$

式中：C_s——一条直行车道的设计通行能力(pcu/h)；

T_C——信号周期长(s)；

t_g——每个信号周期内的绿灯时间(s)；

t_1——绿灯亮后，第一辆车启动、通过停车线的时间(s)，可采用2.3s；

t_i——直行车辆通过停车线的平均时间(s/pcu)；

δ——折减系数，可采用0.9。

直行车辆通过停车线的平均时间与车辆组成、车辆性能、驾驶人条件有关,可参考表10-12选取。

混合车流的 t_i　　　　　表10-12

大车:小车	2:8	3:7	4:6	5:5	6:4	7:3	8:2
$t_i(s)$	2.65	2.95	3.12	3.26	3.30	3.34	3.42

②直右车道设计通行能力

一条直右车道的设计通行能力与一条直行车道的设计通行能力相等,即:

$$C_{sr} = C_s \qquad (10\text{-}56)$$

式中:C_{sr}——一条直右车道的设计通行能力(pcu/h)。

③直左车道设计通行能力

一条直左车道的设计通行能力按下式计算:

$$C_{sl} = C_s\left(1 - \frac{\beta'_l}{2}\right) \qquad (10\text{-}57)$$

式中:C_{sl}——一条直左车道的设计通行能力(pcu/h);

β'_l——直左车道中左转车所占比例。

④直左右车道设计通行能力

一条直左右车道的设计通行能力与一条直左车道的设计通行能力相等,即:

$$C_{slr} = C_{sl} \qquad (10\text{-}58)$$

式中:C_{slr}——一条直左右车道的设计通行能力(pcu/h)。

(2)进口道设计通行能力

进口道的设计通行能力等于该进口各车道设计通行能力之和。此外,也可根据本进口车辆左、右转比例计算。

①进口设有专用左转与专用右转车道

进口设有专用左转与专用右转车道时,进口道设计通行能力按下式计算:

$$C_{elr} = \frac{\sum C_s}{1 - \beta_l - \beta_r} \qquad (10\text{-}59)$$

式中:C_{elr}——设有专用左转与专用右转车道时,本面进口道设计通行能力(pcu/h);

$\sum C_s$——本面直行车道设计通行能力之和(pcu/h);

β_l——左转车占本面进口道车辆比例;

β_r——右转车占本面进口道车辆比例。

专用左转车道的设计通行能力为:

$$C_l = C_{elr}\beta_l \qquad (10\text{-}60)$$

专用右转车道的设计通行能力为:

$$C_r = C_{elr}\beta_r \qquad (10\text{-}61)$$

②进口设有专用左转车道而未设专用右转车道

进口设有专用左转车道而未设专用右转车道时,进口道的设计通行能力按下式计算:

$$C_{el} = \frac{\sum C_s + C_{sr}}{1 - \beta_l} \qquad (10\text{-}62)$$

式中:C_{el}——设有专用左转车道时,本面进口道设计通行能力(pcu/h)。

专用左转车道的设计通行能力为:

$$C_l = C_{el} \times \beta_l \quad (10\text{-}63)$$

③进口道设有专用右转车道而未设专用左转车道

进口道设有专用右转车道而未设专用左转车道时,进口道的设计通行能力按下式计算:

$$C_{er} = \frac{\sum C_s + C_{sl}}{1 - \beta_r} \quad (10\text{-}64)$$

式中:C_{er}——设有专用右转车道时,本面进口道的设计通行能力(pcu/h)。

专用右转车道的设计通行能力为:

$$C_r = C_{er}\beta_r \quad (10\text{-}65)$$

(3)设计通行能力的折减

在一个信号周期内,对面到达的左转车超过 4 辆时,左转车通过交叉口将影响本面直行车。因此,应折减本面各直行车道(包括直行、直左、直右、直左右等车道)的设计通行能力。本面进口道折减后的设计通行能力为:

$$C'_e = C_e - n_s(C_{le} - C'_{le}) \quad (10\text{-}66)$$

式中:C'_e——折减后本面进口道的设计通行能力(pcu/h);

C_e——本面进口道的设计通行能力(pcu/h);

n_s——本面各种直行车道数(条);

C_{le}——本面进口道左转车道的设计通行能力(pcu/h);

C'_{le}——不折减本面各种直行车道设计通行能力的对面左转车数(pcu/h),交叉口小时为 $3n$,大时为 $4n$,n 为每小时信号周期数。

(4)算例分析

【算例 10-1】 已知某城市道路十字信号交叉口设计如下:东西进口各有三条车道,分别为左转专用车道、直行车道与直右混行车道;南北进口各有一条车道,为直左右混行车道;信号周期 $T_c = 120s$,绿灯 $t_g = 52s$。车种比例大型车:小型车 $= 2:8$($t_i = 2.65s$),各进口左转车比例均为 15%。试求该交叉口的通行能力。(绿灯亮后,第一辆车启动、通过停车线的时间采用 2.3s;不影响本面直行车行驶的对面左转交通量取 $4n$)

解:先计算东西方向干道直行车道的设计通行能力:

$$C_s = \frac{3600}{T_c} \times \left(\frac{t_g - t_0}{t_i} + 1\right) \cdot \varphi = \frac{3600}{120} \times \left(\frac{52 - 2.3}{2.65} + 1\right) \times 0.9 = 533(\text{pcu/h})。$$

计算直右车道的设计通行能力:$C_{sr} = C_s = 533 \text{pcu/h}$。

东、西进口属于设有专用左转车道而未设专用右转车道类型,其进口道通行能力为:

$$C_{el} = \frac{\sum C_s + C_{sr}}{1 - \beta_l} = \frac{533 + 533}{1 - 0.15} = 1254(\text{pcu/h})。$$

东、西进口专用左转车道的设计通行能力为:

$C_l = C_{el} \times \beta_l = 1254 \times 0.15 = 188(\text{pcu/h})$。

不影响直行车行驶的左转交通量:$C'_{le} = 4n = 4 \times 3600/120 = 120(\text{pcu/h})$。

$C_{le} > C'_{le}$,故需进行折减。

$C'_e = C_e - n_s(C_{le} - C'_{le}) = 1254 - 2 \times (188 - 120) = 1118(\text{pcu/h})$。

南、北进口为直左右混行车道,其设计通行能力为:

$C_{slr} = C_{sl} = C_s(1 - \beta_l/2) = 533 \times (1 - 0.15/2) = 493(\text{pcu/h})$。

南、北进口设计左转交通量为：
$C_1 = 493 \times 0.15 = 74(\text{pcu/h}) < 120\text{pcu/h}$，故无须折减。
交叉口设计通行能力为：$C = (1118 + 493) \times 2 = 3222(\text{pcu/h})$。

10.4 信号交叉口服务水平

10.4.1 服务水平评价指标

交叉口是交通延误发生的主要场所，国内外常用平均停车延误时间作为信号交叉口服务水平的评价指标。

美国 HCM2010 采用的信号交叉口服务水平评价指标：平均停车延误。

我国《城市道路工程设计规范》（CJJ 37—2012）中采用的城市道路信号交叉口服务水平评价指标：平均停车延误、负荷度、排队长度。

我国《公路通行能力手册》中推荐的公路信号交叉口服务水平评价指标：车均延误（主要指标）、周期时长（次要指标）。信号交叉口的车均延误按公式(10-67)计算：

$$d = \frac{\sum d_A \cdot Q_A}{\sum Q_A} \tag{10-67}$$

式中：d——交叉口的车均延误(s/veh)；

d_A——交叉口各进口的车均延误(s/veh)；

Q_A——交叉口各进口的高峰小时流率(veh/h)。

信号交叉口各进口的车均延误为该进口各相位对应车道组车均延误的加权平均值，按公式(10-68)计算。

$$d_A = \frac{\sum d_i \cdot Q_i}{\sum Q_i} \tag{10-68}$$

式中：d_i——车道组 i 的车均延误(s/veh)；

Q_i——车道组 i 的高峰小时流率(veh/h)。

车道组 i 的车均延误由两部分组成：一是均匀延误，即由交叉口交通流受信号控制影响引起的延误；二是增量延误，即由于交叉口车辆非均匀到达和交通流过饱和引起的延误。车道组 i 的车均延误按公式(10-69)计算。

$$d_i = d_1 + d_2 \tag{10-69}$$

式中：d_1——均匀延误(s/veh)，按公式(10-70)计算；

d_2——增量延误(s/veh)，按公式(10-71)和公式(10-72)计算。

$$d_1 = \frac{0.5T\left(1 - \dfrac{G_i}{T}\right)}{1 - \min(1, X_i) \cdot \dfrac{G_i}{T}} \tag{10-70}$$

式中：T——信号周期时长(s)；

G_i——车道组 i 的绿灯时长(s)；

X_i——车道组 i 的饱和度。

当车道组 i 的车流处于非饱和状态时：

$$d_2 = \begin{cases} \dfrac{1.261 \times (Q_i \cdot G_i)^{-0.219} \times (X_i - 0.5)}{S_{pi} \times (1 - X_i)} & (0.5 < X_i < 0.95) \\ 0 & (X_i \leq 0.5) \end{cases} \quad (10\text{-}71)$$

式中：S_{pi}——车道组 i 的实际饱和流率(pcu/h)。

当车道组 i 的车流处于饱和状态，即 $X_i \geq 0.95$ 时：

$$d_2 = 900 T_a \left[\left(X_i - 1 - \dfrac{2\gamma}{C_i T_a} \right) + \sqrt{\left(X_i - 1 - \dfrac{2\lambda_i}{C_i T} \right)^2 + \dfrac{8\gamma(X_i - X_0)}{C_i T}} \right] \quad (10\text{-}72)$$

$$\gamma = 1.439 \times (S_{pi} G)^{-0.208} \quad (10\text{-}73)$$

$$C_i = S_{pi} \times \dfrac{G_i}{T} \quad (10\text{-}74)$$

$$X_0 = 0.67 + \dfrac{S_{pi} \cdot G_i}{600} \quad (10\text{-}75)$$

式中：T_a——分析时间段，通常取 0.25h；

C_i——车道组 i 的实际通行能力(pcu/h)；

λ_i——车道组 i 的绿信比。

10.4.2 服务水平分级

1) 美国分级标准

美国 HCM2010 将信号交叉口的服务水平分为 A~F 六个等级，如表 10-13 所示。

美国《道路通行能力手册》规定的信号交叉口服务水平 　　　　表 10-13

服务水平等级	平均停车延误(s/veh)	服务水平等级	平均停车延误(s/veh)
A	≤10	D	(35,55]
B	(10,20]	E	(55,80]
C	(20,35]	F	>80

服务水平 A 表示运行延误很小，即小于 10s。当信号绿波带非常合适，大多数车根本不停车，短周期也有助于减少延误。

服务水平 B 表示运行时的延误为 10~20s 范围内，这通常发生在合适的信号绿波带和短周期时；与服务水平 A 相比有较多的车辆将停驶，造成较高的平均延误。

服务水平 C 表示运行时的延误在 20~35s 范围内，这时信号绿波带尚好，但周期较长而使延误较大。在该服务水平下虽然仍有许多车不停地通过交叉口，但停车数量显著增加。

服务水平 D 表示运行的延误在 35~55s 范围内，在服务水平 D 时阻塞影响值得注意，较大延误是由于不合适的信号绿波带、长的周期或高的饱和度等组合而成，许多车辆必须停车，不停车的车辆比率下降。有些车在一个或几个周期内通过不了交叉口。

服务水平 E 表示运行的延误在 55~80s 范围内，认为这是可以接受的延误极限，这些大的延误值通常表示信号绿波不合适，周期过长和饱和度太高，车辆在几个周期内通不过交叉口的现象经常出现。

服务水平 F 表示运行时的延误在大于 80s 范围以上。大多数驾驶人认为这是不可以接受的。这种状态随着交通过饱和产生的,即此时达到的流量超过交叉口的通行能力。此刻饱和度接近 1.00,周期损失严重,这主要是不合适的信号绿波及过长的周期造成的。

2)我国分级标准

(1)公路

我国《公路通行能力手册》根据车均延误将公路信号交叉口服务水平分为六级,根据信号周期时长又将各级服务水平细分为三种状态,具体规定见表 10-14。

我国《公路通行能力手册》规定的信号交叉口服务水平   表 10-14

服务水平等级		分级指标	
		主要指标	次要指标
		车均延误(s/veh)	周期长度(s)
一	1	≤10	<60
	2		[60,80)
	3		≥80
二	1	(10,20]	<70
	2		[70,90)
	3		≥90
三	1	(20,30]	<80
	2		[80,100)
	3		≥100
四	1	(30,50]	<90
	2		[90,100)
	3		≥100
五	1	(50,80]	<100
	2		[100,110)
	3		≥110
六	1	>80	<110
	2		[110,120)
	3		≥120

(2)城市道路

我国《城市道路工程设计规范》(CJJ 37—2012)规定城市道路信号交叉口服务水平分为四级,见表 10-15。

我国《城市道路工程设计规范》规定的城市道路信号交叉口服务水平   表 10-15

服务水平等级	平均停车延误(s/veh)	负荷度	排队长度(m)
一	<30	<0.6	<30
二	30~50	0.6~0.8	30~80
三	50~60	0.8~0.9	80~100
四	>60	>0.9	>100

思考题与习题

1. 信号交叉口的控制方式有哪几种？定时信号设计的参数包括哪些？
2. 简述平面信号交叉口设置信号灯的依据。
3. 试分析信号交叉口通行能力的影响因素。
4. 简述国外信号交叉口通行能力计算方法。
5. 简述国内信号交叉口通行能力计算方法。
6. 概述国内外信号交叉口服务水平的划分依据与标准。
7. 已知某城市道路十字信号交叉口设计如下：东西进口各有三条车道，分别为左转专用车道、直行车道与右转专用车道；南北进口各有两条车道，分别为直左混行车道和直右混行车道；信号周期 $T_c=110s$，绿灯 $t_g=52s$。各进口左转车、右转车比例分别为 15% 和 25%，南、北进口直行车辆均匀分布于两条车道。试求该交叉口的通行能力。（$t_i=2.5s$，绿灯亮后，第一辆车启动、通过停车线的时间采用 3.0s）

第11章
环形交叉口通行能力与服务水平

环形交叉口通行能力研究的主要目的是估算环形交叉口能适应的最大交通量。但是,环形交叉口交通量在达到或接近其通行能力时一般会出现运行不良,因此,很少将交叉口设计或规划在这种范围内运行。

本章主要介绍无信号环形交叉口通行能力计算与服务水平评价的方法。

11.1 概　　述

环形交叉口是自行调节的交叉口。这种交叉口是在中央设置中心岛,使进入交叉口的所有车辆均按同一方向绕岛行驶(Roundabouts are intersections with a generally circular shape, characterized by yield on entry and circulation around a central island)。车辆行驶过程一般为合流、交织、分流,避免了车辆交叉行驶。无信号环形交叉口的优点是车辆连续行驶、安全,一般不需要设置管理设施,避免停车、节省燃料、噪声低、污染小。同时,环形交叉口造型优美,可以起到美化城市的作用;缺点是占地大,绕行距离长。非机动车辆和行人较多及有轨道交通线路时,不宜采用。

自20世纪初环形交叉口在英国、法国等国出现以来,人们一直在研究环形交叉口通行能力的计算模型。一些西方发达国家如美国、日本、英国、法国、俄罗斯、澳大利亚等均已建立比较完善的适于本国交通特色的环形交叉口通行能力计算模型。这些模型虽然很多,但总的来看,主要基于三种理论基础:一是交织理论模型,以交织段能通过的最大交织流量反映环形交叉口的通行能力,典型代表是 Wardrop 公式;二是根据穿插及间隙接受理论建立的模型,以进口车道能进入环形交叉口的最大流量反映环形交叉口的通行能力;三是反映环行车流量与入口通行能力关系的回归模型。随着汽车性能的提高,环道宽度的加大,环岛半径的减少及生活节奏的加快,使得环形交叉口车辆的交织行为明显减少,交叉口的阻塞主要受最大进环车辆流量的影响,因而 Wardrop 公式的使用有其局限性,而后两个模型在国外得到了广泛的应用。

环形交叉口具有很明显的主路优先特征:当环行车流与进环车流相交时,环行车流可不受干扰自由通行,而进环车流不能自由通行,只有当环行车流出现较大间隙时,进环车流才能进入交叉口。国内外在研究环形交叉口通行能力时,都以进环车辆能够进入交叉口的最大流量作为交叉口的通行能力。以间隙接受理论为基础,分析在各种道路和交通条件下进环车辆的通行能力是目前普遍采用的方法。

环形交叉口设计通行能力的大小不仅与道路和交通条件有关,还与交叉口运行质量的评价方法,即服务水平的划分方法有关。在评价交叉口的运行质量时,通常可从以下几个方面进行:

(1) 车辆行车速度和运行时间;
(2) 车辆行车时的自由度;
(3) 车辆受阻或干扰的程度及行车延误等;
(4) 车辆行车安全性(事故率和经济损失等);
(5) 车辆行车的舒适性和乘客的满意程度;
(6) 经济性。

11.2 无信号环形交叉口通行能力与服务水平

11.2.1 环形交叉口类型

环形交叉口按中心岛直径大小分为以下三类。

1) 常规环形交叉口

中心岛直径大于 25m,交织段比较长,进口引道不拓宽成喇叭形。我国现有的环形交叉口大都属于此类型[图 11-1a)]。

2) 小型环形交叉口

中心岛直径小于 25m,引道进口加宽,做成喇叭形,便于车辆进入交叉口。英国多采用此类环形交叉口[图 11-1b)],其优点是可以提高环形交叉口的通行能力,占地少。我国有些旧城市也有这类小型环形交叉口,如福州的南门兜小环。

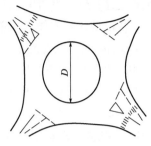
a) 常规环形交叉口

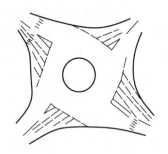
b) 小型环形交叉口

图 11-1　常规环形交叉口与小型环形交叉口示意图

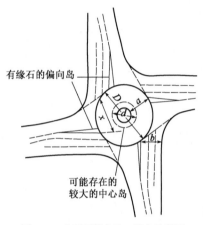

图 11-2　小型环形交叉口特点示意图

如图 11-2 所示，小型环形交叉口的特点有：
(1) 在停车线上增加车道数；
(2) 环岛直径 d 约为 $\frac{D}{3}$，并小于 8m；
(3) 停车线至右侧冲突点距离 x 不小于 25m；
(4) 环道宽度 a 小于前一个入口宽度 b；
(5) 入口渐变段为 1∶6，出口则为 1∶12；
(6) 设偏向导车岛，不使进入车辆直穿。

3) 微型环形交叉口

中心岛直径一般小于 4m，中心岛不一定做成圆形，也不一定做成一个，可以用白漆画成圆圈，不用凸起。这种环形交叉口实际上是渠化交叉口。

11.2.2　无信号环形交叉口基准通行能力

1) 常规环形交叉口的通行能力

由于我国现有的环形交叉口大都属于常规环形交叉口，故这里主要讨论常规环形交叉口的通行能力。

(1) Wardrop 公式

常规环形交叉口通行能力计算图示如图 11-3 所示，其通行能力按下列公式计算：

$$C = \frac{354w\left(1 + \dfrac{e}{w}\right)\left(1 - \dfrac{p}{3}\right)}{1 + \dfrac{w}{l}} \qquad (11\text{-}1)$$

式中：C——交织段上的最大通行能力 (pcu/h)；
　　　l——交织段长度 (m)；
　　　w——交织段宽度 (m)；
　　　e——环形交叉口入口平均宽度 (m)，$e = e_1 + e_2$；
　　　e_1——入口引道宽度 (m)；
　　　e_2——环道突出部分的宽度 (m)；
　　　p——交织段内进行交织的车辆与全部车辆之比 (%)。

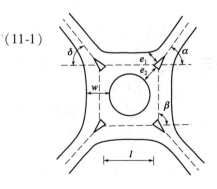

图 11-3　常规环形交叉口通行能力计算示意图

Wardrop 方法适用于下列条件：
①引道上没有因故暂停的车辆；
②环形交叉口位于平坦地区，其纵坡坡度≤4%；
③式(11-1)中各参数应满足下列要求：$w = 6.1 \sim 18.0\mathrm{m}$，$e/w = 0.4 \sim 1.0$，$w/l = 0.12 \sim 0.4$，$e_1/e_2 = 0.34 \sim 1.41$，$p = 0.4 \sim 1.0$，驶入角 α 宜大于 30°，驶出角 δ 应小于 60°，交织段内角 β 不应大于 95°。

如交叉口四周进口处过街行人众多，影响车流进出，其通行能力应适当折减。

根据使用经验和对实际观察资料的检验，一般设计通行能力采用上述公式计算最大值的 80%，故可将上式修改为：

$$C_\mathrm{D} = \frac{280w\left(1 + \dfrac{e}{w}\right)\left(1 - \dfrac{p}{3}\right)}{1 + \dfrac{w}{l}} \tag{11-2}$$

式中：C_D——交织段上的设计通行能力(pcu/h)。

【算例 11-1】 某常规无信号四路环形交叉口，交织段宽度 $w = 12\mathrm{m}$，交织段长度 $l = 42\mathrm{m}$，入口平均宽度 $e = 10\mathrm{m}$，其现状高峰小时交通量见表 11-1。试应用 Wardrop 公式验算现有车流量是否已超过其设计通行能力。

算例 11-1 的无信号环形交叉高峰小时交通量(pcu/h) 表 11-1

进 口	左 转	直 行	右 转	合 计
东进口	100	700	300	1100
南进口	300	600	300	1200
西进口	350	700	300	1350
北进口	250	600	300	1150
合计	1000	2600	1200	4800

解：由题意可知，计算各象限交织段高峰小时交通量及交织流量比：

东南象限：$Q = 300 + 600 + 300 + 350 + 700 + 250 = 2500(\mathrm{pcu/h})$；
$\qquad p = (600 + 300 + 700 + 250)/2500 = 0.74$。

东北象限：$Q = 300 + 700 + 100 + 600 + 300 + 350 = 2350(\mathrm{pcu/h})$；
$\qquad p = (700 + 100 + 600 + 350)/2350 = 0.74$。

西北象限：$Q = 250 + 600 + 300 + 700 + 100 + 300 = 2250(\mathrm{pcu/h})$；
$\qquad p = (600 + 250 + 700 + 300)/2250 = 0.82$。

西南象限：$Q = 350 + 700 + 300 + 250 + 600 + 100 = 2300(\mathrm{pcu/h})$；
$\qquad p = (700 + 350 + 600 + 100)/2300 = 0.76$。

计算各交织段设计通行能力。

东南象限：

$$C = \frac{280w\left(1 + \dfrac{e}{w}\right)\left(1 - \dfrac{p}{3}\right)}{1 + \dfrac{w}{l}} = \frac{280 \times 12 \times \left(1 + \dfrac{10}{12}\right)\left(1 - \dfrac{0.74}{3}\right)}{1 + \dfrac{12}{42}} = 3609(\mathrm{pcu/h})。$$

东北象限：$C = 3609\mathrm{pcu/h}$。

西北象限:$C = 3482\text{pcu/h}$。

西南象限:$C = 3577\text{pcu/h}$。

验算:各交织段高峰小时交通量均未超过其设计通行能力。

(2)英国环境部暂行公式

英国对环形交叉口素有研究。1966 年对环形交叉口实行了左侧优先的法规,即规定行驶在环道上的车辆可以优先通行,进入环道的车辆让路给环道上的车辆,等候间隙驶进环道。这样,公式(11-1)已不适用,应采用下列公式进行计算:

$$C = \frac{160w\left(1 + \dfrac{e}{w}\right)}{1 + \dfrac{w}{l}} \tag{11-3}$$

式中各参数意义同前。其中重型车占全部车辆的比例不应超过 15%,如重型车超过 15%时应对该式进行修正,求设计通行能力时要乘以 85%。

(3)基于间隙接受理论的通行能力分析方法

①进环车道为一条时的通行能力

当环形交叉口的环形车道为一条时,进环车道多为一条。这种环形交叉口的间隙接受理论模型可从两股交通流相互作用时的排队模型中推导出来。

间隙接受是指当环行车流出现大于某一临界间隙 t_c 时,进环车辆才能进入,否则就必须等待;而环行车辆可以直接经过环形交叉口而不受延误。由于在环形交叉口环形车道上车辆一般无超车行为,可认为环行车辆的车头时距服从 M3 分布。当环形车道车流量较大时,部分环行车流会以最小行车时距 t_m 结队行驶。设 a 表示车头时距大于 t_m 的自由流的比例,环行车流量为 q,则环行车流的车头时距大于或等于 t_m 的概率分别为 a 和 $1-a$,故环行车流的车头时距有如下的概率密度函数:

$$f(t) = a\mathrm{e}^{-\lambda(t-t_m)} \quad (t > t_m) \tag{11-4}$$

设 t_f 为进环车流的跟车时距,即当环形车道上车流的车头时距较大且允许两辆以上车辆进入时,进口车道上排队进入环形交叉口相邻两车的车头时距。

当 $t_c < h < t_c + t_f$ 时,允许一辆车进入环形交叉口;当 $t_c + (k-1)t_f < h < t_c + kt_f$ 时,允许 k 辆车进入环形交叉口。设环行车流出现 $t_c + (k-1)t_f < h < t_c + kt_f$ 的概率为 p_k,则:

$$p_k = p[h \geq t_c + (k-1)t_f] - p(h \geq t_c + kt_f) = a\mathrm{e}^{-\lambda[t_c+(k-1)t_f-t_m]} - a\mathrm{e}^{-\lambda(t_c+kt_f-t_m)} \tag{11-5}$$

设每小时能够进入环形车道的车辆数为 C_e,则得到通行能力计算公式如下:

$$C_e = \sum_{k=1}^{\infty} p_k k q = \frac{aq\mathrm{e}^{-\lambda(t_c-t_m)}}{1 - \mathrm{e}^{-\lambda t_f}} \tag{11-6}$$

②进环车道为两条时的通行能力

进口车道和环形车道均为两条,车辆进入交叉口时,左侧车流需与外侧环形车流穿插并与内侧车流合流,而右侧车流只需与外侧环形车流合流。设 C_{e1} 和 C_{e2} 分别为左、右两侧进口车道能够进入交叉口的车辆数,则:

$$C_e = C_{e1} + C_{e2} \tag{11-7}$$

C_{e2} 的计算方法与进环车道为一条时计算方法相同。

左侧车辆进入交叉口时,可把环形车流假设成当量车流。

当量车流车头时距大于 t_m 时，服从 M3 分布，当量车头时距小于 t_m 时服从均匀分布，$p(t \leq t_m) + p(t > t_m) = 1$。

当量交通量等于两车道交通量之和，即：

$$q = q_1 + q_2 \tag{11-8}$$

式中：q_1、q_2——分别为内、外侧环形车流的流量(pcu/s)。

当量车流车头时距小于 t_m 时的概率为：

$$p(t \leq t_m) = \frac{t_m}{\bar{h}} \tag{11-9}$$

式中：$\bar{h}$——两环形车流平均车头时距的均值，即 $\bar{h} = \frac{1}{2}\left(\frac{1}{q_1} + \frac{1}{q_2}\right)$。

基于以上假设，可以推导出当量车流车头时距具有以下所示的分布形式。

$$f(t) = \begin{cases} \dfrac{2q_1 q_2}{q_1 + q_2} & (0 \leq t \leq t_m) \\ \lambda\left(1 - \dfrac{2q_1 q_2}{q_1 + q_2} t_m\right) e^{-\lambda(t - t_m)} & (t_m < t) \end{cases} \tag{11-10}$$

式中：$\lambda = \lambda_1 + \lambda_2 = \dfrac{\alpha_1 q_1}{1 - t_m q_1} + \dfrac{\alpha_2 q_2}{1 - t_m q_2}$。

与公式(11-6)的推导相同，可得出左侧车道的通行能力如下：

$$C_{el} = \frac{q e^{-\lambda(t_c - t_m)}}{1 - e^{-\lambda t_f}} \left(1 - \frac{2q_1 q_2}{q_1 + q_2}\right) \tag{11-11}$$

进环车辆总的通行能力如下：

$$C_e = \frac{q e^{-\lambda(t_c - t_m)}}{1 - e^{-\lambda t_f}} \left(1 - \frac{2q_1 q_2}{q_1 + q_2}\right) + \frac{\alpha_2 q_2 e^{-\lambda(t_c - t_m)}}{1 - e^{-\lambda_2 t_f}} \tag{11-12}$$

2) 小型环形交叉口的通行能力

(1) 英国运输与道路研究所公式

小型环形交叉口的特点是环道较宽，进出口做成喇叭形，对进入环道的车辆提供较多的车道，车流运行已不存在交织现象。在所有引道入口均呈饱和状态情况下进行多次试验，得出了整个环形交叉口通行能力 C 的简化计算公式：

$$C = K(\sum W + \sqrt{A}) \tag{11-13}$$

式中：W——引道宽度(m)；

A——引道拓宽增加的面积(m^2)；

K——系数[pcu/(h·m)]，与相交道路的条数有关。三路交叉，$K = 70$ pcu/(h·m)；四路交叉，$K = 50$ pcu/(h·m)；五路交叉，$K = 45$ pcu/(h·m)。

(2) 纽卡塞(New Castle)公式

纽卡塞根据英国运输所的公式做进一步简化，将 A、W 两个参数均归纳为内接圆直径 D，然后根据道路条数取用 K_2 来进行调整，即：

$$C = K_2 D \tag{11-14}$$

式中：D——环岛直径(m)，如交叉口为椭圆中心岛，则取长轴与短轴的平均值；

K_2——系数[pcu/(h·m)]，三路交叉口 $K_2 = 15$ pcu/(h·m)，四路交叉口 $K_2 = $

140pcu/(h·m)。

3）我国《公路通行能力手册》推荐值

环形平面交叉的基准条件包括道路基准条件、交通基准条件和其他基准条件。道路基准条件包括：平原地形、交叉口视线良好、交叉口范围内无支路和停靠站、纵坡坡度小于2%、具有良好的线形、路面平整；交通基准条件包括：交通组成是100%的小客车，驾驶人对道路比较熟悉；其他基准条件还包括：天气良好、无交通管制、无交通事故等突发情况。

我国的《公路通行能力手册》通过实测分析车头时距和仿真，给出了无信号环形平面交叉环形车道基准通行能力推荐值，见表11-2。

无信号环形平面交叉环形车道基准通行能力 C_{cb} 推荐值　　　表11-2

环岛半径（m）	环形车道基准通行能力[pcu/(h·ln)]	环岛半径（m）	环形车道基准通行能力[pcu/(h·ln)]
10	700	40	1200
20	900	50	1300
30	1100		

11.2.3 无信号环形交叉口实际通行能力

以上得到的是基准通行能力，实际上，交叉口通行能力会受到许多因素的影响，要结合交叉口的实际情况进行修正，修正后的通行能力，即为实际通行能力。

1）环形车道实际通行能力

环形平面交叉口环形车道的实际通行能力按公式(11-15)计算：

$$C_{cp} = C_{cb} N f_w f_{HV} \tag{11-15}$$

式中：C_{cp}——环形车道的实际通行能力(pcu/h)；

C_{cb}——环形车道的基准通行能力[pcu/(h·ln)]，查表11-2确定；

N——环形车道数量；

f_w——环形车道实际通行能力的宽度修正系数，查表11-3确定；

f_{HV}——环形车道实际通行能力的交通组成修正系数，按公式(11-16)计算。

环形平面交叉环形车道实际通行能力的车道宽度修正系数 f_w　　　表11-3

车道宽度(m)	≤3.50	(3.50,3.75]	(3.75,4.00]	>4.0
修正系数 f_w	0.95	0.97	0.98	1.00

$$f_{HV} = \frac{1}{1 + \sum_i P_i(E_i - 1)} \tag{11-16}$$

式中：f_{HV}——环形车道实际通行能力的交通组成修正系数；

P_i——i 车型的比例；

E_i——i 车型的车辆折算系数，查表11-4确定。

环形平面交叉车辆折算系数 f_{HV}　　　表11-4

车型	小客车	中型车	大型车	汽车列车
折算系数	1.0	2.0	3.5	4.5

2) 交织段实际通行能力

环形平面交叉交织段的实际通行能力按公式(11-17)计算：

$$C_{wi} = C_{cp} \times \left(1 - \frac{p_i}{3}\right)^{0.85} \tag{11-17}$$

式中：C_{wi}——环形平面交叉入口 i 下游交织段的实际通行能力(pcu/h)；

p_i——环形平面交叉入口 i 下游交织段内进行交织的车辆与全部车辆之比(%)。

3) 入口实际通行能力

环形平面交叉入口的实际通行能力按公式(11-18)计算：

$$C_{ei} = (C_{wi} - Q_{ci})f_{Gi}f_{Fi} \tag{11-18}$$

式中：C_{ei}——环形平面交叉入口 i 的实际通行能力(pcu/h)；

Q_{ci}——环形平面交叉入口 i 的上游环道流率(pcu/h)；

f_{Gi}——环形平面交叉入口 i 的纵坡修正系数，查表11-5确定；

f_{Fi}——环形平面交叉入口 i 的路侧干扰修正系数(行人与自行车的影响)，查表11-6确定。

环形平面交叉入口纵坡修正系数 f_{Gi} 表11-5

纵坡坡度(%)	-3	-2	-1	0	1	2	3
纵坡修正系数 f_G	1.02	1.01	1.00	1.00	1.00	0.99	0.98

环形平面交叉各入口路侧干扰修正系数 f_{Fi} 表11-6

每小时穿越入口的行人与非机动车数量	≤50	(50,100]	(100,150]	(150,250]	(250,400]	>400
路侧干扰修正系数 f_F	0.99	0.97	0.95	0.93	0.90	0.85

11.2.4 无信号环形交叉口延误分析

在交通流量小、且车辆以稳态方式到达的情况下，进环车流与出环车流的车头时距大，车辆通过环形交叉口时，几乎不受冲突车流的影响，自由通过冲突点。随着入环流量与出环流量的增加，当某一方向车流的车头时距小于某一临界间隙 t_c 时，进环车流只能在冲突点寻找可穿插间隙通过。若冲突车流不存在可穿插间隙，则到达车辆在冲突点前等待，直到出现可穿插间隙才通过冲突点。若进口道的车流到达过程符合泊松分布，排队通过交叉口的车辆服务时间服从负指数分布，则环形交叉路口的排队系统为标准 M/M/1 系统，车辆运行指标可以用排队论表示。

当车辆进入交叉口时，由于环形车道上车辆无超车行为，可认为外侧环形车辆的车头时距服从 M3 分布。由式(11-6)可知，排队等候的平均车辆数为：

$$L_q = C_e - q(1-p_0) = \alpha q \frac{e^{-\lambda(t_c-t_m)}}{1-e^{t_f}} - q\left\{1-\alpha\left[e^{-\lambda(t_c-t_f-t_m)} - e^{-\lambda(t_c-t_m)}\right]\right\} \tag{11-19}$$

式中：p_0——无车辆进入交叉口的概率。

车辆平均排队时间(延误)为：

$$W_q = \frac{L_q}{\lambda} = \frac{q\left\{\alpha\frac{e^{-\lambda(t_c-t_m)}}{1-e^{t_f}} - \left\{1-\alpha\left[e^{-\lambda(t_c-t_f-t_m)} - e^{-\lambda(t_c-t_m)}\right]\right\}\right\}}{\lambda} \tag{11-20}$$

11.2.5 无信号环形交叉口服务水平

1) 美国评价指标与标准

美国 HCM2010 中采用车均延误评价无信号环形交叉口的服务水平,分为 A~F 六级,见表 11-7。

美国无信号环形交叉口服务水平划分标准　　　　表 11-7

服务水平等级	A	B	C	D	E	F
车均延误(s/veh)	≤10	(10,15]	(15,25]	(25,35]	(35,50]	>50

2) 我国评价指标与标准

考虑延误在实际中较难观测,尤其是记录每辆车的平均延误存在困难。为此,我国的《公路通行能力手册》采用更加容易观测的饱和度指标,作为无信号环形交叉口服务水平的评价指标,服务水平划分标准见表 11-8。

我国《公路通行能力手册》的环形平面交叉口服务水平划分标准　　　　表 11-8

服务水平等级	饱 和 度	服务水平等级	饱 和 度
一级	≤0.50	四级	(0.70,0.85]
二级	(0.50,0.60]	五级	(0.85,1.00]
三级	(0.60,0.70]	六级	>1.00

3) 服务水平评价流程

综上,无信号环形交叉口服务水平的评价流程如下:

(1) 根据环岛半径,查表 11-2 确定无信号环形平面交叉环形车道基准通行能力 C_{cb};

(2) 根据环形车道宽度,查表 11-3 确定环形车道宽度修正系数 f_w;

(3) 查表 11-4 确定车辆折算系数,根据公式(11-16),计算交通组成修正系数 f_{HV};

(4) 确定环形车道数量 N,根据公式(11-15),计算环形车道的实际通行能力 C_{cp};

(5) 计算环形平面交叉各入口 i 下游交织段内进行交织的车辆与全部车辆之比 p_i;

(6) 根据公式(11-17),计算环形平面交叉各入口 i 下游交织段的实际通行能力 C_{wi};

(7) 根据环形平面交叉各入口的纵坡坡度,查表 11-5 确定环形平面交叉各入口的纵坡修正系数 f_{Gi};

(8) 根据环形平面交叉各入口的过街行人与非机动车数量,查表 11-6 确定环形平面交叉入口 i 的路侧干扰修正系数 f_{Fi};

(9) 将环形平面交叉各入口的分流向高峰小时交通量(veh/h)除以高峰小时系数 PHF 和交通组成修正系数 f_{HV},转换为高峰小时流率(pcu/h),计算各入口的高峰小时流率 Q_{ei} 和入口上游环道流率 Q_{ci};

(10) 根据公式(1-18),计算环形平面交叉各入口的实际通行能力 C_{ei};

(11) 计算各入口的饱和度 $(V/C)_i = Q_{ei}/C_{ei}$;

(12) 查表 11-8,确定环形平面交叉各入口的服务水平。

4) 算例分析

【算例 11-2】 某四路环形平面交叉口,环岛半径 $R=40\text{m}$,环形车道数为 3 条,环形车道宽度为 3.6m,入口坡度均为 1%,各入口分方向高峰小时交通量见表 11-9,车型比例:小客车

90%,中型车 5%,大型车 5%,高峰小时系数为 0.95,各入口过街行人和非机动车流量分别为 100 人/h 和 80veh/h,试评价该环形交叉口的服务水平。

算例 11-2 的无信号环形交叉高峰小时交通量(单位:veh/h)　　表 11-9

进口编号及方向	左转	直行	右转	合计
1-北进口	101	217	90	408
2-东进口	78	187	144	409
3-南进口	265	227	78	570
4-西进口	30	197	84	311

解:(1)环岛半径 $R = 40$m,查表 11-2 确定环形车道的基准通行能力 $C_{cb} = 1200$pcu/(h·ln)。

(2)根据环形车道宽度 3.6m,查表 11-3 确定环形车道宽度修正系数 $f_w = 0.97$。

(3)查表 11-4 确定小客车、中型车和大型车的车辆折算系数分别为 1.0、2.0 和 3.5,根据公式(11-16),计算交通组成修正系数:

$$f_{HV} = \frac{1}{1 + \sum_i P_i(E_i - 1)} = \frac{1}{1 + 0.05 \times (2 - 1) + 0.05 \times (3.5 - 1)} = 0.851。$$

(4)环形车道数量 $N = 3$,根据公式(11-15),计算环形车道的实际通行能力 C_{cp}:

$$C_{cp} = C_{cb} \times N \times f_w \times f_{HV} = 1200 \times 3 \times 0.97 \times 0.851 = 2972(\text{pcu/h})。$$

(5)计算该环形平面交叉各入口下游交织段内进行交织的车辆与全部车辆之比:

$$p_1 = \frac{101 + 217 + 187 + 265}{101 + 217 + 90 + 78 + 187 + 265} = \frac{770}{938} = 0.82;$$

$$p_2 = \frac{78 + 187 + 227 + 30}{78 + 187 + 144 + 265 + 227 + 30} = \frac{522}{931} = 0.56;$$

$$p_3 = \frac{265 + 227 + 187 + 101}{265 + 227 + 78 + 30 + 187 + 101} = \frac{780}{888} = 0.88;$$

$$p_4 = \frac{30 + 197 + 217 + 78}{30 + 197 + 84 + 101 + 217 + 78} = 522/707 = 0.74。$$

(6)根据公式(11-17),计算该环形平面交叉各入口下游交织段的实际通行能力:

$$C_{w1} = C_{cp} \times \left(1 - \frac{P_1}{3}\right)^{0.85} = 2972 \times \left(1 - \frac{0.82}{3}\right)^{0.85} = 2266(\text{pcu/h});$$

$$C_{w2} = C_{cp} \times \left(1 - \frac{P_2}{3}\right)^{0.85} = 2972 \times \left(1 - \frac{0.56}{3}\right)^{0.85} = 2493(\text{pcu/h});$$

$$C_{w3} = C_{cp} \times \left(1 - \frac{P_3}{3}\right)^{0.85} = 2972 \times \left(1 - \frac{0.88}{3}\right)^{0.85} = 2212(\text{pcu/h});$$

$$C_{w4} = C_{cp} \times \left(1 - \frac{P_4}{3}\right)^{0.85} = 2972 \times \left(1 - \frac{0.74}{3}\right)^{0.85} = 2336(\text{pcu/h})。$$

(7)根据环形平面交叉各入口的纵坡坡度,查表 11-5 确定环形平面交叉各入口的纵坡修正系数 $f_{Gi} = 1.00$。

(8)该环形平面交叉各入口的过街行人与非机动车数量之和为 180,查表 11-6,确定环形平面交叉各入口的路侧干扰修正系数 $f_{Fi} = 0.93$。

(9)高峰小时交通量转换为高峰小时流率。

各入口的高峰小时流率:

$Q_{e1} = 408/0.95/0.851 = 505(\text{pcu/h})$；

$Q_{e2} = 409/0.95/0.851 = 506(\text{pcu/h})$；

$Q_{e3} = 570/0.95/0.851 = 705(\text{pcu/h})$；

$Q_{e4} = 311/0.95/0.851 = 385(\text{pcu/h})$。

各入口上游环道流率：

$Q_{c1} = (78 + 187 + 265)/0.95/0.851 = 656(\text{pcu/h})$；

$Q_{c2} = (265 + 227 + 30)/0.95/0.851 = 646(\text{pcu/h})$；

$Q_{c3} = (30 + 197 + 101)/0.95/0.851 = 406(\text{pcu/h})$；

$Q_{c4} = (101 + 217 + 78)/0.95/0.851 = 490(\text{pcu/h})$。

(10) 根据公式(11-18)，计算环形平面交叉各入口的实际通行能力：

$C_{e1} = (C_{w1} - Q_{c1}) \times f_{G1} \times f_{Fi} = (2266 - 656) \times 1 \times 0.93 = 1497(\text{pcu/h})$；

$C_{e2} = (C_{w2} - Q_{c2}) \times f_{G2} \times f_{F2} = (2493 - 646) \times 1 \times 0.93 = 1718(\text{pcu/h})$；

$C_{e3} = (C_{w3} - Q_{c3}) \times f_{G3} \times f_{F3} = (2212 - 406) \times 1 \times 0.93 = 1680(\text{pcu/h})$；

$C_{e4} = (C_{w4} - Q_{c4}) \times f_{G4} \times f_{F4} = (2336 - 490) \times 1 \times 0.93 = 1717(\text{pcu/h})$。

(11) 计算各入口的饱和度：

$(V/C)_1 = Q_{e1}/C_{e1} = 505/1497 = 0.34$；

$(V/C)_2 = Q_{e2}/C_{e2} = 506/1718 = 0.29$；

$(V/C)_3 = Q_{e3}/C_{e3} = 705/1680 = 0.42$；

$(V/C)_1 = Q_{e1}/C_{e1} = 385/1717 = 0.22$。

(12) 查表11-8，确定环形平面交叉各入口的服务水平。

1进口：一级服务水平；

2进口：一级服务水平；

3进口：一级服务水平；

4进口：一级服务水平。

11.3 信号控制环形交叉口通行能力

环形交叉口作为道路平面交叉口的一种特殊形式，曾在城市道路的发展历史上起着重要作用，并且，它以其独特的特点，还将继续为道路交通的需求而发挥其应有的作用。

近些年来，我国城市道路上的交通量随城市经济的迅猛发展而急剧增长。一些城市主干路上现有的环形交叉口由于通行能力不足，经常出现拥挤、混乱及堵塞的现象，往往是各向车辆争相驶进交叉口，却很难顺畅驶出。面对这种状况，交通管理部门对这些由于种种原因一时不可能改变结构形式的环形交叉口设置信号灯控制，以期改善交通运行秩序。本节主要分析设置信号灯控制后环形交叉口的设计通行能力，并与不设信号灯时的通行能力相比较，以分析其通行能力的改善效果。

11.3.1 信号控制环形交叉口基本形式

环形交叉口可用于城市道路的Y形、X形、十字形、复合型等交叉口，但最常用的是四路相交的十字形交叉口。且对于流量不大的次干路等级以下相交的十字形交叉口,用常规的环形交叉即能得到较满意的效果,但对于某些位于主干路上或转盘式立交上的环形交叉,因各路进入交叉口的流量太大,常规环形交叉口已无法满足交通需求,此时加设信号灯控制有望获得通行上的改善。信号控制环形交叉一般用于十字形交叉口,且每个进口道有两条车道以上情况。

图 11-4 是信号灯控制环形交叉口的基本形式,图中信号灯有入口灯和环道灯之分。入口灯面对进口道停车线前的入环车辆,环道灯则面对环道上绕行的左转车辆。

交叉口的通行能力是指单位时间内各相交道路进入交叉口的最大车辆数。确定信号控制环形交叉口的设计通行能力,只需确定各进口道的通行能力。而进口道的通行能力是由各车道通行能力构成,因此,只需分析进口道各条车道的通行能力即可。

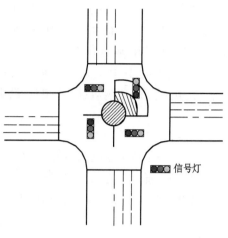

图 11-4 信号灯控制环形交叉口示意图

11.3.2 右转车道的通行能力

在信号控制的环形交叉口上,右转车不受信号灯的影响。在有专用右转车道的条件下,它的最大通行能力(pcu/h)为:

$$C_r = \frac{3600}{t_r} \quad (11-21)$$

式中:t_r——右转车最小车头安全时距(s)。

t_r 值可根据右转车流的速度,按最小车头安全时距理论计算得到,也可从实际调查中得到。但如果已知进口道右转车的比例 β_r,则可按下式计算右转车道的通行能力(pcu/h),即:

$$C_r = C_e \times \beta_r \quad (11-22)$$

式中:C_e——进口道的通行能力(pcu/h)。

11.3.3 直行车道的设计通行能力

信号控制环形交叉口通行能力的大小与信号相位、周期、红绿灯时间等参数相关。设图 11-4 所示的信号控制环形交叉口为两相信号控制,信号周期时长为 T,红、绿、黄灯时间分别为 T_R、T_G、T_Y,即 $T = T_R + T_R + T_Y$,则一条直行车道的通行能力为:

$$C_s = 3600\varphi_s \frac{(T_G - T_f)/T_s + 1}{T} \quad (11-23)$$

式中:T_f——绿灯亮后,第一辆车起动并通过停车线的时间(s),可据实际车流确定;

T_s——直行车连续通过停车线的最小车头时距(s),可根据直行车流连续通过停车线的速度按最小安全车头时距理论确定,也可通过观测实际直行车流连续通过停车线的平均间隔时间确定;

φ_s——修正系数,根据车辆通行的不均匀性及非机动车、行人等对汽车的干扰程度确定,当环形交叉口处的自行车、行人从空间上与机动车分离时,φ_s 可近似取 1.0。

11.3.4 直左车道的通行能力

左转车通过信号控制环形交叉口时,既受本向进口道入口信号灯的影响,又受环道上信号灯的影响,即左转车通过交叉口时受两处红绿灯信号的约束,所有的左转车在交叉口都会遇到至少一次红灯的影响而停车。

在直左车道中,因左转车受环道红灯停车的影响,通过进口道停车线时用的时间比直行车要长,这就对其后车辆造成了影响。设影响系数为 α,则:

$$\alpha = \frac{T_L}{T_S} - 1 \tag{11-24}$$

式中:T_L——左转车连续通过停车线的平均间隔时间(s);

T_S——直行车连续通过停车线的平均间隔时间(s)。

又设一条直左车道中左转车所占比例为 β_L,则一条直左车道的通行能力为:

$$C_{sl} = C_s(1 - \alpha\beta_L) \tag{11-25}$$

用式(11-25)计算 C_{sl} 时,β_L 值受左转车排队扇区容量的影响。如图 11-4 所示的阴影部分是由两条车道构成的左转车排队扇区。

排队扇区容量 M 是由排队扇区的车道数、每条车道的长度 L_i 及排队车辆平均占有车道长度 L_{veh} 决定的,即:

$$M = \frac{\sum L_i}{L_{veh}} \tag{11-26}$$

对照式(11-25)和式(11-26),如果进口道只有一条直左车道,则:

$$C_{sl}\beta_L \leq M$$

即:

$$\beta_L \leq \frac{M}{C_{sl}} \tag{11-27}$$

如果进口道有 n 条直左车道,且各条直左车道的 β_L 相同,则有:

$$n \cdot C_{sl} \cdot \beta_L \leq M$$

即:

$$\beta_L \leq \frac{M}{nC_{sl}} \tag{11-28}$$

11.4 两种环形交叉口通行能力的比较

环形平面交叉口(简称环交)同一般平面交叉口(简称一般平交)相比,具有冲突点少、车流连续、行驶安全、便于管理等优点,因而在许多城市道路交叉口采用。然而,随着城市道路交通需求量的不断增加,原有许多环交的通行能力无法满足这种需求,交通问题日益尖锐。为解决环交的这一问题,常采取拆除其环岛,改建成一般平交加信号控制的办法。但这一办法由于工程量较大,资金投入较多,并不完全可取。也有采用环岛加一般信号控制的方法,这样虽然可以在一定程度上提高交叉口的通行能力,但由于交叉口的冲突点与交织段依然存在,而且信号损失时间较大,其通行能力的提高程度仍然有限。充分有效地利用交叉口的时空资源,最大限度提高交叉口通行能力,是从交通信号控制的角度研究解决环形交叉口交通问题的有效途径。

11.4.1 环形交叉口交通特征及交通问题分析

环形交叉是在交叉口中央设置中心岛组织渠化交通的一种交叉形式。其交通特点是进入交叉口的不同方向交通流,均按照逆时针方向(有些国家或地区按顺时针方向)绕中心岛作单向行驶,并以较低的速度连续进行合流与交织,直至由出口分流驶出,一般无信号控制。环交同一般平交相比,一方面没有冲突点,提高了车辆行驶的安全性,因而在一定程度上提高了交叉口的通行能力;另一方面,进入环道的车辆可以不用信号管制,以一定速度连续通过环道,这样避免了一般交叉口内信号控制产生的周期性交通阻滞,因而提高了交叉口的运行效率。但由于受中心岛环形车道上交织段的影响,不论环交各进口道有多少条车行道,其直行车与左转车都要在环道上交织行驶,当交织段长度小于2倍的最小允许交织段长度时,其通过量实际上只相当于一条车道的通过量,故其通行能力只能达到一条车道的最大理论值;当交织段长度大于2倍的最小交织段长度时,其通行能力通常会有所增加,但增加的幅度不会太大,因而其允许通过量仍不会很高。

11.4.2 通行能力计算比较

1) 无信号控制环形交叉口通行能力计算

设十字形环形交叉口环形道上的车道为3条,每个进口的车道都为3条,进口道各车道的分工为一条右转车道,两条直左车道。则按间隙接受理论,在各进口道各向车流为 $Q_右 = Q_左 = (1/2) Q_直$ 的条件下,环形交叉口总的通行能力为:

$$C_总 = 4C_c = 4 \times \frac{3600}{h_c} \tag{11-29}$$

式中: C_c ——环道的通行能力(pcu/h);

h_c ——绕行车道上前后两车间的平均车头时距(s),以小汽车为标准车计算时可取 2.5s。

于是, $C_总 = 4C_c = 4 \times 3600/2.5 = 5760(\text{pcu/h})$。

2) 有信号控制环形交叉口的通行能力计算

设环形交叉的形式和条件与上面相同,即环道车道数3条,各进口道车道数都为3条车道,分工为一条右转车道,两条直左车道。取信号灯周期的常用时间时长为 $T = 100s$,灯色组成为 $T = T_R + T_G + T_Y = 50s + 47s + 3s$;取 $T_f = 2.3s$、$T_s = 2.44s$。

在每进口道各向车流组成 $Q_右 = Q_左 = (1/2) Q$ 的条件下,可算得各进口道右转车和左转车的比例都为25%,即 $\beta_右 = \beta_左 = 25\%$,据此可推算一条直左车道中左转车的比例为 $\beta'_左 = 1/3$。

在上述条件和各参数取值确定后,得: $C_s = \frac{3600}{100} \left(\frac{47 - 2.3}{2.44} + 1 \right) = 696(\text{pcu/h})$。

α 取平均值为0.28,则: $C_{sl} = 695.5(1 - 0.28 \times 1/3) = 631(\text{pcu/h})$。

每个进口道的通行能力为: $C_e = 2C_{sl} + C_r = 2C_{sl} + C_e \beta_右$。

即 $C_e = \frac{2C_{sl}}{1 - \beta_右} = \frac{2 \times 630.6}{1 - 0.25} = 1662(\text{pcu/h})$。

交叉口总的通行能力为：$C_{总} = 4C_e = 4 \times 1662 = 6648 (\text{pcu/h})$，大于无信号控制环形交叉口通行能力值。

此时交叉口每进口道 1h 内左转车的数量为：$C_{总} = C_e \times \beta_{左} = 1662 \times 25\% = 416 (\text{pcu/h})$。

每信号周期内左转车数为 $n_1 = 416 \times 100/3600 \approx 12 (\text{pcu})$，即左转车在环道上排队扇区的容量 M 应大于或等于 12pcu。

3）两种环形交叉口的通行能力比较

由以上计算结果可知，在环道车道数、进口道车道数、进口道各车道分工及进口道左、直、右车流比例相同的条件下，设置信号灯后环形交叉口的通行能力比不设信号灯时的通行能力更大。而且，环形交叉口设置信号灯后，如果交叉口面积较大，还可以通过增加环道与进口道车道数大幅度提高交叉口的通行能力。但不设信号灯的环形交叉口，因受环内车流交织现象的影响，在环道上车道数达到一定的条数（一般为 3 条）后，再增加车道数，对改善交叉口的通行能力并无多大效果。

综上所述，两条主要道路相交的环形交叉口，当各入口的流量达到或超过常规环形交叉口的通行能力时，可通过设置信号灯控制来提高环形交叉口的通行能力。而且，交叉口的面积越大，这种采用信号灯控制来改善通行能力的效果就越明显。但当环形交叉口环道上的车道小于 3 条时，则不宜采用信号灯控制。

思考题与习题

1. 环形交叉口的类型有哪几种？
2. 常规环形交叉口的通行能力计算方法有哪些？
3. 小型环形交叉口的通行能力计算方法有哪些？
4. 如何计算环形交叉口的延误？
5. 环形交叉口的服务水平评价指标与标准是什么？如何确定环形交叉口的服务水平？
6. 如何计算信号控制环形交叉口的通行能力？与无信号环形交叉口相比，信号控制环形交叉口有何优势？
7. 某常规无信号四路环形交叉口，交织段宽度 $w = 15\text{m}$，交织段长度 $l = 45\text{m}$，入口平均宽度 $e = 12\text{m}$，其现状高峰小时流率见表 11-10。试应用 Wardrop 公式验算该交叉口东南象限和西南象限现有车流量是否已超过其设计通行能力。

习题 7 的无信号环形交叉高峰小时流率（单位：pcu/h）　　　　表 11-10

进　　口	左　　转	直　　行	右　　转	合　　计
东进口	200	800	300	1300
南进口	400	700	400	1500
西进口	450	800	350	1600
北进口	350	700	450	1500
合计	1400	3000	1500	5900

8. 某四路环形平面交叉口,环岛半径 $R=30\mathrm{m}$,环形车道数为 3 条,环形车道宽度为 $3.7\mathrm{m}$,入口坡度均为 2%,各入口分方向高峰小时交通量见表 11-11,车型比例:小客车 85%,中型车 10%,大型车 5%,高峰小时系数为 0.90,各入口过街行人和非机动车流量分别为 200 人/h 和 100veh/h。试评价该环形交叉口的服务水平。

习题 8 的无信号环形交叉高峰小时交通量(单位:veh/h) 表 11-11

进口编号及方向	左转	直行	右转	合计
1-北进口	92	197	82	371
2-东进口	71	170	131	372
3-南进口	241	206	71	518
4-西进口	27	179	76	282

第12章 立体交叉通行能力与服务水平

12.1 概 述

12.1.1 立体交叉的概念及组成

1) 立体交叉的概念

立体交叉是利用跨线构造物使道路与道路(或铁路)在不同标高相互交叉的连接方式,其功能是为不同平面道路之间的交通转换提供通道。

2) 立体交叉的组成

立体交叉是由主体部分和附属部分组成的(图12-1):主体部分包括跨线构造物、主线和匝道;附属部分包括出口与入口、变速车道、集散车道、三角地带及立交范围内的其他一切附属设施。

(1) 跨线构造物主要有跨线桥和跨线地道两种,是实现交通流线空间分离的设施,是形成立交的基础。

(2) 主线是指相交道路的直行车道,有上线和下线之分。

(3) 匝道是指供相交道路转弯车辆转向使用的连接道。它使空间分离的两条主线互相连接,形成互通式结构。有匝道连接的立交称为互通式立体交叉;反之,称为分离式立体交叉。

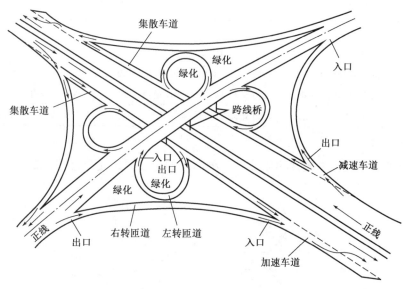

图 12-1 立体交叉的组成

(4) 出口与入口：由主线进入匝道的路口称为出口,由匝道进入主线的路口称为入口。

(5) 变速车道：由于匝道采用比主线低的设计速度,因此车辆进出主线都要改变车速,在匝道与主线的连接部位,为进出车辆变速及分流、合流而增设的附加车道称为变速车道。入口端为加速车道,出口端为减速车道。

(6) 集散车道：位于城市附近交通繁忙的高速公路,为了减少进出高速公路的车流交织和进出口数量,在高速公路一侧或两侧所修建的与高速公路平行而又分离(主线为其他等级公路,也可考虑与主线不分离)供车辆进出的专用道路。

(7) 三角地带：匝道与主线间或与匝道间所围成的封闭地区统称为三角地带(或三角区),三角地带可作为广场、园林绿化、美化环境、照明等用地。

立体交叉的范围一般是指各相交道路端部变速车道渐变段顶点内所包含的主线、跨线构造物、匝道和绿化地带等全部区域。

12.1.2 立体交叉的基本形式及特点

立体交叉的形式很多,它们各具特色,分别适用于不同的场合。对于分离式立体交叉,因其形式固定、结构简单,其通行能力可以借鉴路段的分析和计算方法,本章不予讨论。对于互通式立体交叉,匝道的布置不同,会形成许多不同形式的立交。基本形式主要有：定向式立交、全苜蓿叶立交、部分苜蓿叶立交、菱形立交、喇叭形立交、环形立交等。这些立交的通行能力和适用条件见表 12-1。

常见立体交叉的通行能力及适用条件　　表 12-1

立交形式	通行能力	适用条件
定向式	能为转弯车辆提供高速的定向运行,通行能力大	高速公路相互交叉或与城市快速路相交
全苜蓿叶	通行能力较大,取决于环形匝道之间交织区的通行能力	左转弯交通量不大

续上表

立交形式	通 行 能 力	适 用 条 件
部分苜蓿叶	通行能力中等,取决于平面交叉口和环形匝道通行能力	部分象限用地受限
菱形	通行能力低,取决于次要道路上的两个平面交叉口通行能力	主线左转弯交通量较小,用地受限
喇叭形	没有冲突点和交织,通行能力较大,取决于环形匝道通行能力	三路交叉及有收费站的立交
环形	存在交织,通行能力受到环道交织能力的限制	转弯交通量不大而速度要求又不高

1) 定向式立交

定向式立交是由定向左转匝道组成的一种高级的全互通式立交,见图 12-2。

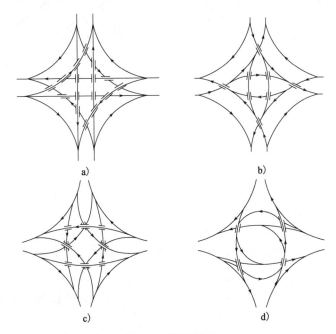

图 12-2 定向式立交

2) 全苜蓿叶立交

全苜蓿叶立交分为普通苜蓿叶立交和带有集散车道的苜蓿叶立交。普通苜蓿叶立交是最常用的互通式立交形式之一,见图 12-3。带有集散车道的苜蓿叶立交见图 12-4,其中图 12-4a) 为主要道路与主要道路相交的情况,图 12-4b) 为主要道路与一般道路相交的情况。

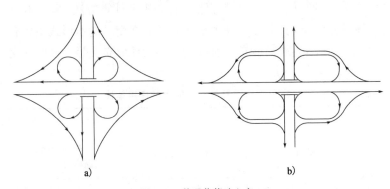

图 12-3 普通苜蓿叶立交

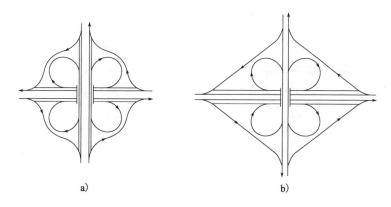

图 12-4 带有集散车道的苜蓿叶立交

3）部分苜蓿叶立交

部分苜蓿叶立交是相对全苜蓿叶立交而言,在部分左转弯方向不设环圈式左转匝道,而在次要道路上以平面交叉的方式实现左转弯运行的立交。部分苜蓿叶立交根据转弯交通量的大小或场地的限制,可以有图 12-5 中任一种形式或其他变形形式。

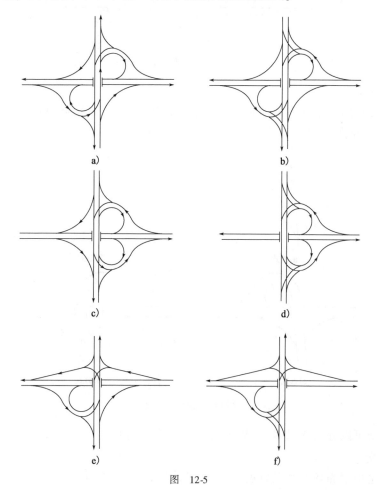

图 12-5

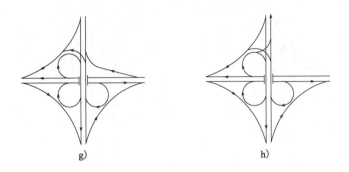

图 12-5　部分苜蓿叶立交

4) 菱形立交

菱形立交是只设右转和左转公用匝道,使主要道路与次要道路连接,在跨线构造物两侧的次要道路上为平面交叉口的立交。菱形立交常用的形式见图 12-6。

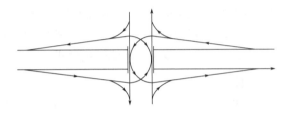

图 12-6　菱形立交

5) 喇叭形立交

喇叭形立交是用一个环圈式匝道(转向约为 270°)和一个半定向匝道来实现车辆左转弯的全互通式立交,见图 12-7。

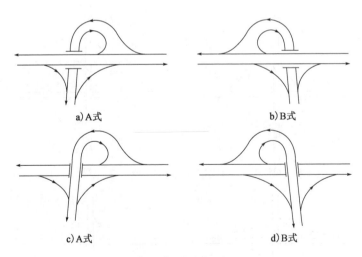

图 12-7　喇叭形立交

喇叭形立交可以分为 A 式和 B 式,经环圈式左转匝道驶入主线为 A 式,驶出主线为 B 式。

6) 环形立交

环形立交是由平面环形交叉发展而来的,常用形式见图 12-8。

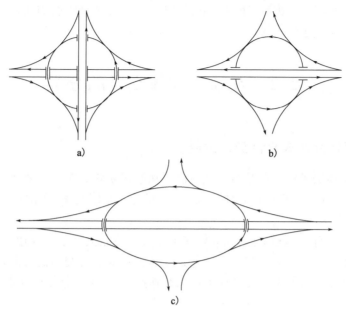

图 12-8 四路环形立交

12.1.3 立交匝道与主线的关系

几种常见形式的立交匝道与主线的关系可以归纳为以下三种情况：
1）平行关系
匝道与主线分离前或者汇合后，主线设有附加车道的情况。
2）交叉关系
匝道与主线分离前或者汇合后，主线车道数没有变化的情况。
3）环道
在环形立交中利用环道来组织转向交通（或转向交通与一个方向的直行交通）。

12.1.4 立体交叉通行能力的概念

立体交叉作为由主线与匝道等共同组成的系统，在空间上包含多个点和断面，其通行能力不能简单地定义为"标准时间内通过某一点或断面的最大流量"，而应综合考虑其各组成部分的通行能力和相互作用予以定义。按照立体交叉的组成，可以从以下几个方面分别加以考虑：
(1) 立交主线通行能力；
(2) 立交匝道通行能力；
(3) 立交进口道通行能力；
(4) 立交总通行能力。

上述四个方面的通行能力是相互联系、相互制约、相互协调的。一般情况下，当主线和匝道的通行能力大于预测的流向流量时，总通行能力最多与各进口道通行能力之和相等；当为某流向流量服务的车行道出现饱和时，必然会影响总通行能力，这时总通行能力小于各进口道通行能力之和。同时，匝道通行能力受到主线与匝道结合部位的合流区、分流区或冲突区车流的影响,例如,当主线车流已经饱和,匝道车辆无法进入主线,这时匝道的通行能力为零。因此,匝道的通行能力与主线车流为转向车流所能提供的"吸收率"或"溢出率"有关。

12.2 互通式立体交叉的分类

12.2.1 公路互通式立体交叉分类

公路互通式立体交叉的两种基本类型为枢纽互通式立体交叉与一般互通式立体交,按交叉岔数分类,又可分为三岔互通式立体交叉、四岔互通式立体交叉、多岔互通式立体交叉(超过四岔)。

按方向连通程度分类,公路互通式立体交叉还可分为完全互通型互通式立体交叉和不完全互通型互通式立体交叉。完全互通型互通式立体交叉的所有交通流方向均被连通;不完全互通型互通式立体交叉尚有部分交通流方向未被连通,即缺省部分交通流线。

交通流线数目与交叉岔数之间的关系如下:
$$N = n(n-1) \tag{12-1}$$

式中:N——交通流线数目;

n——交叉岔数。

此外,立体交叉交通流线之间的关系有空间分离和平面交叉两种情况,相对应地,互通式立体交叉又可分为完全立交型互通式立体交叉和平面交叉型互通式立体交叉。

1)完全立交型互通式立体交叉

相交道路的所有交通流线均空间分离,此类交叉无冲突点和交织段,是最理想的立体交叉类型,但立交桥多、结构复杂、投资较大,主要用于高速公路上。

完全立交型互通式立体交叉也称全定向式或半定向式立体交叉,全定向式互通式立体交叉的左转弯匝道采用直连式匝道(车辆按转弯方向直接驶出或驶入的匝道),车辆直接从左侧驶出,左转弯后从左侧汇入相交车道;右转弯时为右出右进。

半定向式互通式立体交叉的左转弯匝道采用半直连式匝道(车辆未按或未完全按转弯方向直接驶出或驶入的匝道),这时,车辆为了左转,还需做反向的右转运行,但匝道上车辆运行的总方向仍然是向左转弯,可有如下三种形式:左出右入式、右出左入式和右出右入式。

(1)左出右入式

左转弯车辆从正线左侧直接驶出后左转弯,由右侧驶入相交道路。这种形式存在前述定向式匝道的缺点,其优点是从右侧驶入主线。

(2)右出左入式

左转弯车辆从正线右侧右转弯驶出后左转弯,由左侧驶入相交道路。这种形式改善了左出的缺点,车辆驶出方便,但左进仍然存在。

(3)右出右入式

左转弯车辆都是从正线右侧右转弯驶出或驶入,在匝道上左转改变方向。右出右入式匝道完全消除了左出左进的缺点,行车安全,但匝道绕行距离长,构造物最多。根据车辆行驶轨迹,可分为内转弯、外转弯和迂回型半直连式。

2)平面交叉型互通式立体交叉

平面交叉型互通式立体交叉通过立体交叉消除直行交通流线间的冲突点,但至少存在一处直行流线与左转流线间的冲突点。因为存在冲突点,通常只是在干线道路与一般道路相交的立体交叉上才采用这种类型,并将冲突点安排在一般道路或交通量较小的道路上。

12.2.2 城市道路互通式立体交叉分类与选型

1)城市道路立体交叉分类

《城市道路交叉口设计规程》(CJJ 152—2010)将城市道路立体交叉分为立 A 类(枢纽互通立交)、立 B 类(一般互通立交)和立 C 类(分离式立交)三类,其各自的交通流行驶特征如表 12-2 所示。

城市道路立体交叉类型及交通流行驶特征　　　　表 12-2

立体交叉类型	直行车流行驶特征	转向车流行驶特征	非机动车及行人干扰情况
立 A 类	连续快速行驶	较少交织,无平面交叉	机非分行,无干扰
立 B 类	主路连续快速行驶,次路存在交织或平面交叉	部分转向交通存在交织或平面交叉	主路机非分行,无干扰;次路机非混行,有干扰
立 C 类	连续行驶	不提供转向功能	—

立 A 类又可分为立 A1 类(全定向立体交叉)和立 A2 类(半定向、喇叭形、叶形、苜蓿叶形、组合式立体交叉)。立 B 类包括:部分苜蓿叶形、环形、菱形立体交叉。

2)城市道路立体交叉选型

城市道路不同类型立体交叉的设置应根据交叉口在路网中的地位、作用、相交道路等级,结合交通需求和控制条件确定,并应符合表 12-3 的规定。

城市道路不同类型立体交叉选择　　　　表 12-3

道 路 等 级	立体交叉选型	
	推荐形式	可选形式
快速路-快速路	立 A1 类	—
快速路-主干路	立 B 类	立 A2 类、立 C 类
快速路-次干路	立 C 类	立 B 类
快速路-支路	—	立 C 类
主干路-主干路	—	立 B 类

12.3　互通式立体交叉服务水平

《城市道路交叉口设计规程》(CJJ 152—2010)中将饱和度 V/C 作为互通式立体交叉及其匝道服务水平的评价指标,其分级标准见表12-4。表12-4中各级服务水平对应的交通流特征如下:

(1)I_1 级——自由流,行车自由度大。

(2)I_2 级——自由流,行车自由度适中。

(3) Ⅱ₁级——接近自由流,变换车道或超车自由度受到一定限制。
(4) Ⅱ₂级——行车自由度受限,车速有所下降。
(5) Ⅲ级——饱和车流,行车没有自由度。
(6) Ⅳ级——拥塞状况,强制车流。

城市道路互通式立体交叉及其匝道服务水平分级 表 12-4

服务水平等级		设计速度(km/h)						
		100	80	60	50	40	30	20
		V/C	V/C	V/C	V/C	V/C	V/C	V/C
Ⅰ	Ⅰ₁	0.33	0.29	0.26	0.24	—	—	—
	Ⅰ₂	0.56	0.50	0.43	0.40	0.37	—	—
Ⅱ	Ⅱ₁	0.76	0.69	0.62	0.58	0.55	0.51	—
	Ⅱ₂	0.91	0.82	0.75	0.71	0.67	0.63	0.59
Ⅲ		1.00						
Ⅳ		无意义						

城市道路互通式立体交叉及其匝道的设计服务水平按下列原则选取:
(1)立 A1、立 A2 类立体交叉宜采用Ⅱ₁级。
(2)立 B 类立体交可采用Ⅱ₂级。
(3)一般匝道宜采用Ⅱ₂级,定向匝道宜采用Ⅱ₁级。
(4)对个别线形受限的立 A2、立 B 类立交匝道,经论证确有困难时,可采用Ⅲ级。

12.4 互通式立体交叉通行能力分析方法

12.4.1 匝道与主线设计通行能力

1)匝道设计通行能力

《城市道路交叉口设计规程》(CJJ 152—2010)规定:匝道设计通行能力等于可能通行能力 N_p 乘以设计服务水平对应的饱和度。匝道一条车道的可能通行能力见表 12-5。

匝道一条车道的可能通行能力 表 12-5

设计速度(km/h)	20~25	30	40	50	60
可能通行能力(pcu/h)	1550(1400~1250)	1650(1550~1450)	1700	1730	1750

表 12-5 中括号内数字为机非立体交叉(其直行非机动车流量为 1000~2000 辆/h)考虑非机动车影响时的取值。当非机动车流量小于 1000 辆/h 时,取值可在括号内上限值与机非分行值之间内插求得;当非机动车流量为 3000~5000 辆/h 时,每增加 1000 辆/h,括号内的下限值应再降低 7%。

2)主线设计通行能力

城市道路互通式立体交叉主线的设计通行能力根据道路等级查取,快速路基本路段设计通行能力见表 12-6,其他等级城市道路路段设计通行能力见表 12-7。

快速路基本路段一条车道设计通行能力　　　　表 12-6

设计速度(km/h)	100	80	60
设计通行能力(pcu/h)	2000	1750	1400

其他等级城市道路路段一条车道设计通行能力　　　　表 12-7

设计速度(km/h)	60	50	40	30	20
设计通行能力(pcu/h)	1400	1350	1300	1200	1100

12.4.2 立体交叉通行能力

1)苜蓿叶形立体交叉设计通行能力

(1)直行车道无附加车道

在直行车道无附加车道情况下,苜蓿叶形立体交叉的设计通行能力按下式计算:

$$N = (n_1 - 2)N_{S1} + (n_2 - 2)N_{S2} + 4N_R \tag{12-2}$$

式中:N——立体交叉总设计通行能力(pcu/h);

N_{S1}、N_{S2}——立体交叉两条相交道路一条直行车道的设计通行能力(pcu/h);

n_1、n_2——两条相交道路进入立体交叉的车道条数;

N_R——匝道的设计通行能力(pcu/h)。

(2)直行车道设有附加车道

在直行车道设有附加车道情况下,苜蓿叶形立体交叉的设计通行能力按下式计算:

$$N = n_1 N_{S1} + n_2 N_{S2} \tag{12-3}$$

【算例 12-1】 某苜蓿叶形城市立体交叉,相交道路等级均为快速路,设计速度 100km/h,车道数为双向六车道。直行车道均无附加车道,匝道均为单车道,设计速度 60km/h。试计算其设计通行能力。

解:根据题意,$n_1 = n_2 = 6$。

主线设计速度 100km/h,查 12-6 得 $N_{S1} = N_{S2} = 2000$pcu/(h·ln)。

匝道设计速度 60km/h,查表 12-5 得单车道匝道可能通行能力取 1750pcu/h。

苜蓿叶形互通式立体交叉属于立 A2 类,设计服务水平采用 Ⅱ₁ 级,查表 12-4,饱和度取为 0.62,则 $N_R = 1750 \times 0.62 = 1085$(pcu/h)。

综上,$N = (n_1 - 2)N_{S1} + (n_2 - 2)N_{S2} + 4N_R = (6-2) \times 2000 + (6-2) \times 2000 + 4 \times 1085 = 20340$(pcu/h)。

2)环形立体交叉设计通行能力

(1)一个方向直行车道穿越或跨越环道(无附加车道)

当一个方向直行车道穿越或跨越环道且无附加车道时,环形立体交叉的设计通行能力按下式计算:

$$N = (m - 2)N_{S1} + N_r \tag{12-4}$$

式中:m——穿越或跨越环道的直行车道数;

N_{S1}——穿越或跨越环道的直行车道一条车道设计通行能力(pcu/h);

N_r——环道设计通行能力(pcu/h),机非分行取 2000~2700pcu/h。车道为四条时,取上限值;车道为三条时,取下限值。

(2) 两个方向直行车道分别上跨和下穿环道(无附加车道)

当两个方向直行车道分别上跨和下穿环道且无附加车道时,环形立体交叉的设计通行能力按下式计算：

$$N = (n_1 - 2)N_{S1} + (n_2 - 2)N_{S2} + N_r \tag{12-5}$$

(3) 一个方向直行车道穿越或跨越环道(有附加车道)

当一个方向直行车道穿越或跨越环道且有附加车道时,环形立体交叉的设计通行能力按下式计算：

$$N = n_1 N_{S1} + N_r \tag{12-6}$$

(4) 两个方向直行车道分别上跨和下穿环道(有附加车道)

当两个方向直行车道分别上跨和下穿环道且有附加车道时,环形立体交叉的设计通行能力按下式计算：

$$N = n_1 N_{S1} + n_2 N_{S2} + N_r \tag{12-7}$$

【**算例 12-2**】 某城市环形立体交叉,相交道路等级均为主干路,设计速度 60km/h,车道数为双向八车道,两个方向直行车道分别上跨、下穿环道,且无附加车道。环道为机非分行,车道数为三条。试计算其设计通行能力。

解：根据题意,$n_1 = n_2 = 8$。

主线设计速度 60km/h,查表 12-7 得 $N_{S1} = N_{S2} = 1400 \text{pcu}/(\text{h} \cdot \text{ln})$。

环道为机非分行,车道数三条,其设计通行能力 $N_r = 2000 \text{pcu/h}$。

综上,$N = (n_1 - 2)N_{S1} + (n_2 - 2)N_{S2} + N_r = (8-2) \times 1400 + (8-2) \times 1400 + 2000 = 18800(\text{pcu/h})$。

2) 喇叭形立体交叉设计通行能力

(1) 无附加车道(进入立体交叉的直行车道无附加车道)

当进入立体交叉的直行车道无附加车道时,喇叭形立体交叉的设计通行能力按下式计算：

$$N = (n - m_1)N_S + m_1 N_R \tag{12-8}$$

式中：n——直行车道数；

m_1——匝道车道数；

N_S——一条直行车道的设计通行能力(pcu/h)；

N_R——匝道一条车道的通行能力(pcu/h)。

(2) 有附加车道(匝道车道数大于附加车道数)

当进入立体交叉的直行车道设有附加车道,且匝道车道数大于附加车道数时,喇叭形立体交叉的设计通行能力按下式计算：

$$N = (n - m_1 + m_2)N_S + (m_1 - m_2)N_R \tag{12-9}$$

式中：m_2——附加车道数。

(3) 有附加车道(匝道车道数小于等于附加车道数)

当进入立体交叉的直行车道设有附加车道,且匝道车道数小于等于附加车道数时,喇叭形立体交叉的设计通行能力按下式计算：

$$N = nN_S \tag{12-10}$$

【**算例 12-3**】 某喇叭形城市立体交叉(无非机动车通行),主线等级为快速路,设计速度 80km/h,车道数为双向四车道;有一条附加车道,匝道为双车道,设计速度 30km/h。试计算其设计通行能力。

解:根据题意,$n=4,m_1=2,m_2=1$。

主线设计速度80km/h,查表12-6得$N_S=1750$ pcu/(h·ln)。

匝道设计速度30km/h,查表12-5得一条匝道的可能通行能力$N_R=1650$pcu/h。

喇叭形立交属于立A2类,设计服务水平采用$Ⅱ_1$级,查表12-4,饱和度取为0.51,则$N_R=1650\times0.51=841$(pcu/h)。

综上,$N=(n-m_1+m_2)N_S+(m_1-m_2)N_R=(4-2+1)\times1750+(2-1)\times841=6091$(pcu/h)。

思考题与习题

1. 立体交叉是如何定义的?其主要组成部分有哪些?
2. 互通式立体交叉的基本形式有哪些?其通行能力特征为何?
3. 公路互通式立体交叉如何分类?
4. 城市道路立体交叉如何分类与选型?
5. 某苜蓿叶形城市立体交叉,相交道路等级均为快速路,设计速度80km/h,车道数为双向八车道。直行车道均无附加车道,匝道均为单车道,设计速度50km/h。试计算其设计通行能力。
6. 某城市环形立体交叉,相交道路等级均为主干路,设计速度50km/h,车道数为双向六车道,两个方向直行车道分别上跨和下穿环道,且无附加车道。环道为机非分行,车道数为四条。试计算其设计通行能力。
7. 某A式喇叭形城市立体交叉(无非机动车通行),主线等级为快速路,设计速度100km/h,车道数为双向六车道;有一条附加车道,匝道为双车道,设计速度40km/h。试计算其设计通行能力。

参 考 文 献

[1] 中华人民共和国行业标准.JTG B01—2014 公路工程技术标准[S].北京:人民交通出版社股份有限公司,2014.
[2] 中华人民共和国行业标准.JTG D20—2017 公路路线设计规范[S].北京:人民交通出版社股份有限公司,2017.
[3] 中华人民共和国行业标准.CJJ 37—2012 城市道路工程设计规范[S].北京:中国建筑工业出版社,2012.
[4] 中华人民共和国行业标准.CJJ 193—2012 城市道路路线设计规范[S].北京:中国建筑工业出版社,2012.
[5] 中华人民共和国行业标准.CJJ 129—2009 城市快速路设计规程[S].北京:中国建筑工业出版社,2009.
[6] 中华人民共和国国家标准.GB 50647—2011 城市道路交叉口规划规范[S].北京:中国建筑工业出版社,2011.
[7] 中华人民共和国行业标准.CJJ 152—2010 城市道路交叉口设计规程[S].北京:中国建筑工业出版社,2010.
[8] 中华人民共和国行业标准.CJJ/T 15—2011 城市道路公共交通站、场、厂工程设计规范[S].北京:中国建筑工业出版社,2011.
[9] 中华人民共和国国家标准.GB/T 50546—2018 城市轨道交通线网规划标准[S].北京:中国建筑工业出版社,2018.
[10] 中华人民共和国行业标准.CJJ/T 141—2010 建设项目交通影响评价技术标准[S].北京:中国建筑工业出版社,2010.
[11] 中华人民共和国国家标准.GB 14886—2016 道路交通信号灯设置与安装规范[S].北京:中国建筑工业出版社,2016.
[12] 周荣贵,钟连德.公路通行能力手册[M].北京:人民交通出版社股份有限公司,2017.
[13] Transportation Research Board. Highway Capacity Manual[M]. Washington DC:National Academy of Science,2010.
[14] 张亚平,程国柱.道路通行能力[M].北京:中国建筑工业出版社,2016.
[15] 任福田.道路通行能力分析[M].北京:人民交通出版社,2011.
[16] 陈宽民,严宝杰.道路通行能力分析[M].北京:人民交通出版社,2003.
[17] 裴玉龙.道路勘测设计[M].北京:人民交通出版社股份有限公司,2018.
[18] 程国柱.道路勘测设计[M].北京:中国建筑工业出版社,2015.
[19] 徐吉谦,任福田.交通工程总论[M].北京:人民交通出版社,2004.